基地村の女たち

——もう一つの韓国現代史——

●

金　蓮　子 著

山 下 英 愛 訳

김연자 자전 에세이

아메리카 타운 왕언니,
죽기 오분 전까지 악을 쓰다

*

御茶の水書房

I 活動家としての私

会長の尹信淑と副会長の私、姉妹会の役員たちが松炭の姉妹会事務室に集まった（第四章六）。

1979年6月、白百合宣教会は群山アメリカタウンで大きな宣教大会を開いた。私はそこで司会を務めた（第六章一）。

洪コルトンにお餅を食べにおいでといったそのラスベガスホール。
みんなで集まって復興会をしている様子（第六章二）。

1986年5月、梨の木の丘の上に建てた粗末なテント共同体。この世で最も居心地が良く希望にあふれる場所だった（第六章四）。

テント共同体時代。振り返ってみると、基地村で生活をするようになってから、こんなに表情が生き生きした時はなかったと思う（第六章四）。

韓米ヘブロン教会で洪順恵が洗礼を受けた日。私は誰よりも喜んだ。彼女は教会で洗礼を受けた後、テントでの礼拝を主導した（第六章五）。

腰の骨を痛めて松葉づえをついている銀美。誰よりも熱心だった洪順悳など、別名テントチームが集まった（左から3人目。第六章六）。

沖縄で起った少女に対する性暴力事件後、ハワイ、フィリピン、韓国などから集まった「慰安婦」と活動家たちが、自分たちが描いた絵を見せている（第七章四）。

1994年3月、早稲田大学で開かれた軍「慰安婦」戦犯に対する模擬裁判で、駐韓米軍による人権蹂躙について証言している（第七章四）。

1995年2月、米国講演旅行の時、ワシントンDCでの講演を終え、参加者たちと記念撮影をした（第七章五）。

1994年、韓国での調査を終えて米国に帰ったマルゴ教授は、'革命的姉妹たち' という文字が刻まれたTシャツを作って韓国に送ってくれた（第七章五）。

Ⅱ　基地村で生きてきた私

美容院に行けない日には、自分で髪を巻いた。ポーズをとったところを、憐の部屋の女と暮らしている米兵が見て笑っている（第五章一）。

1971年、松炭で暮し始めた頃、私は‘故郷の家’や‘大邱屋’で、東豆川からやってきた同僚の女たちとしょっちゅう飲み会をした。その中心はいつも私だった（第四章一）。

ある意地悪な同僚の作品。酒に酔って、いい気分で笑っている私の姿。当時、アメリカタウンでは風呂場が整っていず、いつも適当に解決した（第五章一）。

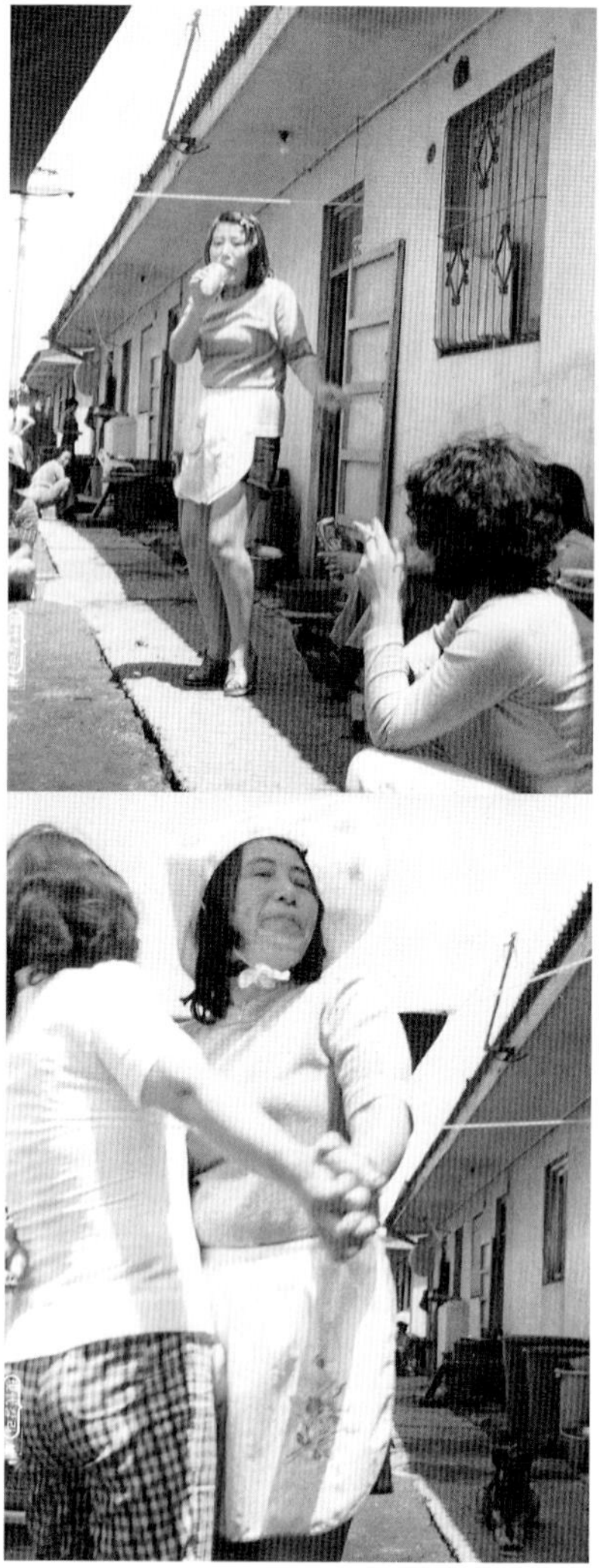

私が住んでいた棟はいつもお祭り騒ぎが絶えなかった。昼間になると、遅い就寝から起きだした女たちが一人二人とやってきて、おしゃべりし、歌って踊り、酒宴に発展するのが常だった。疲れ切った生活の中でも、私たちは笑いの種を作りだした（第五章一）。

1981年、アメリカタウンでミツバチ自治会の会長をし、ラスベガスクラブで働いた。胸に‘マネージャー、ミスキム’という名札をつけている（第六章一）。

Ⅲ　私と母の思い出

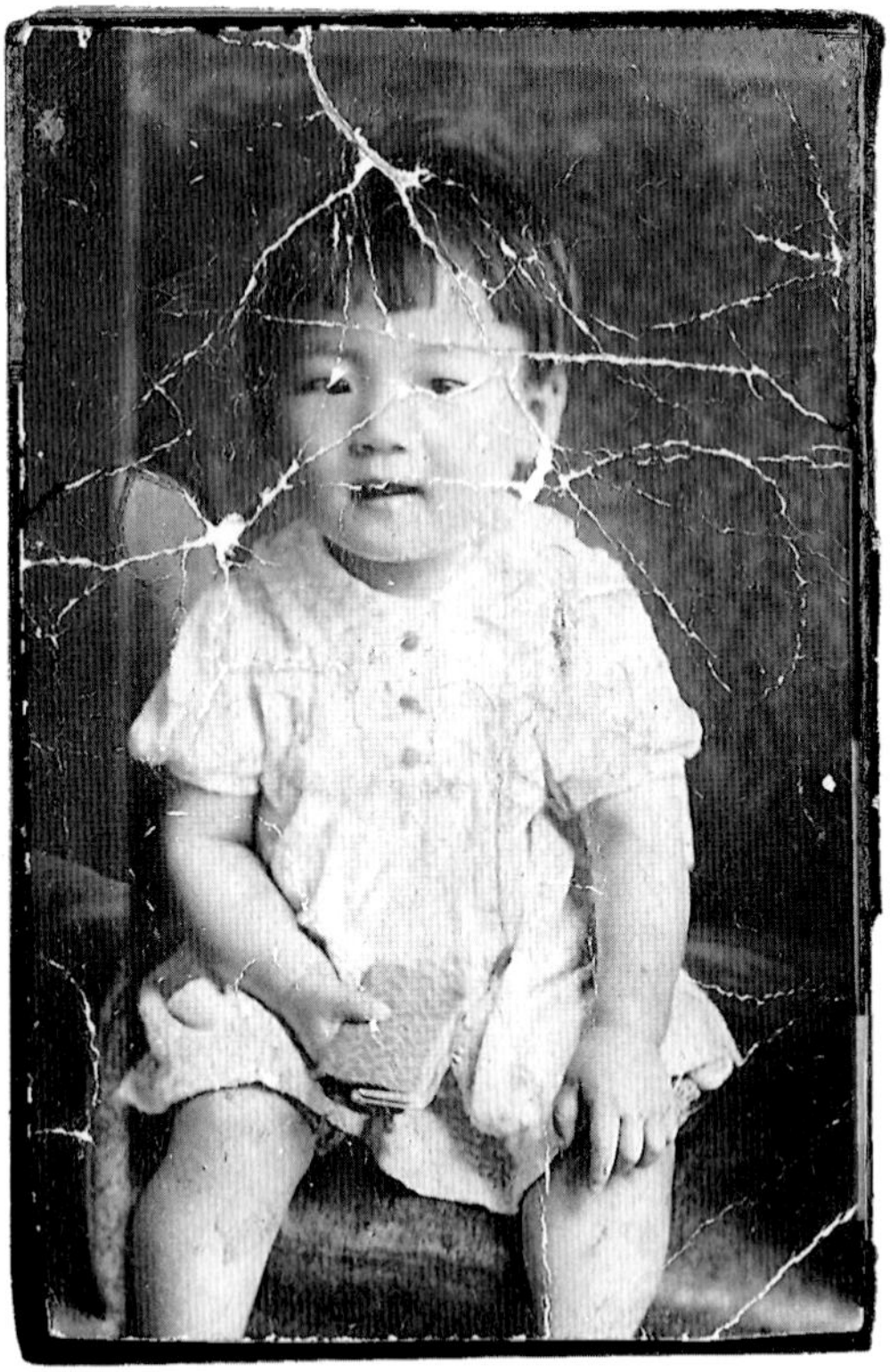

三歳の時、満州で撮った写真。幼い頃の写真は全部破ってしまったが、この一枚だけ残っていた（第一章一）。

中学校三年生の時、弁論の練習をしている様子。左側に立っているのが英語の先生（第一章二）。

中学校の卒業アルバムの中の私。私が見ても、母より父によく似ている（第一章二）。

1975年8月、松炭で母と一緒に暮らし始めた。母は心の中は複雑だったけれども、いつも私と同僚たちの面倒を見てくれた（第四章六）。

自分たちのお金で、自分たちの手で、自分たちの問題に両腕をまくってつくった憩いの場、恩恵修養館。母と私は最後までここを守った（第六章七）。

入学は全北神学校だったが、卒業は水原神学校だった。1991年、卒業式の日。生涯を私のために祈り続けてきた母は、泣き通しだった（第七章一）。

基地村から社会に出て1992年に開いた真の愛宣教院。私はここでもう一つの社会を学び、得たものも多く、失ったものも多かった（第七章一）。

心の奥にずっと閉じ込めて生きてきたため、消えてしまったと思っていた記憶たち。麗水の海辺、麗水の女学生だった同窓たちと40年ぶりに再会した（第八章二）。

生涯を一人娘のために祈って生きてきた母。私が今のように世の中と和解し、笑いながら昔を振り返ることができるのは、みな母の祈りのおかげである1996年（第八章四）。

影のように消えてしまった子ども、影我。米軍兵士になったという彼は私を覚えているだろうか?（第四章三）

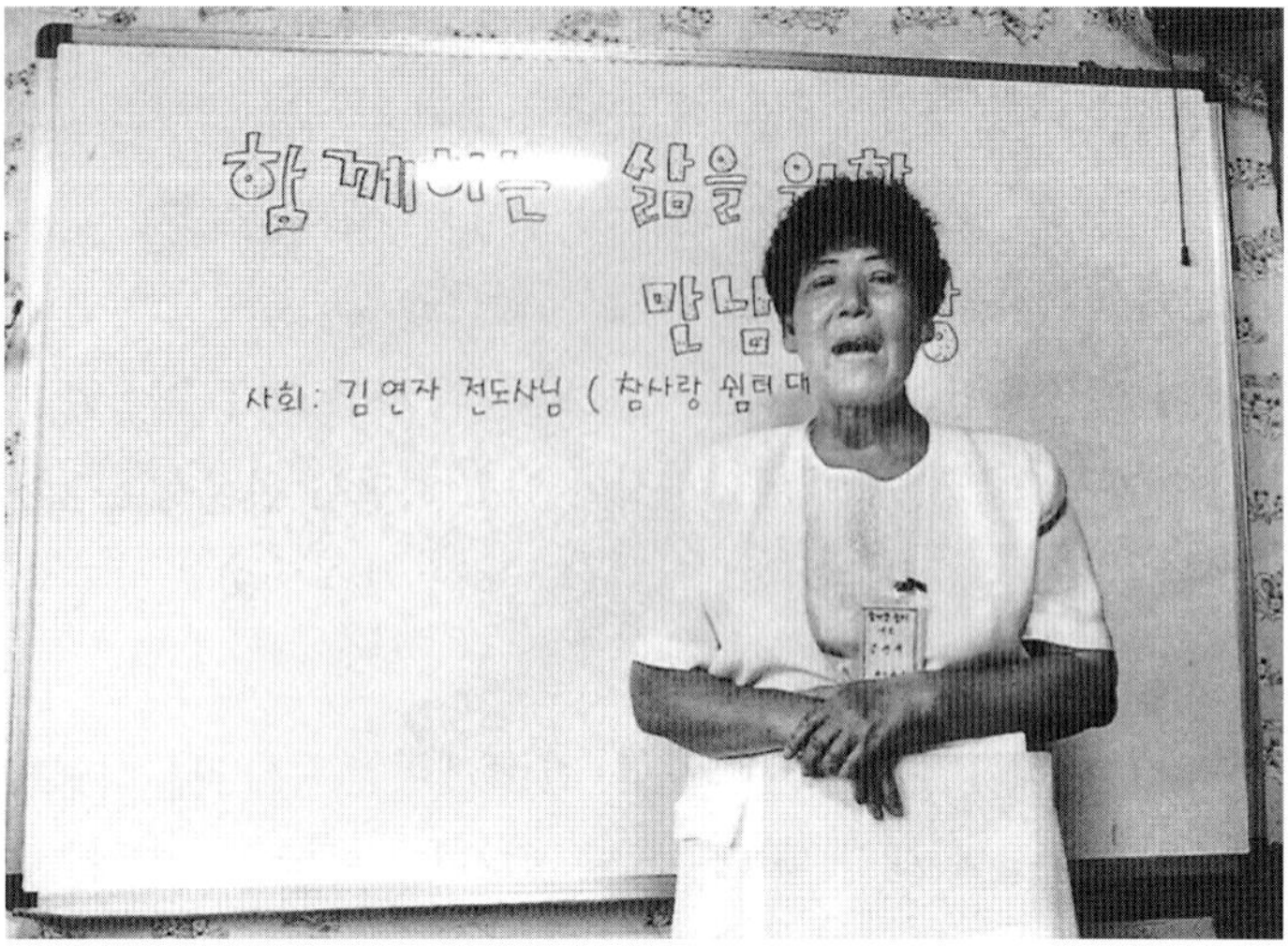

1994年、‘共に生きるための出会いの場’。この集りを通して、混血者たちが韓国社会に求めていることが日常の中の小さな配慮であることを改めて知った（第七章三）。

ハンサムで性格がよく、賢くもあり、みんなの期待を一身に受けた英哲のことは、周りの人々の辛い記憶として残っている（第七章三）。

日本の読者のみなさまへ

私は基地村に流れ着き、涙と笑いの中で散文詩を作って口ずさみながら、自分を慰めました。

風が吹く
雨が降る
わたしの心が悲しくて泣いています
風よ、雨よ、おまえが行くところ
お陽さまに会ったなら
わたしが待っていると伝えておくれ
お月さまに会ったなら
わたしが泣いていると伝えておくれ
お星さまに会ったなら
両手を広げて待っていると
伝えておくれ

何かが私の人生に新たなきっかけを作ってくれるのではないかと、待つ……。それは私の人生そのものでした。そのすべてを過去のこととして、記憶の中から消し去ってしまいたいけれど、でも今は、記憶を蘇らせ、弱くて翻弄されるばかりだった歴史をさかのぼり、記録しようとしています。

歴史とは真実でなければなりません。最初は、自叙伝の題名を「生きたければクソをぶっ放せ」とし、自分の過去のすべてを吐き出したいと思いました。時が流れて、私が接してきたこと、基地村のいろんな事件を、歴史に刻みつけるために書こうという思いがわいてきました。それで、題名も「アメリカタウンの女大将、死ぬ五分前まで叫び続ける」［原題］に変えました。

私が小さかったころ、六・二五［朝鮮戦争 一九五〇―五三］が起こり、巨文島という南の島に避難しました。そこに〝コンプラギ《ママ》ンジャ［金比羅神社］〟という日本の天皇を奉る神社の跡がありました。三十二段の石段を上がると広場があり、そこから遠くの海を見渡すと、漁に出たまま戻って来ない夫の帰りを待ちながら、石になってしまったという女人の岩が見えました。その岩を見るたびに、その女人の心の辛さを思い、胸が痛みました。

そして皮肉なことに、釜山からやって来た一人の伝道師が、その神社のすぐ前にテントを張り、キリスト教を伝道するようになりました。振り返れば、日本の植民地時代の神社参拝の痕跡や、そこでイエスを信じた子どもの頃のことが、〝一つの人生の歯車のように歴史の中で回っていたのだな〟と思います。

女人の岩の言い伝えのように、私の語りが日本の読者の心と触れ合い、互いの真実がこだますることを願っています。私たちは隣人同士であり、また同じ痛みを経験したことのある人間たちです。私は、待ち続けながら刻まれた同僚たちの痛みを、歴史と制度が償ってくれることを願っています。

金 蓮 子

基地村の女たち　目次

目次

基地村の女たち——もう一つの韓国現代史——

プロローグ・・死ぬ五分前まで叫び続ける

「リヤカーでも曳《ひ》けば良かったじゃないの」

かつての同級生の一人が私に言ったことばです。テレビのドキュメンタリー番組［MBC「今なら言える」（セックス同盟―基地村）二〇〇三年二月九日放送］でインタビューされる私の姿を見たのでしょう。私はその番組の中で、私がこれまで米軍の基地村で売春しながら経験した様々なことを、率直に語りました（最近は、売春を性売買と言うようですが、私には〝売春〟のほうが慣れているのでそのまま使います）。友人から電話をもらった後、「リヤカーでも曳けば」という言葉が頭から離れませんでした。

売春をしながら過ごした二五年間のうち何年かは、女たちの自治会活動に熱心に取り組みました。その頃は、基地村で暮らす女たちのための教養講座というものがありました。講座が始まる前に、私はよく演壇に上がって、女たちに向かって演説をしたものです。いわば事前講義のようなものです。とても若くてかわいらしい女たちがたくさんいました。

「みなさん！（机をバンと叩いて）どこの母親が、自分が強盗だったからといって娘にも強盗になれと言うでしょうか。世の中にそんな母親はいません。みなさんの先輩である私がみなさんに言いたいことも同じです。いくら私が体を売っているとしても、みなさんにもそうしろとどうして言えましょうか。

私が言いたいことは、この街から出て、りんご売りでもしなさいということです。手遅れになる前に早くここを出て、りんご売りにでもなりなさい」

基地村にやってきたばかりのうら若い女たちに、一言でもたくさん話してあげたかった。私が出鱈目《でたらめ》な人生を歩んできたことが悔やまれたからです。こんな皮肉なことがあるでしょうか。友人が私に言ったのとまったく同じことを、私もずっと前にこうして言っていたのですから。でも、私の話を聞いて基地村から出て行った女は誰もいませんでした。

それなりに〝まっとうな人生〟を生きてきた人々は、こんな私たちを「かわいそう」に思い、同情のまなざしを向けます。でも、私たちの根本にある精神的な問題を解決しない限り、いくら借金を返してお金をためて、家を手に入れ、子どもを生み育てても、結局は社会に馴染《なじ》んで生きることはできません。

証言をするために講演して歩き、一生懸命活動しても、私はこの病を簡単に治すことができませんでした。声がかれるほど騒いで笑っても、すぐまた、わけのわからぬ怒りがこみ上げては何日も臥《ふ》せり、うめき続けました。その怒りは、私の心の奥にこびりついている幼い頃の記憶のせいだと思いました。育つ過程で積もった憎しみと憤り、その憎悪が湧き起こると、心が掻《か》き乱され、理性を失ったからです。私の人生には、深い泥沼、混迷、罠……あらゆる単語が混在しています。肉体をこき使い、〝行くところまで行こう〟とやけっぱちになり、自分を守るための愚痴《ぐち》も習慣になってしまいました。時間が長引けば長引くほど、その度重《たびかさ》なる愚痴すらも私を縛りつける足かせとなったのです。

私はこう愚痴りました。「哀れな母が一人で稼がなければならなかったから、母のために売春をしたんだ。父が私たち母子を捨てたから堕落したんだ。小学生の頃、親戚のお兄さんに強姦されて身も心もボロボロにされた。だから堕落し、自らを虐待し、体まで売ったんだ……」と。

私はそれでも、あの時代にはめずらしく高校にも通い、売春をやめた後は神学校で三年も勉強しました。その間、社会的に認められた有能な人々に会う機会もたくさんありました。売春の現場にいる女たちに比べると、ずっと良い機会に恵まれていたと言えるでしょう。けれども自分自身を省みることのできる真の機会は、実はほかのところにあったのです。特に、高齢の母を介護しながら過ごした四年余りの時間は、自分の人生を心から振り返ることのできる貴重なものでした。

これまでの長い旅路の中で感じたことが一つあります。社会や周りの環境が私を変えるのではなく、自分が置かれた現実を、私自身がまずしっかり認識してこそ変わることができるということです。結局、そのすべてのことに立ち向うのは自分自身なのです。心の病を治せるのも自分だけです。私はそのことに気づくのがあまりにも遅かったのかもしれません。私を見て下さい。一人の女が売春をやめるのに、こんなに長い時間がかかりました。私の未熟さのせいでしょうが、売春をやめても、日々の生活から何かを学びとり社会を理解するにはあまりにも多くの困難がありました。それは私だけではありません。ですから、社会に出て頑張ろうとする私のような女たちを、同情のまなざしで見るのではなく、みなさんと同じ人間として迎えてあげてください。

それでも私はとても運の良い女だと思います。挫折するたびに、母の命がいつも私のそばで息づいていたし、良い友人がそばにいて、ついに神様が私を助けて下さいましたから。今年で九六歳になる母は、葬式用の遺影を撮って壁に掛け、亡くなる時に着る服は、もう十年も前に用意してタンスの一番下に大事にしまってあります。私もようやく人生で初めて最も平安な日々を送りながら六〇代になりました。

この歳でえらそうにしていると言われるでしょうが、私はもう死後の碑文を頼んでおきました。「情熱的に一生懸命生きた女、死ぬ五分前まで叫び続け、熱弁をはいた女、ここに眠る」

これからは自由になりたくて、すべて脱ぎ捨てました。暴風雨が過ぎ去った後のようです。これからの人生はもっと穏かに暮らそうと思います。人々がとても美しく見えます。

私はいつも文章を書くことを〝排泄すること〟にたとえます。私の人生に染み込んだ嫌なこと、悔やまれること、悲しいことなどがみな排泄物と同じだと思ったのです。いまは心が安らかです。本を出すと言ったら、ある知人が「姉《オン》さん《ニ》［親しい年上の女性への呼称。売春業界の女たちの呼称でもある］、自叙伝はもう一二年前に出したんじゃなかったの？」といって笑いました。この本は、長い間支えてくれた人々のおかげで世に出ることができました。

自分の経験を本にしようという夢があったからこそ生き延びることができたというあるユダヤ人のように、私もこの本を書くために生きて来れたと錯覚するときがありました。この本を出版するために支援して下さったすべての方々に感謝いたします。

自叙伝を書くと決心してから一二年がたちました。セウムト［一九九六年に東豆川《トンドゥチョン》に設立された基地村女性運動の団体］代表の金賢善《キムヒョンソン》さん、安眠島《アンミョンド》まで同行してくれたセウムトの車恩栄《チャウニョン》さん、文章を直してくれた金明分《キムミョンブン》さん、また、マグダレナの家［一九八四年にソウル龍山《ヨンサン》に開設された売春女性のためのシェルター］でフリーランサーとして働いている厳尚美《オムサンミ》さんは、私の夢をかなえるために尽くしてくれました。清平《チョンピョン》や、私の故郷である巨文島《コムンド》まで同行し、時間と心を注いでくれました。本当にありがとうございます。また、文章を直してくれた安美仙《アンミソン》さんとの出会いはとても幸せでした。嬉しさと楽しさで、何をしているのかも忘れるほどでした。

ようやく私の過去を赤裸々にさらけ出すことになりました。これは、単に洋セクシ［西洋人相手の売春婦］だった一人の女の過去の物語ではありません。神学校を卒業して伝道師生活を送りながら、社会に適応できずに苦しむ者たち、その問題がどこから来ているのかを、その悔恨と怒り、葛藤を振り返り、自ら悟り治癒してきた過程でもあるのです。

これらのことが、基地村の女たちのために働く諸先生方と、性売買に関連する活動をしている諸団体にも、小さな助けになればと思います。また、この本が、国際結婚で海外に出かけている女性たちと、父親のいない国内の混血児童たち、基地村女性たちの困難な現実に、少しでも多くの人々が関心を傾けて下さるきっかけとなれば幸いです。

最後に、出版の機会を与えてくださった三仁《サミン》出版社に感謝いたします。私はこの仕事をきっかけにして七年間休んでいた事務所を再び開く準備をしています。

二〇〇五年五月

松炭《ソンタン》にて、金蓮子《キムヨンジャ》

第一章　波打つ記憶、巨文島

一　昌萬《チャンマニ》の娘、蓮子《ヨンジャ》

一九五〇年、私が小学校二年生の時、朝鮮戦争［一九五〇年六月二五日〜一九五三年七月休戦］が起こった。麗水《ヨス》にある公務員官舎が焼け、警察署も焼けた。警察署の裏山で、制服を着た警官が焼け死ぬのを見た。あまりにも怖くて、一目散に家の方に駆け出したが、〝パン！〟という音が聞こえた。人が死ぬのが怖くてひたすら走りながらも、お腹が破裂する音はとても大きいのだなと思ったのを覚えている。

母は朝から測候所のある山の頂《いただき》に仕事で狩り出され、私もその後をついて行った。測候所の周辺に穴を掘り、国軍［韓国軍］が来たら感電死させるための電気線を埋め込む仕事だった。指示を出す人民軍兵士たちの声はいつも嗄《しゃが》れていた。母は測候所に行って四、五人の人民軍兵士たちの食事を作り、一日中働いた。軍服を着て縁《ふち》のある赤い帽子をかぶった人民軍が家に来て、泊まっていくこともあった。そのうち国軍が麗水市を爆撃して、人民軍の姿が消えた。その頃、母と私は麗水から南に突き出た半島の突山《トルサン》に避難した。

突山に着くと、海の向こうの麗水の方で炎が立ち上っているのが見えた。灰色の積雲のような煙が麗水の空を覆《おお》っていた。

私は幼い頃、父を見たことがほとんどなかった。疎開先の突山で過ごしながら、母と私が父に捨てられたことを思い知らされた。母と私は突山のくねくねとした山道を歩き続けた。母は私が人目につかないようにと、どこからか作業服を手に入れて私に着せた。夜は足首まで露《つゆ》に濡《ぬ》れながら休みなく歩き、夜が明けると、木陰《こかげ》に穴を掘って綿《わた》の布団にくるまって寝た。飛行機の飛ぶ音は夜も休みなく聞こえてきた。大人たちは、綿の布団を掛けていれば、飛行機からひょうのように降ってくる銃丸《じゅうがん》を綿がくるんでくれるから安全だと言った。飛行機の音が少し止むと、眠たい目をこすって再び歩いた。

父がソウルで青年団［反共団体］の役員をしていた関係で、私たちは他の避難民たちとは境遇が違った。突山で何とか知り合いの家に隠れたが、北朝鮮系の地域の人民委員長だった淑姫《スクヒ》の義父が、私の母を紐で縛ってどこかへ連れて行ってしまった。母が連行された後、独りで泣きながらあちこちをさまよった私は、突山の防波堤の上で跪《ひざまづ》いている母を見つけた。髪を乱した母は、小柄な体を荒縄でぐるぐる巻きにされ、もっと小さく見えた。危険に晒《さら》された母の姿が今も鮮明《せんめい》に浮かぶ。遠巻きにして見ていた人々は、銃殺するそうだと囁《ささや》き合っていた。

「ダメ！　お母さんを殺さないで！」

私は防波堤に駆けて行き、母にしがみついて泣き叫んだ。普段、母と親しくしていた淑姫のお母さんも泣きながら訴えた。

「なんてことするのよ、夫が青年団長だか何だか知らないけど、この人は何にも知らないのよ。一緒に暮らしてもいない夫がどうして夫なのさ。ねえ、あんた！　ちょっと何とか言いなさいよ。あんたも知ってるじゃないの。どうする気なの？。こんな純粋な人を、何の罪もない蓮子のかあさんをどうして殺すのよ！」

母が殺されるかもしれないという恐怖の中で、私も必死になってひれ伏し、泣きながら訴えた。

「私のお母さんは何の罪もありません。私にはお父さんもなく、何もありません。お母さんしかいません。どうか助けてください。お願いです、助けてください！」

私は何度も、父親という人はいないと、その人はとっくの昔に私たちを捨てたと叫んだ。

何も言わずに黙って聞いていた淑姫のお父さんは、結局、銃口を下げた。周りで見ていた人たちも、一人、二人と散っていった。私はしばらくの間、心臓がドキドキして息もできないほどだった。

戦争で焼け野原になり、春窮期《しゅんきゅうき》で飢え死にする人が後を断たなかった。母は、「どうせ死ぬんだったら故郷に行って死のう」といって、私を連れて船に乗り、南海の小島である巨文島《コムンド》へ行った。そこを生活の拠点にして長項《チャンハン》や麗水で絹を仕入れ、巨文里の漁業組合の近くで売った。母は手当たり次第、仕事をした。あずきを干してお汁粉にして売ったり、豆もやしを栽培して売った。また、日本のウテナクリーム、アメリカ製の革ジャンパーも売った。麗水が密輸都市なので、日本製の生地を買ってスカートの下の腰に巻きつけたり、脚にぐるぐる巻いて全羅北道の裡里《イリ》へ運び、そこで売ったりもした。

戦争が終わって、父は富と権力を手に入れた。独裁者、李承晩《イスンマン》政権の下で警察関係の仕事についた。早稲田大学の偽の卒業証書を利用して釜山《プサン》で甘い汁を吸ったそうだ。父は右翼の青年団長、自由党党員、そして会社の社長にもなったという。母の故郷の人の話によれば、植民地時代に日本に行った時、父が日本でヤクザをしていて、芸者をたくさん呼んで豪勢にお酒を振舞ってくれたそうだ。

母と父は植民地時代に結婚した。母は瑞山金氏《ソサンキム》で、祖先は島流しされて巨文島に根を張った両班《ヤンバン》［支配階級］だと自慢げに話してくれた。金海金氏《キメキム》の父の家系は、故郷は長項だったが、商売をするために島に来て定着した。父は母より一つ年下だった。母方の親族の長老たちは、たとえ没落したとはいえ両班家門の娘が、こんな〝商人〟ごときの家の者と結婚するのはけしからんと、不満がったそうだ。しかし、すらっと背が高くハンサムだった父は、巨文島の人ならば誰もが一目置く人で、ついに結婚の許しを得た。

植民地時代、両親は麗水でウエイトレスもいる大きな食堂を経営したが、父が他の食堂の店員と浮気をしてしまった。ショックを受けた母は、食堂で自殺しようと劇薬を飲んだ。幸い、大事には至らなかったが、母はそれ以来、胃の具合が悪く、今も少ししか食べることができない。

父がその女と日本に行ってしまうと、母も一人で日本までついていった。父が女を連れて、日本から満州に渡って食堂を開いた時も、母は満州まで追いかけて行き、父の食堂の隣りで小さな食堂を営んだ。母はそこでほんの短い間、父と一緒に暮らしたことがあり、その時、私が生まれたのだった。一九四三年一月に生まれた私は、ぽっちゃりした色白で、近所の人たちが「天皇陛下の娘のようだ」とほめてくれたそうだ。

満州で父は、毎日母の所に行っては、母が苦労して貯めたお金を奪った。お金を渡さないと、馬乗りになって包丁で脅したという。戦争が終わると、父は他の女と一緒に朝鮮に帰ってしまい、母もその後を追うように、三歳の私をおぶって鴨緑江《アムノッカン》を渡り、麗水に戻った。未練を捨てきれずに父を追いかけ続けた母も、ようやく諦めて一人で私を育てた。しかし、母の胸には生涯、父への思いがこびりつき、いつも父を待ち続けた。

母は親戚が訪ねて来ると、父のことを口にした。

「悪いヤツ、この世で一番の悪党、雷に打たれて死んでしまえ」

母は、早起きして井戸端に置いてあるかめを拭きながら、口ぐせのように「うちのガキが父親に似てやがる」とつぶやいた。その独り言を聞くのが嫌でたまらなかったが、母の恨み言は続いた。父はよっぽど悪い人間なんだ。私も母と一緒に父を悪く言いながらも、心の片隅では父に会いたかった。

「父無し子がなまいき言うな」

この一言で取っ組み合いのけんかをしながら、私は三才の時に別れた父の顔を思い出すこともできず、くやしくて泣いた。

「蓮子のお父さんって憲兵隊長なんだって」

朝鮮戦争が終わった年、父が私たちの前に現われた。父は腰の両側に拳銃をぶら下げ、二つ星をつけて、巨文小学校の運動場で演説した。麗水でしばらく警察署長もした。

私は友人たちに自慢気に言った。

「見たでしょ。私のお父さんよ。釜山でえらい人なんだからバカにしないでよ」

ある日、夜遅く父が家にやってきた。背が高くて男前で拳銃を二丁も持っていた父は、母を見るといきなりこう言った。

「蓮子の母さんよ、敵産家屋［植民地時代に日本人が住んでいた家。解放後、民間に払い下げられた］を一棟譲ってやるから離婚しよう」

「私は死んでも離婚しないよ。瑞山金氏の両班家門を汚すことなんてできないよ」

「堅苦しいことを言うなよ。お前も金氏、俺も金氏。お前が俺より一才上だから離婚して、姉と弟として生きようじゃないか。俺が面倒を見てやるから」

「そんな、話しにもならないね」

父は、泣く母をしばらく眺めていた。そして出て行く時、うなだれて座っている私の頭をなでてくれた。翌朝父は、村人たちの挨拶を受けながら島を去った。私は島の丘の上にある天幕作りの教会に行って、泣きながら祈った。

「イエス様、父が母と私をこの島から連れ出してくれますように。イエス様、お願いします。アーメン」

「お前の父さんが連れて行ってくれるんだって？　お前はいいな」

何も知らない友人はそう言った。

母と私は、虐殺と爆撃で死体があちこちにころがっている山道を、生きるためにはるばる歩いてきた。そして母は、ろくに食べもせず、着の身着のままで、明け方には家を出て働いた。父は本当に母を捨てたのに、母はそれでも哀れなほど妻の座を譲ろうとしなかった。

母は、女があちこち嫁ぎ先を変えて生きるのは始末が悪いと言った。あの頃は、女たちがやむなくそのように生きたし、母は名ばかりの夫を仰いで暮らした。そうしながらも、捨てられ、一人で子供を育てなければならない自分の境遇を恨み、深いため息をつくのだった。

私は外で思い切り遊んで帰ってきても、母のため息を聞くとたちまち不安になった。

――嫌だ、本当に逃げ出したい――

それでも母が仕事に出かけると、一人ごろんと横になって母のことを思った。壁にかかっているスカートを下ろして「蓮子や」と、母の声を真似《まね》てみた。

「蓮子や、アイゴ、私の娘」

「お母ちゃん、お母ちゃん」

スカートを胸に抱いて、服に染み付いた母のにおいをかぎながら「お母ちゃん」と呼んでみた。

巨文島からは天気が良ければ南海の最南端に浮かぶ済州島の漢拏山《ハルラサン》が見えた。巨文島の海を眺め、海で泳ぎながら、私は少しずつ成長していった。友人たちと海にもぐると、いろんな魚が泳ぎ、茶色やブルーに輝く海草が海底をぎっしりと覆っていた。岩肌には牡蠣、はまぐり、貽貝などもはりついていた。大声で笑いながら水遊びをして手足が冷えると、暖かな石の上に横たわり、潮がしみた目につばをつけてこすった。

巨文島の生臭い空気、冬の浜風に耐えて、春こっそりと芽をのぞかせる青葉たち、鮮やかな真紅の椿の花、荒っぽいけれども人情味あふれる巨文島の訛りと隣人たち、空の彼方からやってきた雲たち、そして、母。

基地村で暮らしながら死にたくなる度に、海、防波堤、茅葺の家を思い浮かべては、また生きようと思った。生きなくちゃ、生きなくちゃ、いつかあそこに戻って根を張らなくっちゃ、と独り言のように口ずさんだ。そうするとなぜか心が切なかった。

二　これからあなたの名前は蘭姫《ナニ》よ

麗水で朝鮮戦争を経験した母は、戦争が終わる頃、母方の実家がある巨文島の西島里《ソドリ》に行った。その頃はまだ人が死ぬのをしょっちゅう見たわけではなかった。西島里《ソドリ》では、私も他の子どもたちと同じように小学校に編入した。その学校では舞踊や弁論術も教えてくれた。

朝鮮戦争が終ると、家はものすごく貧しかったが、母は私に教育をきちんと受けさせようと、再び麗水に引っ越した。母はいつも商いに出かけて家を留守にしたが、麗水では私の孤独な生活が終わったかのように思えた。隣の家には私と同じ年頃の子どもたちが三人もいたし、中学に入ってからは、学校でバレーボールや演劇に夢中になった。また、私がよく先頭に立って友達を引き連れて、町に出かけた。学園祭で市街行進をした時は、第三小隊の小隊長という腕章をつけて偉そうに行進し、群衆が笑い顔で拍手してくれたのを思い出す。母の留守に友人たちを家に呼んで、ピクニックの際の演劇を練習したり、踊りの練習をしたこともある。借家なのでそう頻繁に友人たちを連れて来るわけにもいかなかったが、家で練習する日は特に楽しかった。

そんな頃、蘭姫《ナニ》と親しくなった。蘭姫は私よりも少し背が低く、色白でよく笑う活発な子だった。私たちはどこへ行くにも手をつなぐほどの仲良しだった。

蘭姫と私は何でも正反対だった。蘭姫が舞踊やバレエをすれば、私は弁論、演劇、バレーボールをした。彼女の家は麗水のお金持ちで、公務員の父親と二人の弟がいた。私の母はいつも無口だったが、彼女の母親はとても活発だった。それに、私たちは借家暮らしだが、彼女は持ち家だった。蘭姫の家は麗水の端で、私の家はその反対側の端……という風に。

「あなたはこれから蘭姫よ、わかった？　蘭草の〝蘭〟に〝姫〟の字」

「わかった。じゃあ蓮子は何て呼ぼうか？」

「私はね、影の〝ヨン〟に私の〝我《ア》〟でヨンアと呼んで。金影我《キムヨンア》って」

私たちはお互いにニックネームをつけた。

蘭姫は、暖かい陽射しを浴びて咲いている花のようだった。蘭姫の家の裏山に登ってハーモニカを吹いたり、手をつないで歌をうたうと、いつしか暗くなった空に月が昇った。私たちはその輝きを見て心をときめかせ、別れを惜しんだ。

夜中にも蘭姫に会いたくて、母に見つからないように服を持ってそっと家をぬけ出し、麗水の端にある蘭姫の家まで走った。まるで発情期の猫のように。母は行商から帰ってくると疲れてぐっすり眠るので、私がいなくなっても気づかなかった。派出所の前を通ろうとして夜間通行禁止［解放直後から治安維持、国家安保の名目で夜一〇時から明け方四時まで通行が禁止された。一九八二年一月に解除］の見張りをしている巡査に見つかったこともある。そんな時は、「友だちが重病なんです。どうしても行かなければならないんです」と頼み込んで、派出所の許可印を手のひらに押してもらった。おぼろ月夜の光の下で門を叩き、それでも開けてくれないときは、塀を乗り越えた。蘭姫と弟が寝ている部屋の窓を叩いても起きないときは、隣りの倉庫に入ってかますの上にしゃがみこんで夜が明けるのを待った。

私は蘭姫から一時も離れてはいられなかった。蘭姫の家族も、私が貧しい家の子だからといってぞんざいにすることもなく、よくもてなしてくれた。活発で人を笑わせることが好きな私が蘭姫の家に行くと、彼女の母親は「おや、うちのお婿さんが来たのかい？」と言って笑った。私の母は、蘭姫が家に来ると「おや、うちのお嫁さんが来たね」と迎えてくれるほど、互いに親しかった。

蘭姫のことが好きでたまらず、密かに初恋を感じたが、そんなことは絶対口に出せなかった。蘭姫に対する愛情は、その年頃の友人に対して抱く感情だけでは説明がつかなかった。

「あなたたち同性愛者なの？」

「蓮子は変態よ」

友人たちは冷やかした。私がまったく女らしくないといった。そして、みんなに言わせれば変態だった。

私には、蘭姫や母にも言えない秘密があった。巨文島で小学校に通っていた数え年一一歳の頃、母方の遠い親戚が近所に住んでいた。村の事務所で小間使いとして雇われていた遠縁の、丸坊主のそのお兄さんに、私はよくなついた。飴《あめ》がめずらしかったその頃、お兄さんはどこかでたくさん手に入れて私にくれたり、鉛筆をくれたりした。兄弟もなく、母も不在がちで、いつも一人で過ごしていた私は、人なつっこく、誰とでもよく遊んだ。そんなある日、道でばったりお兄さんに出会った。

「おい蓮子、兄ちゃんがいいものやるからちょっと来てみろよ」

――飴をくれるのかな？――

何だろうと思ってついて行くと、お兄さんは村の事務所の横にある倉庫に入っていった。

――何かもってくるんだ――

しばらくしてお兄さんが出てくると、私を連れて中に入った。倉庫の中は真っ暗だった。

「ここどこ？　どうしてこんなところに入るの？　ねえ？」

するとお兄さんは、白い紙と鉛筆、それに飴を持ってきて私の手の平にのせてくれた。

「わあー、すごい。どこから出てきたの？」

喜んでいると、突然、お兄さんが私のパンティーを下ろすのだった。

「どうしたの？　何してるの！　ねえ！」

びっくりして脚をすぼめたが、お兄さんは手を休めず、ズボンを脱ぎ、大きなペニスを私に押しつけた。とても痛くて怖かった。皮膚が張り裂けるようだった。そして、お兄さんは息を荒げて私にのしかかった。

「誰にも言っちゃだめだぞ！」

お兄さんは外に出て行った。かすかに開いた倉庫の扉から、明かりが差し込んでいた。うまく歩くこともできず、よろけながら外に出た。けやきの木の下まで這うようにして歩き、座り込んだ。飴と鉛筆を片手にぎゅっと握りしめながら、誰かに見られるのではないかと顔をすくめた。脚の間から血がしたたり落ちた。その血は地面に吸い込まれて次第に黒く変色していった。

――ねずみの血のようだ――

ねずみに石を投げつけた男の子たち。そのねずみから出た血の色だった。生臭い海のにおいが血のにおいのように吹きつけ、吐き気がした。日が暮れてあたりが真っ暗になるまで泣きながら吐きつづけた。お兄さんに言われたように、誰にも何も言えなかった。私はその後、しばしば悪夢にうなされるようになった。また、私の体に性器があるということを感じながら、あの出来事を記憶から消せない分、しょっちゅう性器をいじるようになった。ママごと遊びをしながらも女の子の性器を触ってみた。「私のもさわってごらん」といって、その子にも触らせた。

お兄さんがそうした時はとても痛かったのに、もう痛くなかった。それに、触ると気持ちがよくなることを知った。誰に言われなくても、こういうことは秘密にしなければいけないと思った。母は私のこうした変化に気がつくはずもなかった。

「千金、万金にも勝る私の娘よ、しっかりご飯を食べて待ってなさいよ」

「うん…」

母は私を抱いてくれたことがなかった。娘だからと腰に手を回して抱きしめてくれたこともなく、私も〝お母ちゃん〟と言ってその胸に飛び込んだこともなかった。母は私の食事と着るものを用意すると、さっさと出かけた。

私は友だちに向かって不意にこう言ったりした。

「私のお母さんは本当の母親じゃないの」

中学生になって胸がふくらみはじめると、布でぎゅっと巻きつけた。母の下着を、下はゴム、上はキャラコでブラジャーのような形にして縫いつけ、頭から被って着た。体操の時間にもそれを着て胸を押さえつけて走り、銭湯にも一人で行った。

中学の夏休みに、巨文島で親戚の集まりがあり、私を性暴行したお兄さんを見る機会があった。大人たちの後ろからこっそり見ると、お兄さんは結婚したばかりで、妻と一緒に親戚たちからお祝いの言葉をかけられていた。得体の知れない、いやらしくねちねちした視線がよぎったように思った。

――ああ、気持ち悪い――

私は身をよじった。私がそのお兄さんを見たのはそれが最後だった。

蘭姫と一緒に丘の中腹に座り、海を眺めながら歌をうたった。アカシアの香りがたちこめる学校の裏山で、映画の主人公の真似をしながら遊び、四ツ葉のクローバーを探し疲れて寝転び、空をあおいだ。そんな時は、あの親戚のお兄さんのいやらしい目つきも、誰もいない部屋で母を待ちながら流した涙も、産まれる前に私を捨てた父に対する憎しみも消えるかのようだった。

三　デモの主導者

母があくせく働いて生活を支えてくれたおかげで、私は麗水女子中学を卒業し、そのまま高校に進学することができた。この学校は植民地時代からある麗水の名門校［一九三八年、麗水公立高等女学校として設立］で、頭が良くて、裕福な家の子どもが通う学校だった。

私が高校に入学した一九五八年は、自由党［李承晩《イスンマン》大統領率いる与党］が無法にふるまう殺伐な時代だった。その頃、友人貞南《チョンナミ》の義兄が、東星劇場の横で民主党［野党］の事務所を構えていた。東星劇場の前は、いつもヤクザたちがうろついていた。貞南の義兄は、狭い二階の事務所でカーテンを閉め切り、五月二日の国会議員選挙のための選挙演説をした。

「蓮子、お前、弁論部にいたから声がいいね。選挙演説文を読んでくれないか」

「ただ読めばいいの？」

木造の階段を上がると、事務所は明かりもなく暗かった。震えながらマイクの前に座り、暗がりの中で原稿を読んでいった。

「みなさん、独裁者を追い出し、民主主義を守りましょう！」

原稿に書かれた通りに読むと、街頭にかけられた拡声器から私の声が響き渡った。一行ずつ読み進むうちに自信がついて、のどに力を込めてしっかりと読むことができた。

「やあ、本当にありがとう。気をつけて帰れよ」

貞南の義兄は優しく笑いながら見送ってくれた。ところが、私を見送って階段を上って行くときに、ヤクザが後ろから鉄パイプで襲いかかり、即死したということだった。

その後、ヤルゲ［マンガのキャラクター、〝小憎らしい〟の意］と呼ばれた教頭先生が、学校の売店の品物の値段を他所よりもずっと高くして、不当な利益を得ているといううわさが流れてきた。

「黙っていてはいけない！　私たちの力を見せてやろう！」

そのことを知って私はためらうことなく反対デモの先頭に立った。私は外を出歩いて二、三人集まると、すぐ笑わせるくせがあった。そのせいか、友人たちはみな私に従った。全校生徒を集めてデモ隊を先導した。学生服姿のデモ隊がソウル新聞の麗水支社前まで行った。先頭で腕を振りかざしながらスローガンを叫ぶ私の姿はさぞ目立ったに違いない。その頃すでに私の体格はとても大きかった。正面から男子学生が五人やそこらやってきても、絶対に道を譲らなかった。道の真ん中を堂々と歩いていると、「ドラム缶が行く」と後ろでささやくほどだった。そのドラム缶が道路を占拠して大声でスローガンを叫ぶと、他の学生たちもついて叫んだ。

「学内汚職を取材して、真相を究明せよ！」

私は自分のことに対しては臆病で気が小さかったが、大きなことには動じず、大胆にふるまった。長時間直射日光の下でデモをしたため、何人もの学生が倒れた。父母たちがやってきて、娘が死んでしまうと大騒ぎした。そのため先生たちも無視できなくなったのか、その後、品物の値段が下がった。学校開校以来初めてのことだったという。

私に社会を見る意識的な目があったわけではなかった。ただ、当時流行していたニーチェ、アルベール・カミュの『異邦人』、ドストエフスキーの『罪と罰』のような本を読み、不安・不信・状況・不条理・存在・絶望・壁、などのことばを覚えた。人生は虚しいとか、今日も一日何も意味がないなどと、この世の悩みをすべて背負ったかのように、気取って過ごした。ソウルから赴任してきた美術の先生が、黄色く変色した小さな本をくれながら、「絶対誰にも見つからないように毛布をかぶってこっそり読むんだよ」と言った。それでマルクス・レーニン主義も読んだ。暗がりでその本を読みながら、みな平等に暮らすという主義自体はいいことだな、と思ったり、あっさり、死んでしまおうか、という衝動にかられることもあった。

私は、幼い頃の経験が何だったのかも知るようになった。女が一度からだを蹂躙《じゅうりん》されたらお嫁に行けないと思い、一人で悪夢を見ながら苦しんだ。私は他の人たちとは違うという思い、正常に生きていけるのだろうか、という不安が心の奥深くに渦巻いていた。

一九六〇年四月一一日、教頭先生の件でデモをしてからいくらも経たず、馬山《マサン》で金朱烈《キムジュヨル》という青年の死体が発見されたという話が伝わってきた。その頃、学校の先生たちが私の家に訪ねてきて、「変なことに首をつっこむんじゃない」と忠告し、何時間も門の前で見張っていたりした。この前のデモを主導した私が、今度も何かしでかすのではないかと心配した様子だった。

馬山商業高校一年生の、私たちと同世代の金朱烈が死んだというニュースは衝撃的だったが、学校全体の雰囲気は普段と変わりなく、何かをするという気配もなかった。新しい事実を知ることもできず、胸に渦巻いた鬱憤も次第に消えうせた。そうして私は、自分の内に秘めた得体の知れない息苦しさに圧倒されていった。

私はその頃、まだ蘭姫との関係に熱をあげていたが、新たに淑子《スクチャ》という友人とつきあうようになった。淑子は髪が軽く縮れ、目が大きくて小柄な、おとなしい性格だった。洋裁の時間に私がシュミーズを縫うのに手間取っていると、全部仕上げてくれたりした。淑子は、「蓮子、暇がある時にこの詩読んでみて。とってもいいの」と言って、朴木月《パクモグォル》［一九一六〜一九七八］の詩集を貸してくれた。蘭姫は私に大きな影響を与えたが、私は情緒的には淑子を頼りにした。紫色の靴下に、紫色のカバンを提げていた淑子の家庭も、ものすごく裕福だった。淑子は声がきれいで、歌も上手だった。

……静かに寝入ったあの海は、神秘に満ち溢れ、寂寞とした波の音、私を泣かせようと、遠く離れていった私の友人たちよ、帰れ、ソレントへ……

淑子も私にとっては蘭姫のように憧れの対象であり、彼女の暖かさと情の深さがこの世の何よりも貴かった。だが、淑子の父親が事業をするためにソウルに行くことになり、淑子も間もなく転校してしまった。

四　ソウルの学校に転校させてください

父は釜山で警察署に勤務した後、ソウルに上京して明洞《ミョンドン》近くの立地のよいところに住んでいた。政府が自由党に払い下げたという三階建ての家で、新しい女とその間に生まれた娘たちと楽しく暮らしていた。

「お父さん、私もソウルの学校に転校させてください」

私は学校が休みになると、一大決心をしてソウルの父の家に行った。家族と楽しそうに暮らしている父の姿を見ると居心地が悪かった。父は外出から帰ってくると、いつも大きな背広のポケットにピーナツをたくさんつめて、「ハハハ」と笑いながら廊下をドタドタと歩いてきた。

ソウルの〝頼もしい父、優しい父〟は、厳しい目つきで私を見ながら言った。

「こいつ、今何を言ってるんだ？　何も問題なく通っている学校をほったらかして転校だと？　おい、お前の姉妹が高校三年と一年、その下にまだ三人もいるんだぞ」

二の句を継げなくする父の姿を忘れまいと、私は父を睨《にら》みつけた。ソウルに行くための汽車賃とおこづかいを、一々数えて渡してくれた母の姿が浮かんだ。

継母は指先ひとつ動かさずに暮らしているようだった。私は父親に拒絶されて痛んだ心が少し癒された頃、口論の末、継母にきついことを言い放った。

「あんたは私のお母さんを傷つけた悪い女だ！」

継母は怒りを抑えきれず、帰宅した父に泣きながら訴えた。

「蓮子が私を妾だって悪態ついたのよ」

父は大きな分厚い手で私の顔を平手打ちした。

――くやしい、本当にくやしい！――

くやしさで死んでしまいそうだったが、父親の威圧的でギロリと光る目が怖くて、さすがの私も抵抗できなかった。でも、父が私を殴ったのはその一回だけだった。私がいくら反抗的で、わがままを言っても、父はほとんどのことを受け入れてくれた。

体格の大きい父は、靴屋が特別にあつらえたベルトをしていた。一見するとレスラーの選手がつけているようなベルトだった。夫婦喧嘩をする時は、そのベルトを振り回した。バシッ！バシッ！、鋭くしなる音は、大蛇を這わせたような痕《あと》を残した。腹違いの姉、美子《ミジャ》も、泣き叫びながら父に叩かれた。美子がぶたれるのはかわいそうだったが、継母がやられるときは、〝妾が罪を犯して苦しんでいる〟と思って、嬉しくさえあった。

「お父さんなんて、名前だけじゃないの。一体、お母さんと私に何をしてくれたっていうの。一度でも私たちの心配をしてくれたことはあるの？」

私は怒りが込み上げ、一つ一つ問い詰めた。そういう時は父もため息をつき、長女［戸籍上］の言葉に胸が痛むようなそぶりを見せた。子どもたちがみな学校に行って、私が一人で部屋にいると、父は出かけ際に、握りしめたくしゃくしゃの紙幣を継母に内緒で投げ入れてくれたりした。

父の家で過ごしている間に、ソウルに転校した淑子にも会った。高校二年の夏休みに、制服の襟を取って、父の家と淑子の家を行ったり来たりしながら、首都劇場で演劇をみたり、東亜百貨店で自転車を借り、一日中乗り回して時間を過ごした。また継母の子どもたちと徒党を組んで、密かにお酒も飲んだ。特に一つ年上の美子とはよく遊んだ。美子は父の暴力と、自分が妾の子どもだということで悩んでいたのだった。

「蓮子、私たちは仲良くしようね。私はあんたが気に入った」

「うん、そうしよう」

美子にも秘密があった。美子は舞踊研究所で働く恩子《ウンジャ》という女性とつきあっていた。その恩子への手紙を私に届けさせたりしたのだ。恩子の首にある赤いあざがキスマークだと教えてくれた。恋愛、キス…、ピリッとして自由奔放なことばに胸が躍った。

父の家で、心は落ち着かなかったけれども、美子の後ろについて回りながら高二の夏休みを送った。

その頃、親戚の大人に頼まれて、洪川《ホンチョン》で兵役についていた親戚の別のお兄さんのところへ使いにやらされた。

バスで山間のでこぼこ道を進み、午後遅く、洪川バスターミナルに着いた。

「○○部隊はどこですか?」

「私が知ってるから一緒に行ってあげよう」

うろうろして道をたずねる私に、そばに立っていた軍人が近寄ってきてそう言った。そして、大きな通りをひとしきり歩いてから山側の道を先に歩いていった。少し怖くもあり、山を越えて行くのかとたずねた。すると、「軍人の監視小屋だから、こうやって突っ切って行けば早いですよ」と答えた。おどおどしながら歩いていると、軍人が急に私を押し倒して覆いかぶさった。

驚いて心臓が激しく打ち、息が詰まった。

「やめて！　お母さんが待ってるんです！」

こんなことがあってはならなかった。どす黒い樹木がざわめく冷たい空気の中で、私は大声でわめき立てた。

「結婚してあげるから、うるさくしないで。結婚するから！」

「私のお父さんはソウルの有力者よ！」

生きたかった。

〝生きなくちゃ、私がここで死ぬわけにはいかない。死んだらだめだ！〟

歯をくいしばって心の中で叫んだ。生きるんだ。生々しく覚えているのはそれだけだった。暗い倉庫で押し倒された時のように、体は私のものではなかった。

親戚のお兄さんは、面会に来た私を喜んで迎えてくれた。隣にいる軍人に「連れて来てくれてありがとう」と挨拶した。私は何も言えなかった。

軍隊のテントで横になりながら、悪寒がして体が痛かった。生き延びはしたけれど、私の心の中にちかちかと輝いていた光が消えてしまったようだった。涙が果てしなくあふれた。蘭姫、淑子……。こんな私に何も語ってはくれない友人たち。それでも、はるかに遠く純粋で、美しい姿でいる親友たちに会いたかった。

五　醜いアヒルの子

休みが終わって学校に戻ったが、なんだか別世界のようだった。私は家まで響いてくる始業ベルを聞きながら、田んぼのあぜ道をのろのろと歩いた。運動場を突っ切って教室にたどりつくと、蘭姫が目を丸くして遅れてきた私を見た。蘭姫にあれほど会いたかったのに、口をついて出てくる言葉はまったく逆だった。

「あんたはやりたいことが何でもできて、いいねえ」

私が皮肉ると、蘭姫は顔を真っ赤にして怒った。本を投げつけ、何日も口を利かなかった。互いに別の友人たちと親しくして、わざとはしゃいだりした。その内、私から先に手紙を書いて、蘭姫の引き出しに入れておくと、蘭姫はすぐに機嫌を直した。

「二人は同性愛者だ」

友人たちがうわさした。トイレに行くと、ほかの子がついてきた。

「何よ？　何でついてくるのよ？」

「あ、あの子たちがついて行って、シーするのを見てこいっていうから。女なのか男なのか確かめろって……」

私は鼻で笑った。女として振舞いたいという気持ちも、女として成熟したいという気持ちもなかった。時たま、髪を上げ、背広を着て男装して歩いた。女は弱く、やられやすくて危ないが、男は強く、人から軽く見られないと思ったからだ。

休み中に経験したことは胸の奥深くにしまいこんだ。だが、忘れようとすればするほど、美子が恩子にキスしてつくったという赤いキスマークが思い出された。ほかのことをしている時も何度も目の前に浮かんだ。

「ねえ蘭姫、私たち一度だけキスしてみない？」

「バカなこと言わないで！」

蘭姫は驚いたように私を見た。

ある日、蘭姫の家に遊びに行った。蘭姫はすっかり眠り込んでいて、私も横になってうとうとしていた。一度キスしようと思っていた私は、ここで眠っちゃいけない、いまがチャンスだ、と思って起き上がった。そして、蘭姫の唇にキスをした。

「あ、何するのよ！　狂ったの？」

寝ていた蘭姫は跳ね起きて、「蓮子、おかしくなっちゃったの？」と言いながら、責め立てた。キスの感触は柔らかく、胸がときめいた。その瞬間はすべてを忘れて、とても幸せだった。

ある日私は、蘭姫の部屋で彼女の帰りを待っていた。猫の絵が入っている額縁を、何気なく壁から外してみた。すると額縁の後ろに、私が書いたメモを集めて折りたたんではさんであった。かもめのように活発な蘭姫の文字が見えた。

「登校するとき、私はいつもその男子学生に会う。憂いに満ちた彼の目を見ると、なぜかしら心が惹かれる」

紙を元にもどして、急いで部屋を出た。心臓がドキドキして狂いそうだった。

――私だけの存在だと思っていたのに、彼女の心の中には他の人がいたんだ！――

――蘭姫が私を捨てた――

心の奥底に隠れていた父に捨てられた辛い気分が、再び蘇ってくるようだった。

――私は結局、誰にも必要な存在ではないんだ。愛されない子どもに過ぎないんだ――

「どうして裏切ったの、正直に言いなさいよ!」

「何を? 私が何をしたっていうの?」

私に謝る理由などないという蘭姫と、怒鳴り合いのけんかをした。蘭姫はあきれた様子だった。異性に恋心を抱くのは年頃の女の子には当然のことだったのだから。

休み時間にほかの友人と言い争いになると、私はすぐに相手の頬を平手打ちするようになった。泣き声を後にしてさっさとその場を離れる時、心は冷たくかたくなだった。私は攻撃する相手を探して目をギラっと光らせる、魂の抜けた醜いアヒルの子になろうとしていた。

私は母に内緒で商業高等学校に転校してしまった。貞南が鎮南館(麗水客舎)に新設された夜間コースに通っていたので、私もそこに行くことにしたのだ。母はそのことを知って大騒ぎし、「私がお前をしっかり育てようとこんなに苦労しているのに」と、嘆いた。私は少しも悪いとは思わなかった。しかし、結局母は、遠い親戚の先生に頼みこんで、私を麗水女子高校に再入学させた。

麗水女子高校に通う子どもたちは蘭姫や淑子のようにみなお金持ちだった。私のように母一人で娘を育て、学校に通わせる例はほとんどなかった。友人たちがうらやましくないと言えば嘘である。それでも、私が彼女たちのように裕福な環境になれる可能性はまったくない。私はかえって正反対の方向に流れていった。三年生になっても、ひねくれた心はもとに戻らなかった。

「金持ちだからって何さ! 今にみてろ!」

私は〝金の鈴〟という裕福な先輩たちのグループにわざとぶつかって言いがかりをつけた。窓の外に彼女たちが歩いているのを見れば、大声で悪態をついた。

「蓮子には近寄らないほうがいい」

先輩後輩の上下関係は厳しかったが、私は例外で特別視された。私はいつからか、背中を丸めて両手をぎゅっと握りしめながら歩くようになった。目の前のことは何も見えず、考えたくもなかった。ただ、歩き回るだけだった。

「蓮子や、私はお前のことを考えると本当に頭が痛いよ。私は何てバチ当たりなのかね。お前までそんな風になるとは」

母を安心させたいと思いながらも、私を取り囲む状況から抜け出すことばかり考えた。そして、女軍［朝鮮戦争中に創設された］に入ろうと思いつき、学生証一つ持ってソウルに上京した。

「女軍に入隊したら、バレーボールの試合に出て、女軍の名誉を輝かせてみせます！」

面接官が聞きもしないことを、大きな声で力強く答えた。試験に通って一ヶ月間の合宿訓練も終えた。正式に女軍に入隊するためには戸籍謄本が必要で、母に「良い職場に就職することになったから書類を送ってほしい」と頼んだ。だが、書類は、締め切りの翌日になって届いた。私と、一度は修道女になろうとしたという女性だけが脱落した。

そして、高校卒業を二ヶ月後にひかえて学校も中退してしまった。

「やることなすことすべてが、お前の父さんにそっくりだ」

もう母のそのせりふを聞くのもあきあきした。

六　変わるなといった青い丘

「ハハハ、蓮子さんが以前、麗水文社の前でデモをするのを見ましたよ。記者もやりがいのある仕事だから、一生懸命やってみなさい」

順調に学校を卒業した友人たちは、それぞれ師範学校に進んだり、結婚したり、それなりの職場に就職した。風来坊のように意味もなくぶらぶらしていた私は、さっさと結婚した中学時代の友人の夫の紹介で、ソウル新聞などに記事を投稿する記者もどきの人に雇われ、助手として働くことになった。思いがけない幸運だった。その頃は、高校を卒業した女子がめずらしかったので、卒業証書がなくてもすぐに働くことができた。

税関都市の麗水にはとりわけ密輸が多く、警察署も不正や汚職にあふれた。〝記者〟たちは事件が起きると、記事にするぞと脅してお金を巻き上げるのだった。本社にまで届く記事はたまにしかなかった。当時、ソウル新聞は政権を擁護し宣伝するのに汲々としていた。貞南の義兄が野党の選挙事務所で独裁政権に抵抗して死ぬのを目の当たりにした私だが、銀行長の妻と妾の争いを嗅ぎつけてお金を要求したり、税関の不正に目をつけては適当にお金を巻き上げるなど、ライターたちの共謀者になっていた。私は、体にはりつく白いズボンをはいてサングラスをかけ、派手に振舞いながらお酒を飲み、タバコを吸った。

……いつか青い丘では愛する人が笑ってくれた、白い雲が輝く空の下で囁きあったことば、永遠、変わるなといった青い丘……

外で威張り散らして家に戻れば、隣の宝賢《ポヒョン》の家から歌声が聞こえてきた。その歌声につられて一緒に歌うと、なぜか涙があふれた。蓄音機で〈青い丘〉のレコードを聞きながら、かわいらしい宝賢のママと、学校の先生をしているハンサムな夫がダンスをしているのが見えた。

……切なくて、今日も呼ぶのよ、狂おしい私の心はどうすればよいのかしら、泣きたい私の心、あなたは知っているの、あなたは知っているかしら……

その家から聞こえてくる笑い声は、なぜか癪にさわり、嫉妬心がわいた。

「先生、今日もキャバレーに行きましょうよ」

自称記者として地元のキャバレーによく出入りしていた私は、ある日、先生を誘った。町内にある美容室で働くかわいい女の子も誘って、互いを紹介し、踊って遊んだ。ただ何となく、宝賢のママをひどい目にあわせてやりたいという気分でそうしたのだった。

キャバレーに足しげく出入りしたが、記事はほとんど書かなかった。最初で最後の私の署名入りの記事は、麗水港のマルボシ［植民地時代の日本の運輸会社の略称。ここではその倉庫のこと］に関するものだった。植民地時代からあったマルボシには、付近の穀倉地帯からあらゆる穀物が集まった。海運庁と税関もあった。近所の女たちはみなそこに行って働き、仕事が終わるとポケットにこっそり米をつめて出てきたりもした。私はソウルから派遣されてきた記者と一緒に、港にあるマルボシ倉庫の写真を撮り、新聞にその写真と記事が載った。写真の横に小さく私の名前が載った時はどんなに誇らしかったことか。

〝記者〟の仕事で光州《クァンジュ》へ出張した時、偶然、宝賢のパパに出会った。日本料理屋でお酒を飲んで食事をした後、旅館に行った。宝賢のパパと寝るというのは想像したこともなかったが、いざそのような場になるとすんなりと寝てしまった。

私はただ痛いだけだった。〝やめてください、お母さんが待っているの！〟洪川で軍人が私を押さえつけた時と同じ痛みだった。ただ、私が自らついていったことだけが違っていた。

私は相変わらず、外見だけはまともで快活な〝記者〟生活を続けた。母もそんな私を見てほっとしたようだった。そのように働いたのはほんの数ヶ月かそこらだったと思う。ソウル新聞は李承晩政権の御用的性格を持っていたため、四・一九［一九六〇年四月、学生たちが中心となって不正選挙に抗議し、李承晩大統領を下野させた］の時にデモ隊が本社を焼き払ってしまった。再び発刊はしたものの経営状態は良くなかった。私が働いたのはそんな頃で、一九六一年五月上旬に新聞が休刊になると、私も仕事がなくなってしまった。

「蓮子、あなたお金持ちになったみたいね。体まで太っちゃって」

友人たちのそんな言葉を聞きながらも、ただ太ってきただけだと思った。

ソウルに上京してガード下の入口にある産婦人科に行くと、妊娠八ヶ月だと告げられた。性について無知で、精神的に男っぽくなっていた私は、長い間、生理が来ないのに、自分の身体に何が起こっているのかもわからなかった。意識が病み、無感覚になり、自分自身について感じる余力がなかったのだ。保護者がいないと子どもを堕ろすことはできないと言われ、また麗水に戻った。自分の意思であれ強制であれ、性関係を避けることができず、体を守らなければならないという道徳観念もなかった。自分自身が貴重だという考えを持てなかったのだ。蘭姫に対する懐かしさと、甘酸っぱくてうっとりするファーストキスの感覚が、無気力な心を混乱させた。

――これからどうしよう……――

宝賢のパパを訪ねたりはしなかった。あの人にそんなことを言いたくなかった。それで、普段親しくしていたほかの男を訪ねていった。

「あなたの子どもを妊娠したみたい。手術する必要があるの」

ただ一緒にお酒を飲んでキスした程度だったが、彼はなぜかすんなりとお金をくれた。そのお金で無認可の助産院に行くことができた。

八ヶ月だったので手術することはできなかった。陣痛促進剤を打たれて、丸二日間苦しんだ末に赤ちゃんを産んだ。頭が大きくて体格のしっかりした男の子だった。子どもは大きな産声を上げながら手足を動かしたが、すぐに誰かの手によって逆さにされ、紙袋に放り込まれた。すると、もうそれ以上ピクリともしなかった。

「このお金では子どもの死体の処理まではできません」

助産院側は冷たく言った。袋に入れられた子どもを抱えて助産院を出た。雨にうたれて歩きながら、足がふらつき、体が地面に吸い込まれるように重たかった。

家に帰ってみると、縁側の下にピカピカに磨かれた大きな紳士靴が置かれていた。心臓がドキンドキンと鼓動した。幸い母は全羅北道《チョルラブクド》の裡里《イリ》に行商に出かけていて、留守だった。

私は板の間の隅っこにあるお膳の下に袋を押し込んで部屋に入り、寝ている父の横に倒れこんだ。体が震え悪寒がしたが、うめき声を出すまいと歯をくいしばって耐えている内に意識を失った。どれくらい寝ていたのだろうか。犬の吠える声で目が覚めた。その瞬間、お膳の下に隠した子どもの死体のことを思い出し、がばっと跳ね起き、袋をもって外に出た。父はいつの間に外出したのか、もういなかった。

霧がたちこめる明け方、片手には鎌を、もう一方の手に子どもの死体をぶら下げて、家の裏山に登った。ぶるぶる震える手で畑を掘り始めた。できるだけ深く掘って子どもを埋め、石と土をかけた。そばを通りかかる人や、野良猫に見られないかとおどおどしながら、何度も辺りを見回した。猫や犬が掘り返さないように、また誰かが畑仕事をする時に露《あらわ》にならないように、地面を何度も踏み固めた。涙と汗が雨粒と混ざってしたたり落ちた。

オギャー、オギャー、オギャー……。

部屋に戻って横になったが、子どもの泣き声が耳について離れなかった。心臓の鼓動が部屋中に響くようで、奥歯を噛んで息をひそめた。私はそれから数日間、高熱を出して寝込んだようだった。父は巨文島の海に置き網を設置するためにしばらく家に泊っていたが、またソウルに帰ってしまった。

「一体どうしたんだい、蓮子が病気になってしまったよ」

家主のおばさんがおかゆをつくって持ってきてくれたり、近所の人たちも魚の鍋ものを煮て持ってきてくれた。パンパンに腫《は》った私の顔を見て、これはただの風邪ではないから病院に行こうと言った。

「行かないよ、病院に行かなくてもいいよ」

行商から戻ってきた母が私を見て真っ青になった。板の間の隅に丸めておいた月経帯を開いて見て、私を問い詰めた。

「お前、子どもを堕ろしたんじゃないの？　この血の色が月のものとは違うじゃないか」

「何言ってるの！　そんなことないよ！」

痛いところをつかれて、余計に強く反発した。

「何日か前に夢を見たんだ。二匹の大蛇がこの部屋の天井に落ちる夢だったよ」

低くて厳しい声で、母は正直に言いなさいと諭した。

「そんなことない、絶対そんなことないってば！」

私は最後までしらを切った。


……また笑顔で戻っておいで、私のもとに、日が経ち、年が過ぎても青い丘は憩いの場、戻っておいで私の愛する人よ……


宝賢の家からは相変わらず同じように歌声が聞こえ、ダンスを踊る人影が揺れた。宝賢のママに申し訳なく、恥ずかしさと気まずさで彼女の顔をまっすぐ見ることができなかった。また、誰かに知られてしまうのではないかと、いつもそわそわした。私が体を休めている間に、宝賢の家族は引越してしまい、その後、彼らの消息を聞くことはなかった。

東豆川《トンドゥチョン》や松炭《ソンタン》、群山《クンサン》アメリカタウンで私や同僚たちが体を売った代償として、一人で子どもを堕ろさなければならない時は、この時の記憶が一層鮮明に蘇った。激しく泣いて身もだえしたと思ったら、たちまち袋に捨てられた子どものことと、雨と汗と涙でぐしゃぐしゃになった一人の女の顔が、長い間脳裏にこびりついていた。

七　お母さん、お母さん

助手の仕事を辞めて、子どもを埋めた罪意識から一時も抜け出せずに、私はあてもなく彷徨《さまよ》った。行きずりの男たちと関係をもち、ひなびた旅館の片隅で、私は一体何をしているのだろう、と天井を眺めた。やたらと自分を痛めつけようとしていた。私は地に足をつけずにうつろな世界に生きているようで、正気を取り戻せなかった。私の身体、言葉、考え、このすべてが散り散りだった。

――おかしくなっちゃった――

家では母が私を待っているのに、見知らぬところを彷徨い歩き、夕餉《ゆうげ》の煙が家の煙突から立ち上るのを見ると、涙があふれた。

嫌な臭いのする黄色い分泌物が下着を汚した。性病の淋病だと言われた。〝堕落〟……。蘭姫と野原で四つ葉のクローバーを探しまわり、海にこだまする汽笛に胸を高ぶらせ、水平線の向こうを思い描いた少女。先生のもの真似をして教室中を笑いで沸かせた活発な女子生徒、蒸し暑い中を〝マルボシ〟を取材し、誇らしげだった駆け出し〝記者〟の姿はもうどこにも残っていなかった。

そんな頃、三流劇団が演じる「善花公主《ソヌファコンジュ》」［新羅第二六代真平王の娘］という演劇と、東春サーカス団の曲芸を偶然見る機会があった。数年前に「善花公主」という映画が上映されて、ひとしきり演劇も人気を集めている時だった。狂った血が再びうずき始めた。母はまた、「やることなすこと父親にそっくりだ」と嘆いた。

木浦《モクポ》へ、法性浦《ポプソンポ》へ、霊光《ヨングァン》へと女性劇団［女性だけで演じる劇団］が行く先々について回り、団員にさせて欲しいと頼んだ。ようやく団長夫人に泣きついて得た配役が、お酒に酔って、胸をはだけたまま舞台を横切る〝兵隊さん〟の役だった。小さな配役ではあったが、お酒に酔った兵隊のように見せるために何度も練習した。舞台をよろめきながら歩くさまが、まるで自分の人生のようだと思ったものだ。

劇団の人々は、スペインのジプシーのようにロマンにあふれた生活をしているわけではなかった。舞台は華やかだが、雨が降って観客の入りが悪ければ、安宿の宿泊代にすら困り、一つの公演が終われば次の公演地を目指して風呂敷をかついで急いで出かけなければならなかった。

劇団を追いかけて、お腹が空けば近くの酒場に適当に入って、濁酒《どぶろく》一杯で空腹を満たした。

「将来のことを考えなくちゃ。いつまでついてくるつもり？」

私が慕っていたある女性団員が、もういい加減に母親のもとに帰れと冷たく忠告した。みんなは荷造りしてまた他の舞台に向かって行くのに、私の居場所はなかった。母親のもとに帰れって？　恨みごとと押し潰したようなため息に満ちたあの小さな部屋に？　それとも焼き魚と焼き肉の匂いが漂うソウルの父の家に？

戦争が終わった頃、巨文島に伝道師がやってきて、植民地時代に建てられた小さな金毘羅神社のある丘の上に天幕を張った。当時の巨文島で教会に通う人はほとんどいなかったが、母が仕事に出かけると、幼い私はよくそこに行った。牧師は私にカバンも買ってくれた。風にはためくテントの中にいると、何の心配もなく、とても居心地が良かった。

肩の荷をおろして羽をつけて飛んでいきたかった。空、入道雲、月、星、太陽、そしてその向こうには未知の世界があるのだろうか。天幕の教会で聖書を読んでくれた伝道師は、空にもう一つの国があると言ってたっけ。私も放浪を終えてその国に行き、身も心も休めたかった。

全羅南道の霊光にいた時、母が送金してくれたわずかなお金を持って薬局をまわり、睡眠薬を買い集めた。ひなびた旅館の一室で短い手紙を書き、母に送った。そして、買いためた薬を一気に飲んだ。

正体のわからぬものが私の体の中でねじれ、波打った。誰かが私を揺すっているようだったが、力がまったくなくて反応できなかった。朦朧《もうろう》とした中でも、かすかに誰かが私の体の上でせわしなく動いているのがわかった。旅館の小使いの顔が揺れていた。生死の境をさまよっている私の下半身を脱がせ、死にかかっている私の上で、彼はハアハアと息を切らしながら急いで性欲を満たしていたのだ。重さも感じず、抵抗もできず、身体は沈んで行くばかりだったが。最後の最後まで他意によって体を奪われるこの世の最後の瞬間が惨めで、嗚咽があふれた。涙が頬を伝って唇をぬらした。

「お母さん……」

唯一のことば。懐かしく、会いたかったからではなかった。私たちを捨てた父よりも、行商をするためにいつも留守をした母に対する飢えからだった。母がそばにいてくれれば私を守ってくれただろうに。

「蓮子や」

「お母さん」

目を覚ましてみると、届いた遺書を読んで急いで飛んできた母の蒼白な顔が見えた。母は前職が警察官だったという隣家のおじさんまで連れて来ていた。

私は母に連れられて再び麗水に戻った。ガタゴト揺れる汽車の中で、母に体を委ねた。再び生きなければならないという思いに、ふとため息がもれた。

――私は死ぬこともできないのか……――

その汽車は麗水に向かって走っていたけれども、私はどこへ行くのかわからなかった。まるで終わりのない長いトンネルに閉じ込められているかのようだった。

第二章　婦女保護所の女たち

一　ソウルの流れ者

今もそうだが、私は昔もソウルが本当に好きだった。巨文島《コムンド》と麗水《ヨス》に比べるとソウルはとてつもなく自由に見えた。市庁から明洞《ミョンドン》の方に歩いてゆくと、今のスカラ劇場の場所に首都劇場があった。そこでは女性国劇［韓国固有の唄と踊りを用いて女性だけで行う演劇］を上演していた。明洞会館の市民劇場では「オセロ」や「ハムレット」の公演もあった。舞台装置が回転して入れ替わる演劇を初めて見た。通りのあちこちでベートーベンの「運命」が流れ、忠武路《チュンムロ》の方に行くと映画俳優の南宮遠《ナムグンウォン》［一九三四〜］や都琴峰《トグムボン》［一九三〇〜］のショーも見ることができた。

――何をしようか？――

不安を抱きながらも、再び麗水の家を出た。群山《クンサン》に寄って船に乗り、長項《チャンハン》を経てソウルに向かった。一九六二年、数え二十歳でソウルに上京したが、高校生の時のように目の前が開けたような気分はせず、見知らぬ所でお金を稼がなければならないという不安で一杯だった。

私の胸元には、写真をはがした道民証と銀粧刀が入っていた。道民証の写真をはがして履歴書に貼ったため、道民証には顔写真がなかった。自分を守らなければならないという思いから、昔の女たちのように、胸に小刀をひそめた。道中、長項の埠頭にある派出所で、この小刀と写真のない道民証が問題となり引き止められたが、適当に言いつくろって放免してもらった。

行く先は父の家しかなかった。以前、上京した時、父は三階建ての立派な家に住んでいた。だがその後、また別の女性と浮気をして建物を売り払い、ソウルの元暁路《ウォンヒョロ》市場で親方をしていた。父はベニヤ造りのみすぼらしい二間の家で暮らしていた。会いたかった美子《ミジャ》はもういなかった。美子は何度か家出を繰り返していたが、素っ裸にされて父親にベルトで叩かれた後、戻ってこないとのことだった。

——そうだ、いっそのこと男装してどんな仕事でもやってみよう。力仕事をするには男装した方が楽にきまってる——

しかし、また派出所に引き止められた。道民証に写真も貼らず、身分を証明できるものが何もない上に、男の服を着て歩き回っているのだから、すんなり放してはくれなかった。

「元暁路に父が住んでいて、兄弟もいます。私の名前は金連子《キムヨンジャ》です」

父のことを言うのが嫌でたまらなかったのに、結局、派出所が父親に電話して身分を確認した。

「なぜ男装したんだ?」

「女だと働きにくいから、こうして日雇い労働でもしようと思ったんです」

派出所の人が、孝子洞《ヒョジャドン》にある絆創膏《ばんそうこう》工場の社長を紹介してくれた。

「ここでしっかり働けば、学校にも行かせてやるよ」

しかし、工場ではまともな仕事も与えてもらえず、あれこれと使いをさせられた。退屈な仕事に耐えかねて、しばらくして辞めてしまった。何をすればいいのかわからず、生活する場所もないので、また実家に戻った。

乗客の少ない汽車の中で、麗水までの七、八時間、座席に寝転がって歌をうたった。

「白百合のような私の友よ……」

母は、男装して頭を刈りあげた私の姿を見て、目を丸くして驚いた。

「アイゴ、これは一体なんだい？　何のまねだい？」

「女だと就職したっていい仕事もないし、女のようにしてたら危ないし、それで髪を切って男装してお金を稼ごうと思ったのよ」

母は急いで市場に出かけて、リボンのついた麦わら帽とワンピースを買ってきて私に着せた。そして、髪が伸びてもずっと家にいて欲しいと頼むのだった。心配ばかりさせて家を出た娘が、こんなかっこうで帰ってきたのでひどく驚いたに違いない。母は教会に行って、私がいい人と結婚できるようにお祈りしてきては、父親に似てそのざまだ、と愚痴を言うのだった。私はまだ髪が伸びもしないうちに、逃げるようにしてソウルに上京した。とにかく麗水にはこれ以上いられなかった。ソウルで何とか生きる方法を探そうと思った。

今度は本の販売員の仕事を始めた。一九五〇年代末から全集のブームが起こり、月賦での販売が始まった。会社に履歴書を出したら、保証人の印を押してこいというので、継母が父の印鑑をこっそり持ってきて押してくれた。父には内緒にした。事務室のようなところに行ったり、家を一軒一軒回って販売して歩くのだが、一日中歩くと足がパンパンに腫れて、本もあまり売れなかった。

誰かが身近にいて話し相手になったり、アドバイスしてくれたらいいのに、と思った。だが、私の周りには社会について語り、私の行く道を教えてくれる人は誰もいなかった。また、私が一九歳になるまで、母が料理をし、月経帯も消毒して洗ってくれるなど、楽をして生きてきたので、私には社会の中で人とぶつかり合いながら人生を切り拓いてゆく根気がなかった。

父に対しては、依然として憎しみと愛おしさが混在していたが、それでも頼りにできるのは父親しかいないと思った。父に会いに行けば小遣いももらえたし、異母姉妹もいたので、父の家にしばしば出入りしたのだった。しかし、父も不安定な私を支えることはできなかった。

父は自由党政権が崩壊し、朴正熙《パクチョンヒ》が政権を握ってから没落し始めた。父の狭い家に、体の大きな私がいるので、家族が一層窮屈そうにした。継母とも仲が悪く、私がその家に留まるのを喜んでくれる者は誰もいなかった。これ以上、父の家にいることは不可能だった。

かといって行くあてもなかった私は、バスの車掌の仕事についた。そこは寝食を提供してくれたので、当時、貧しい女の子たちが最もやりやすい仕事でもあった。私が乗るバスは、高校の時の友人、淑子が通っている梨花《イファ》女子大学の前を通った。蘭姫は麗水にいたので会うことはできなかったし、連絡が途絶えた淑子がソウルのどこかに暮らしているという思いは頭から離れなかった。

――今日こそは会えるかもしれない――

生活が大変なだけ、心はいつも淑子に会いたいという思いで一杯だった。

「オーライ!」

拳でバスの側面を強く叩き、のどが張り裂けるほどの大声で叫んだ。指の節々がひりひりしても、淑子に会えるかもしれないと思うと心がときめいた。しかし、淑子は会えるようでなかなか会えなかった。

車掌の仕事はかなりきつかった。田舎から上京して職を探す女の子たちも数え切れないほど多かった。政府は、サービス向上のために女子車掌を雇用せよといいながら、男の助手をバスに乗り込ませて女子車掌を監視した。

食べ物もひどく、寄宿舎では夜通しうめき声が絶えなかった。鼻血が出るのはごく普通のことだった。

「体を触られるのは本当にいやだ。月給も少なくて、ひどすぎるわ」

仕事が終わると事務室に行って集金したお金を渡すのだが、その後、隣の部屋で女性の監督が身体検査をした。靴下まで脱がせて、お金をくすねていないか調べた。百円札一枚でも隠せないように、身体中を調べるのだった。私はそのことに憤り、会社側を問いただした。

「社長、一日中くたくたになるまで働いた私たちを泥棒扱いするなんて、ひどいと思いませんか？身体検査？　給料だってすずめの涙ほどしかくれないくせに、下着の中まで調べるなんて。あなたをお金持ちにするために、私たちがこんな苦労をしなければいけないのですか？」

私はその日のうちに首になった。だが後悔はしなかった。ただ、これからこのソウルで何をしながら生活すればよいのかを考えると、目の前が真っ暗だった。

二　陽洞《ヤンドン》の靴磨き

ポケットにはわずかな紙幣しかなかった。それを握り締めてソウル駅に向かった。駅前と南大門《ナムデムン》の間を何度も行ったり来たりして、足がパンパンに腫れて座っていたら、靴磨きの人たちが見えた。山高帽をかぶり、継ぎはぎだらけの服を着た靴磨きたちが、背後に靴底をずらりと立て掛け、足元に靴をたくさん置いて仕事をしていた。

「あの…、私も磨いていいですか?」

「磨けるのかい?」

私はうなずいた。

「じゃあ、やってみな」

靴磨きたちは、意外にあっさりと場所をつくってくれた。私よりも幼いものと、三〇歳くらいの男たちだった。その中には親分肌のおじさんもいたが、みな良い人たちだった。私は腕をまくって彼らの間に座り込んだ。そして、ソウル駅近くにある陽洞のバラック村に安い部屋を借りた。

ソウル駅の一角では軍用ジープを改造したタクシーが列をなして客を待ち、客を呼び込む子どもたちが忙しく走り回っていた。女性の巡査たちは駅前で一人でうろついている若い女の子を〝補導〟した。黒いスカートの制服姿の巡査が、大きなかばんを抱えて上京してきた女の子たちに何か話しかけていた。私が父をたずねて上京してきたときも、あの巡査たちが「あてもなく家出してきたんでしょう」と諭すように話しかけてきたことがあったっけ。

父はその頃、元暁路市場での事業に失敗し、西大門《ソデムン》の近くに移り住んでいた。そして今度は民政党［一九六三年六月創立］に入党した。世の中が変わったというのに、父はこりずに再び権力の尻尾にくっつこうとしていた。駅前近くの橋の横に民政党の事務所があった。

父は洋服を質屋に入れてお金をつくってくれた。父もそんな風だったので、ため息が出るばかりだった。父は民政党員のバッジをつけ、彼なりに自分の舞台を開拓しようと必死だった。私はそんな父が出入りする民政党事務所の横で靴磨きをした。

「姉ちゃん、お腹空かない？　ご飯食べに行こうよ」

「今日は暑いし泳ぎにでも行こうか」

何も考えず、心を空にして過ごしたら気持ちが安らいだ。寝て起きて朝になると食堂に行ってご飯を食べて、働いて戻ればぐっすり眠れた。時々、南大門市場にみんなで出かけ、腸詰入りスープを飲み、漢江《ハンガン》沿いにある島に行って泳いだ。空も海も青くはなかったが、墨で黒く汚れた手をぬらして遊んだ。泳いでから丘の上の食堂で食べたご飯がとてもおいしく、幸せを感じることができた。

親分はどんな素性の人か知るよしもなかったが、一度も私に手をかけたり、変な目つきで見ることもなく、とても誠実な人だった。男たちばかりだったけれども、誰も私にからんだりしなかった。私も以前のように男に振り回されずにすんだ。彼らは私を女として見るよりも、人間として、友人として接し、助けてくれた。ようやく自由になったと思った。何も考えずにひたすら働き、みんなと一緒にくっついて過ごしていると、一日があっという間に過ぎていった。

そんなある日、家に戻って眠りにつこうとしていると、誰かがベニヤ板の戸を叩いた。

「どなた？」

寝ぼけ顔で戸を開けると、顔中あばただらけの二〇代半ば、三〇代、いやもっと老けてみえる女が、大事な話があるといって入ってきた。女は緑色のベトナム衣装のような、長い切れ目の入ったスカートをはいていた。この付近では見かけたことのない顔だった。

「あなたいくつなの？」

「故郷は？」

「親はあなたがここにいることを知ってるの？」

女は座るやいなや私の年を聞き、立て続けにいろいろと質問した。ただ機械的に答えていた私は、不思議に思って女をよく見た。

「あなたはここがどこだか知ってるの？」

「そりゃ、陽洞のバラック村でしょ。当たり前じゃない？」

だんだん腹立たしくなってつっけんどんに応じた。

「ここがどんなところだかわかって来たの？　ここは怖いところだよ。若い女がぶらぶらして悪い目に遭ったらどうするの。こんなところに一人でいるなんて」

あばた顔の女は、私が住んでいる長屋の一番端の部屋に住んでいると言った。その女は、私がこの家に来た最初の日から、手遅れにならないうちにいつか話そうと思っていたのだという。

「ここは私のような女たちがいるところだよ。見てたら靴磨きか何かしているようだけど、あっという間だよ。心配して言ってるんだからね。あなたはまだ若いじゃない。こんなところにいたら売り飛ばされるのは時間の問題なのよ。わかってるの？」

いきなり夜中に訪ねてきて、だしぬけに私が売り飛ばされるなんて。何のことだかさっぱりわからなかった。私が住んでいた長屋にも夜になると厚化粧をして街に出て行く女たちが何人かいた。私はそんな女たちを見るたびに、麗水で友人の家に行くときいつも通りかかった娼婦村を思い出した。この界隈もそういうところだということは薄々気がついてはいたが、私がそれほど簡単に売り飛ばされて娼婦生活をすることになるとは思っていなかった。

聞きもしないのにあれこれとしゃべって帰っていった女は、翌日また戸を叩いた。

「ほら、これ」

女は電車の切符を一枚差し出した。

「駅前で路面電車に乗って永登浦《ヨンドンポ》の大方洞《テバンドン》で降りたら市立婦女保護所があるから。そこに行けばただで食べさせてもらえるし、理容技術や美容技術を教えてくれるよ。そこに行きなさい。ほら、受け取って」

女は電車の切符をくれた。

「私はもうこうなっちゃったけど、あなたは私のように生きちゃだめよ。ソウルに来たんだから技術でも身につけて、就職してお金稼いで故郷に戻りなさいよ」

はじめは無視したが、女の言葉がしきりに浮かび、怖くなってきた。しばらくしてから、陽洞を離れる決心をした。

「ここを離れることにしたの。ここにいたら売春するようになるって言う人がいるから」

「そうか。行きたけりゃ行けよ……」

親分はそうしろとあっさり言った。一緒に働いた仲間たちが、質素な酒宴を開いてくれた。ある者は餞別《せんべつ》にしわくちゃの米製ジャンパーを着せてくれた。短い間に情が移って泣く子もいた。私のために涙を流す人がいるなんて。みんなのもとを去る私も目頭が熱くなった。

バスの車掌、本の販売員、靴磨き……。目に入るものは何でもやった。食べて生きてゆくために歩き回ることで、暗く苦しい記憶から逃れたかったのかもしれない。

私はだんだん自信を失い、感覚も鈍くなっていた。バスの車掌を辞めるときも、報酬も少ない上に、体まで検査されるのが不当だと、鼻血を出しながら社長にはむかったけれども、すべてのことに意欲がなく、気力もなく、適応ができないのだった。

何をしても同じだったろう。かえって、しんどければ泣き、笑いたくなければ笑わないで過ごせばよかったのかもしれない。いつも笑いながら、他人も笑わせ、本当の自分は隠して別人のようにふるまって暮らしたために病は深まった。長い間、自分が弱い存在であることを隠そうとして強いふりをして生きてきたのだった。

——そうだ、技術を学ぼう。技術を学んで働こう。バスの案内嬢や靴磨きのような仕事ではなくて、堂々と他人に言えるような仕事をしよう。それから母のもとへ帰ろう——

未練を捨てて、翌日ソウル駅の前で路面電車に乗った。電車に揺られながら、婦女保護所があるという大方洞へと向かった。

三　姉さんも売春婦《カルボ》だったの？

あばた顔の女が教えてくれた道を人にたずねながら、ようやく婦女保護所にたどりついた。そこは灰色の塀と高い鉄の門で遮《さえぎ》られていた。門にはソウル市立婦女保護所という看板がかかっていた。鉄の門をバンバンと叩くと、道行く人たちがチラチラと私を見た。

「ヘヘッ、そこのベルを押したらどうだい」

通りすがりの男がコソコソと言った。ベルを押すと守衛が出てきた。

「何の用だい?」

「あの、ここで技術を教えてくれると聞いて来たんですが」

「おかしなヤツだな。一人で来たのかい?」

「ええ、一人で来ました」

「そう?」

守衛は怪訝そうに私を見ると、事務室に通してくれた。

一九六三年秋、私が婦女保護所に入った頃、ソウルの代表的な私娼街は、桃洞《トドン》、陽洞《ヤンドン》と鍾路《チョンノ》三街だった。そこで性売買した女たちを捕まえて、強制的に収容したのがここだったのだ。また、桃洞と陽洞が駅前にあったため、荷物一つ抱えて上京してきた女たちを収容したりもした。韓国で最も有名だといわれた舞鶴城《ムハクソン》キャバレーがなくなってから、東亜デパートの前で客引き行為をして取り締まりにひっかかった女たちも多かった。そのほかにも、漢南洞《ハンナムドン》、梨泰院《イテウォン》などで米軍を相手にする女たちも多かった。

事務室に入ると、背の低い職員と、目鼻立ちのはっきりした美人の舎監《しゃかん》が入ってきた。

「そう、技術を習いたいって?」

「何の技術を教えてあげようか? ここはね、美容技術、理容技術、手芸とか、そんなものなら習えるけど」

「あの、私は何か飾り付けたりするのはまったく苦手なんですけど、理容技術っていうのは男たちの髪を切る技術のことですか?」

「そうよ」

「なら、それにします。理容技術にします」

「じゃあ、一生懸命習いなさい。えーっと、二〇五号室に案内してあげて」

事務室の隅に立っていたおかっぱ頭の女の子に私を引き継いで、入所に必要な〝面接〟は終わった。

「ここがこれから寝泊りする部屋です」

私は新しい環境、新しく出会う人々に慣れようと思った。顔中そばかすだらけで、髪を後ろで結った背の高い女がさっと立ち上がり、「私が室長だよ」と微笑んだ。そして同室の女たちを紹介してくれた。「仲良くしよう」。室長は私よりも年下のように見えたが、おかまいなくタメ口だった。

二階には左に礼拝室、その向い側が手芸室、お風呂場、二〇一号、二〇二号…二〇七号室とずらっと並び、下の階は左側に検診室、事務室、舎監室、そして食堂があった。

昼食を知らせる鐘がなると、二〇五号室の室長について食堂に下りていった。黒い服に黒いゴム靴をはいた女たち。まるで女工のような女たちがどっと集まった。目つきが悪く、ぼさぼさ頭のまだ幼なそうな女の子たちの間に、少し年のいった女たち、体の悪そうな四〇代の女たちも混ざっていた。

「静かに！」

厨房からひしゃくを手にした一人の女が大きな声を上げながら出てきた。片目が少しつぶれていて、眉毛の上にくぼんだ傷跡があった。食堂は忙《いそが》しそうに立ち働く女の子たちで騒がしかった。

「口ではメシだけ食って、ぺちゃくちゃ喋るな！」

「あの人が厨房長よ。ここで一番権力があるの」と誰かが教えてくれた。

みんなについてトレーを受け取った。すいとんらしき黄色いとうもろこし入りのスープと大根の葉が少し浮いた汁をくれた。

そそくさと昼食を済ませ、建物の外の、女たちがたむろしている塀の下に行った。二〇五号室の女たちが数人寄ってきて私に声をかけた。

「姉《オンニ》さんのようだけど、どこから来たの?」

顔にそばかすがいっぱいの若い子がたずねた。順映《スニョン》という名前だった。

「私は陽洞にいて、そこから来たの。技術を習おうと思って」

「陽洞?　じゃあ、姉さんも売春婦《カルボ》だったの?」

慶尚道訛りの順映は、自分も陽洞で売春婦をしていてつかまり、ここで手芸技術を学んでいると言った。こんなに幼くてどうやって体を売ったのだろうかと思った。

食堂を埋め尽くした黒服の女たちが、体を売る〝トンカルボ〟［韓国人相手の売春婦］たちだと言った。女たちは三、四人ずつ群れて、鉄条網が張られた塀の下で思い思いにしゃべったりふざけ合ったりしていた。大きな声でわめくように話す女たちもいれば、塀の外に向かって大声で話している女たちもいた。

「塀の外に誰がいるの?」

「ああ、あれ?　ヒモか抱え主でしょ」

順映が関心なさそうに答えた。見ていると塀の内側に何かが落ちてきた。塀の下にいた女たちが歓声を上げながら拾い上げたのは、タバコの包みだった。

「おい、元気か?　いつ出て来るんだ?」

「ええ、元気よ。兄さん《オッパ》、ありがとう！」

たばこを拾った女が塀の向こうのヒモらしき男に声をかけた。初めてみる珍しい光景だった。夕方になると部屋では洗濯をしたり、何かと忙しかった。着替える服がなかった私は、カバンの中に丸めて押し込んであった柔道着の上衣を着て、窓枠に腰かけた。保護所の光景が眼下に飛び込んできた。塀の外にはぽつぽつと明かりが見え始めた。

向かいにある平屋の木造家屋の前に、黒い日本式のモンペをはき、まるで囚人のように群れている女たちが見える。その建物には順映のような未成年者の他には、主に取り締まりで補導された乞食や売春女性たちがいるとのことだった。二階建ての新築家屋とは違って、平屋の方は築年数が古く、そのせいかおどろおどろしい雰囲気を漂わせていた。そこに収容された女たちは誰もが定期的に性病検査を受けた。しかし、正式の保健所ではなかったため、性病のある女たちが治療までしてもらえたのかはわからない。女たちはそこで二三日過ごした後、売春はしません、という覚書を書いたり、本人が技術を習うことを望めば、こちらの建物に移って過ごせるとのことだった。

棍《こん》棒を持った男が、入り口に鉄製の鍵がついた鉄柵の中にその女たちを押し込んだ。あばた顔の女は、自分のようになるなといって、売春したお金で切符を買ってくれたのだ。だが、ここには陽洞、桃洞、清渓川、鍾路三街、清涼里、梨泰院、漢南洞…、そして街娼から高級コールガールにいたるまで、ソウル中の売春婦たちが収容されていた。

女たちが建物に入ると、その辺りも暗くなった。どす黒い空のところどころに紅《くれない》がかすかに残っていた。

騒がしかった声が急に静まり返った。振り向くと、少し年長に見える女たち三人が二〇五号室の扉の前に立っていた。まぶたが腫れた女と、陽洞で会った女のように顔中あばただらけの女、背が低く、顔の黒い、性格のきつそうな女たちだった。

部屋の室長がすぐ立ち上がって、深々と頭を下げた。

「おい、お前、何なまいきしやがって、そこから降りろ！」

私はすぐ窓枠から降りた。

「お前、柔道何段だい？」

「柔道はできないよ。無銭旅行しようと思って買ったんだけど、習ってないよ」

柔道着は、ソウルに上京して無銭旅行するぞと意気込んでいた頃、習おうと思って買ったものだった。

「なに？　じゃあ何で柔道着を着てるんだ？」

「寝巻きがなくて」

私の返事を聞いて、色黒の女があきれて笑った。緊張した部屋の空気が少しゆるんだ。

「おい、お前おもしろいな。あたしらの部屋が二〇六号だから、着替えて遊びに来な。わかったか？」

女は悪びれずにそう言って出て行った。

「姉さん、姉さんに話しかけた人さ、あの人が松子《ソンジャ》姉さんよ。崔《チェ》松子。その後ろのあばた顔は真美《チンミ》姉さん。この二人は恋人同士だって。そして、一番年とって見えた姉さんは、松子さんと真美さんにくっついて歩いて、世話をしてるの。あの姉さんたちの気分を損ねたり、保護所に不満を訴えたりするとひどい目にあうのよ。ぐうの音もでないの。姉さんは運がよかったわ」

順映の言葉に背筋がぞくっとした。

四　金蓮子、お前、気に入った

もともとソウル市立婦女保護所は筆洞《ピルトン》にあった。大通りに面した保護所は、窓という窓にはすべて鉄格子がつけられていたが、女たちがよく「オマンコヤロー」と大声でわめきたてるので、通りを行き交う人々にまで聞こえたという。それで保護所をこの大方洞に移したそうだ。一九六〇年六月、ソウル市が市立婦女事業館を建て、朴正煕《パクヒョンヒ》大統領が政策的に運営したこの婦女保護所は、名前こそ保護所だが、実態は収容所そのものだった。

保護所の日課は礼拝から始まった。保護所の中にいる人はすべて参加しなければならなかったが、ほとんどはあくびをしたり、居眠りしていた。礼拝が終わると朝食を食べ、技術を習う人たちは出かける支度で忙しかった。

夜は保護所の唯一の男性職員が大きな棍棒をもって、黒い制服の女たちを建物内につめこんだ。みな彼を〝守衛のおじさん〟と呼んだが、実際は正式の職員ではなく、建物を守り規律を守らせるために施設に寝泊まりさせていた用心棒だった。朝、女たちを運動させて、言うことを聞かない女たちを運動場の片隅で叩くのが彼の役目だ。

保護所には技術を学ぶ施設がないので、理容技術を習うためには鷺梁津《ノリャンジン》にある母子院まで通わなければならなかった。そのたびに保護所の鉄の扉が開き、女たちがどっと外に出た。母子院は子連れだったり、戦争で未亡人になった女たちが住むところだ。理容技術はそれほど私の性格に合うとはいえなかったが、習うために外に出ると幾分気晴らしになった。

髪を切る技術をある程度習うと実習をしなければならないが、自分たち同士で髪を切り合うのは限度があったので、町の小学生たちを使った。お菓子を買ってあげるし、髪もかっこよく切ってあげるからと、下校する子どもたちを誘って実習した。しかし、ちゃんと切ることもできず、私たちが見てもひどい髪型になったりした。後で、髪を切られた子どもの母親がやってきて、ひどく罵《ののし》られたこともある。また、髪を切りながら、子どもの耳まで切ってしまい、大騒動になったこともあった。町内の子どもやおじさんたちの頭をかみそりで傷つけて、傷口につばをつけ、ちり紙をあてて手当てをするような、申し訳ないこともしょっ中だった。

美容も理容技術も六ヶ月習うと、ソウル市が行う試験を受けて資格をもらうのだが、きれいな女たちはマッサージの方に行ったという。水着のような短パンをはいて、客にマッサージしながら性行為をするという話も初めて聞いた。かわいくないと選んでもらえないと女たちが心配するのだが、私は重くて大柄だからどだい無理だと思った。

母子院に行く日はしっかり食べる日でもあった。一般の学院生たちもいるせいか、そこで出る昼食はとてもおいしかった。時々、牛肉入りのわかめスープや白米のごはんが出た。保護所の朝食は、麦飯にキムチ少々と、小魚を炒めたものが出るだけだった。昼は米国から援助されているとうもろこしの粉でつくったすいとん粥《がゆ》とキムチ、申し訳程度に青菜がはいった汁がすべてだった。バターのようなものは教導官たちが横流しして売り、副収入にしていた。保護所で働く先生たちは、私たちに配給する服もこっそり盗んで、大学生たちがよく行く南大門市場などで売り払った。

二〇六号室は特別な場所だった。崔松子は保護所が筆洞にあった頃、鍾路三街で売春していて入所した保護所の一期生で、それ以来、保護所の主のようにふるまってきた。昼は劇場の看板に絵を描き、お金を貯めた。保護所の中では何でも好き放題にし、職員たちにいくらか賄賂《わいろ》も渡していたそうだ。

崔松子は職員たちに代わって保護所内の軍紀を引き締めるのだが、跡が残らない程度に巧妙に殴った。とにかく崔松子は、職員の次にのさばっている保護所の実力者だった。職員たちも崔松子が女たちを統制してくれないと、自分たちの不正や汚職が暴露されるので、いたずらに手出しはしなかった。

崔松子は、私たちが麦飯、菜っ葉汁、とうもろこし粥などで空腹を満たすとき、白米ごはんに唐辛子粉であえた白菜キムチを食べ、徹底的に統制された生活の中でもタバコを吸い、コーヒーを飲んだ。

「ハハハハハ、金蓮子、お前、気に入ったぞ」

崔松子は、私がひと目で気に入ったといい、私を自分の後継者にすると言った。自分の部屋で食べさせ、タバコを与え、外出すればお酒を飲ませ、私の部屋にまでご飯を届けさせた。他の人たちにするのとは天と地の差が出るほど、私にだけは特別によくしてくれた。私はそのマフィア団のようなところで訳もわからぬままに後継者扱いされたのだった。それが良いか悪いかよりも、お腹が空くのでパンの一かけらでももらいたくてついて歩いた。

明姫《ミョンヒ》に出会ったのはその頃だった。私よりも四つ下の一七歳だった明姫は、事務室で小間使いをするほっそりした子だった。未成年者なのになぜ捕まったのかわからないが、その子が私に本当に親切にしてくれた。大柄な私が茶碗一杯のスープでは足りないだろうと、もう一杯もらってきてくれたり、その調子で何でもたくさんくれるのだった。

「お腹空いたでしょ、もっと食べて」

「お前、人気があるじゃないの…」

室長は嫌味な目つきで睨みつけた。明姫は事務室から事務用の紙もこっそりもってきてくれた。市内に出かけるときは、おいしいものを買ってきてくれるのだった。情が深くて恥ずかしがり屋の明姫を見ていると、胸が痛み、故郷のことを思い出した。茶碗にご飯を山盛りにしてよそってくれた母親にも会いたくなったし、忘れかけていた人情を感じて心が暖まった。

ある日、真美が、平屋の棟に友人が捕まって入ってきたので慰労してやれと言ってきた。何のことかさっぱりわからなかったが、断れなかった。監視がゆるんだ隙をみて、真美の手に押されてその建物に入った。ずらっと続く部屋を通りこして、一―六号室の前に立つと、扉が開いた。四人ずつ頭を向かい合わせて横になっている女たちがいた。

「ここよ、ここ。真美がよこしたんでしょ?」

横になっていた者たちの中で一人の女が起き上がった。目と鼻、口が映画俳優のように大きく、グラマーだった。その笑い声と異臭にとまどいながらも、その女がするまま横に寝転んだ。女は私の手をとって自分の胸の上に置いた。

――何をどうしろっていうんだろう? みんな耳をそばだてているのに――

「こいつ、バカじゃないの?」

その女の声にびっくりした。ただじっと息を殺して横になり、ぎこちなく乳房の上に手をのせている私を見て、その女があきれたのだった。〝慰労〟というのは性的な相手をすることだった。数日後、その女は〝退院〟し、私は真美について韓式家屋が立ち並ぶ大韓劇場の裏にあるその女の家に行った。そこには東亜デパートの前でミンクコートを羽織り、夜になると自家用車を待つ一流コールガールたちがいた。髪を短くして男装しているその女の恋人もいた。

「会えて嬉しいよ。彼女を慰労してくれたっていうから、ありがたくて今日招待したのさ」

おいしいものをお腹一杯食べて、小遣いまでもらった。私が知らないこんな世界があったとは。物珍しさが先にたった。崔松子たちに連れられて、龍山駅《ヨンサン》、梨泰院《イテウォン》、大韓劇場の裏で暮らしている女たちとひんぱんに会ううちに、体を売る生活というのも特別なことではないと思うようになり、先入観も次第になくなった。自由奔放な彼女たちの生活にかえって憧れさえした。一週間に一度ずつ外出して、食事をご馳走になり、小遣いをもらって親しくした。捕まって入ってくる知り合いのために、タバコのつかいをすれば結構な稼ぎにもなった。

一日中歩き回って本を売り、鼻血を出しながらバスの車掌をし、他人の目を気にしながら靴磨きをしていた頃のことが思い出された。少しずつ経験した社会生活は、とてもしんどくて希望がなかったが、この新しい生活は自由で豊かで、簡単な上に楽だった。そこにどんな落とし穴が隠れているのかはまったく思い及ばぬまま、私は彼女たちの生活に吸い寄せられていった。

最初から明姫に好意を抱いていたわけではなかったが、いつも誠心誠意尽くしてくれる明姫と、姉《オンニ》さん、妹《トンセン》といいながら過ごした。この子に対して恋人のような感情はなかった。私はすでに性的な経験もあったし、聞きかじったことも多かったが、明姫はそうではなかった。一七歳で出会い、信じて頼りにしながら、肌を寄せ合った最初の人が私だったのだ。明姫は私を恋人のように接した。

崔松子とあばた顔の真美が外出すると、二〇六号室の鍵が私に渡され、そこは私と明姫の空間になった。鍵をもらった私たちは、誰ものぞくことのできない二〇六号室の中で、他の部屋ならば夢見ることもできないような特別の恩恵をほしいままにした。食堂でこしらえた白米のごはんを食べ、コーヒーを飲み、タバコを吸い、音楽を聴きながら、次第に安楽さに浸っていった。二人して横になり、二〇六号室の恋人たちがしたであろう行動を真似てみた。私たちの間も崔松子と真美の関係のように、保護所内では誰もが知る仲になってしまった。体の大きな私は、より男らしくふるまった。私が外出しておいしいものをおごってもらったり小遣いを使ったりすると、明姫は嫉妬した。安楽な場で一日一日を過ごすうちに、時間はあっという間に流れていった。

五　保護所という名の裏にひそむ影

ある日、私のように技術を習いに婦女保護所に入ってきた同郷の友人、錦淳《クムスン》と一緒に腕を組んで南営洞《ナミヨンドン》の方に歩いていた。坂道を下りてゆくと、大学生のように本とノートを抱えて上ってくる見慣れた顔が見えた。バスに乗っていた頃、あれほど会いたくても会えなかった淑子だった。縮れ毛は昔のままだった。

「ねえ、淑子《スクチャ》よ、淑子」

錦淳がひじで私をついた。

「あ、本当だ、淑子だ」

声がうまく出なかった。

上等なものはみな南大門に流れ、保護所で与えられた救護物資、私たちが〝古物〟とよんだ冬用のコートを着ていた私は、「ねえ、知らんふり、知らんふりしよう」ととっさにつぶやいた。

とても会いたかった淑子、新村《シンチョン》の街で探し続けたその姿だったが、保護所にいる自分が恥ずかしくて、思わず顔を伏せた。脚ががくがくした。いつも大きなことを言って過ごしてはいたが、明るい日差しの下にさらされた、毛羽だつ古びたコートのように、自分の境遇のみすぼらしさを思い知った。淑子は私たちの横を通りすぎた。今でも、あの時淑子が私たちを見たのかどうかわからない。それが最後だった。

夢うつつにざわめく音が聞こえた。〝タッタッタッタッ〟。急いで走っていくゴム靴の音がどよめいた。起き上がって窓から見下ろすと、女たちが運動場を横切って塀を越えようと大騒ぎしていた。部屋の中にいた女たちもすでに外に出たのか、誰もいなかった。一体、どうしたんだろう？　不安に思って私も急いで外へ出た。

木造家屋の鉄格子が所々切れていて、鉄条網が張り巡らされた高い塀の上には軍用の毛布が引っ掛けてあった。どこで手に入れたのか、塀の下にははしごが立てかけられていた。運動場のあちこちに黒いゴム靴が転がっている。二階建ての棟にいた女たちの中で、この〝脱出〟の隊列に加わった者はほとんどいなかった。外出し、技術を学んだらすぐ就職しようと思っていた私たちは、閉じ込められているとは思っていなかったのだ。木造家屋の方には、年齢の高い浮浪者や病気の女たちだけが残った。みな突然のことで、あっけにとられた表情をしていた。中には泣いている女たちもいた。

「正子《チョンジャ》か？　どこだ？　早く来い！」

塀の内側にいる女たちを探す男たちの声、先に外に出た女が同僚を呼ぶ声、何を言ってるのかわからない喚声とがごちゃまぜになって、まるで修羅場のようだった。

——よくこの高い塀を乗り越えたな…——

木造家屋の女たちは、外出はいうまでもなく、外と連絡を取り合うのも難しかった。いつもお腹をすかせ、強制的に礼拝をしなければならなかった。窓には鉄格子がはめられ、ちょっとしたことでどなられ、体罰を加えられた。これが保護所という名前の裏に隠された真実の姿だったのだ。女たちはこの収容所生活を刑務所よりも嫌がった。誰がこんなところで技術を身につけようと思っただろうか。

女たちはすばやく脱出した。その時間は長くはかからなかった。あっという間に辺りがまた静まり返った。みんなどこへ行ったのだろう? 記憶に残っているいくつかの顔が浮かんだ。入所初日に見た黄色い顔の、髪がぼさぼさの女、礼拝時間に居眠りして舎監にほおをぶたれた梨泰院の女、いつだったか、塀の下でタバコの吸殻を拾って守衛にみつかり、棒で殴られた女、私が外出する時にきまって小さな紙切れをくれながら、タバコを買ってきてくれと頼んだ女、黒い服に黒いゴム靴姿で塀に寄りかかって日光浴をしていた女たち…。鉄柵をどうやって切断したのだろう。のこぎりやはしごはどうやって準備したのだろう…、次々と疑問が浮かんだ。

一九九五年、京畿道女子技術学院で火災が起こった。昔ながらに夜は鉄製の鍵をかけ、抑圧的に収容していたため、結局は女たちが放火し、集団脱走を試みたのだった。しかし、脱走はおろか、逃げることもできずに焼け死んだ。朴正煕、全斗煥《チョンドゥファン》、盧泰愚《ノテウ》…、大統領が次々に替わっても、数十年間、保護所という構造の中で所長たちはみな縁故《えんこ》でつながり、不正をしていたのである。こうしたことが裏では何一つ変わらなかった。

しばらくすると、警察と記者たちがやってきて保護所はまた騒がしくなった。記者たちは、脱走しなかった女たちに聞いてまわったが、これといった情報を得ることはできなかった。女たちが動転していたせいでもあるが、舎監と職員たちが残っている女たちについて回り、見張っていたからだ。

私は記者たちに何がしか話をしなければならないと思った。崔松子が職員たちにお金を渡し、職員たちはそのお金を懐《ふところ》にしまい込み、各号の室長たちが、まるで収容所のボスのようにふるまい、それに目をつぶる職員たちがいる。それだけではない。彼女たちは院生たちに配給する救護用品を横流しして、アメリカ製のバターや高価な救護物資は闇市場で売り払った。税関で押収されたクリームを内緒でもらい受け、相当の副収入を得ていた。また、売春業者たちから賄《わいろ》をもらって女たちを出所させるなどの裏取引があることを誰もが知っていた。

「そのうちあいつらみんな捕まるさ。非常事態命令を下したからな。逃げたってしょうがないさ。またここに来たら一年でも二年でも腐るしかないよ」

崔松子が私の心中を読んだかのように肩に手を回した。柔道三段の握力が伝わってきた。

――私も白米ご飯と肉を食べ、ウテナクリームを塗った崔松子と同じ穴のむじなだったんだ――

逃げた女たちのほとんどが鷺梁津派出所の検問にひっかかって、再び捕まって保護所に連れ戻されてきた。足をひきずる女、鉄条網の鋭い針が刺さって顔面血だらけになった女、ゴム靴を片方だけはいた女など、みなぼろぼろの姿で戻ってきた。ここのことを暴露するぞ、という言葉がのど元まで上がってきたが、そこまでだった。すでに私は社会に抗議し暴露する自信と正義感を失っていた。

何も言えずにただ突っ立っているしかなかった。古物のコートを着て昼間に震えていたように、私の心はしぼみ、乾ききってしまったようだった。二階の建物にいた女たちはいぶかしげにこの状況を見守っていた。

　保護所に足を踏み入れた初日から、見慣れぬ空間、見慣れぬ女たちの間で過ごした一年余りの時間、黒い服を着た女たちが高い塀を懸命に乗り越えようとしていたあのときが、信じ難いほど鮮明に思い浮かぶ。それはたぶん、ここで私が歩むことになるもう一つの世界を知ることになり、その渦の中に自ら歩いて行ったからだろう。

第三章　東豆川の歌声

一　休んでいきなよ

「蓮子《ヨンジャ》姉さん、行くとこあるの？」

「どうしようか……」

明姫《ミョンヒ》が私の手を握りながらたずねた。明姫は何でも言う通りにするからと、完全に私を頼りにしていた。保護所の正門を出ると、刑務所に長くいたかのように、周囲の風景がぎこちなく、希望も意欲もなかった。保護所に入った日、技術を学んで堂々と故郷に帰ろうと決心したのに……。

母は一人娘が一体どこで何をしているのかと心配しているに違いない。でも私はもうこの保護所の門をくぐった時の私ではなかった。体を売って生活する女たちの中で、崔松子《チェソンジャ》たちと親しくしながら見たものは、何が正しくて、何が間違っているのか、私はどこに行けばよいのか、という判断能力すらも私の記憶から追いやってしまった。隣りには、そうとも知らずにひたすら私を頼って出てきた明姫がいた。

「私は姉さんと離れられない。姉さんが行くところならどこにでもついてゆくから」

一九六四年、私が二二歳、明姫は一八歳だった。一人だけでも生きてゆくのが大変なのに、何をしてこの子を食べさせればよいのかわからなかった。

「出所したらここにおいでよ。ここに来ればお金だって結構稼げるから」

私よりも前に保護所に入って出ていった安彩姫《アンチエヒ》が、連絡先を書いた紙切れをくれた。私のポケットにはその東豆川《トンドゥチョン》の住所が入っていた。保護所でその紙をもらった時は、私を何だと思ってこんなことを言うんだろう?、と思った。しかし、保護所を出て最初に浮かんだのが、この住所だった。

「東豆川に行ってみようか?」

私たちは保護所での恋愛感情から抜け出せないまま、何をするにも〝一緒〟にしようという単純な思いで、その先に何が待ち受けているのかも知らぬまま、東豆川に向かった。

一年あまり理容技術を学んだが、すぐに就職できるあてもなかった。どこに行けばよいのかわからず、訪ねる人もいなかった。見かけは活発だが、私はいつからか意欲も失せて、人がそばにいても寂しさを感じ、憂鬱《ゆううつ》になり、何に対してもあきっぽくなっていた。社会が私を受け入れないのではなかった。意欲を失った状態ではどうせどこにも適応できず、結局は自暴自棄《じぼうじき》になって同じような道を歩んだであろう。

住所が書かれた紙を握り締めた。

「私たち……東豆川に行ってお金を稼ごう」

――お金を稼ぐんだ、目をつぶって少しだけ苦労してお金を貯めて故郷に帰ろう。そうすれば明姫と食べていけるだろう。そうだ、そうしよう――

明姫はしばらく何も言わなかった。不安ととまどい、期待が入り混じった目で私を静かに見つめた。

私は決して言ってはならないことを言ったのだった。そして一生、明姫に対する罪意識を抱えることになった。明姫は家に帰ればそれで済んだのに……。

東豆川に着いて安彩姫が教えてくれた住所をたずねまわって、ようやく探しあてた。住所を見ながら東豆川市場の路地を通り抜け、生淵《センヨン》七里のあたりに来ると、お店のようなものがあった。

「叔母さん！　誰か来たよ」

小柄な女が出てきて、私たちの頭からつま先までジロジロ見ながらそういった。すぐに叔母さんという女が出てきた。

「誰？」

「あの、ここに安彩姫さんという方はいませんか」

「安彩姫？　誰かな？　知らないね」

働き口を求めてここまできたのに、いなければどうしようかと思っていたら、すぐに寝起き顔の見慣れた女が出てきた。春花《チュンファ》、保護所で安彩姫の恋人で有名だった春花だった。

「おや？　誰かと思ったよ。あんたたちがどうしてここに？　ねえ、静姫《チョンヒ》！　出てきてごらん」

安彩姫だった。狭くて散らかった部屋に通された。

保護所脱出事件について話すと、安彩姫が大声で笑った。そして明姫に視線をやった。私はドキッとした。

「ばかな奴らだ。何か起こると思ったよ。ところで、どうしてこの子を連れてきたんだい？」

「ええ、ただね、ここで少しだけ苦労してお金を稼いで行こうと思って」

私はうつむいている明姫の横にぴたりとくっついた。

「ここで働こうと思って来たんです。一緒に働かせてくれませんか」

安彩姫は気乗りがしないという表情をしながらも、あざ笑うように私たちを眺めた。心の中では、私はこの人たちとは違う、当面行くところがなくて来ただけだから、お金さえ貯めたらすぐ出て行くんだ、と誓った。

東豆川市場の向かい側の道を渡ると、細い路地をはさんでみすぼらしい家がずらりと軒を連ねていた。その路地の右側の三番目の家が伯母さんと叔母さんが数人の女を抱えている家だった。男のような服装をして、髪を短く刈った伯母さんは、言葉遣いや行動がまるで男のようだった。伯母さんと叔母さんは夫婦のような間柄だった。安彩姫と春花のように、崔松子とあばた顔の真美のように。ここで明姫と私は働き始めた。夜、美容室で髪を整え、化粧をして、生淵七里の路地［韓国人相手の私娼街］に立った。

「休んでいかない？」

「遊んでいきなよ」

「楽しませてあげるからさ」

恥ずかしさをこらえて、道行く男の袖を引っ張った。店の女たちは、自分たちがやるように真似たらいいと言ったが、最初は声もよく出なかった。だが、哀願に近い〝ひっぱり〟業も、日を重ねるにつれて慣れてきた。夕方、濁酒《どぶろく》をあおり、もうろうとした気分で客をとった。母親も故郷も過去も何もかも忘れて、その瞬間があるだけだった。

長い夜［泊まり］、短い夜［時間制］、お客様……次第にこの界隈のことばと生活に慣れていった。初めは恥ずかしくて屈辱的でもあり、とてもお客の顔を正面から見ることができなかったのに、後になると時間を長引かせる男には「おい、このスケベッたらし！　早く終わりにしてよ！」と怒鳴った。おぞましくて嫌なことを一瞬でも忘れさせてくれるのは、悪態をつくことだけだった。

しんどい時はセコナルという薬を飲んだ。手術患者を鎮静させるために飲ませるという赤い薬が、米軍部隊から闇で流され、巷に流通していた。生きるための方法はないのだろうか？　もうろうとした頭でその方法を考えてみても、何も思いつかなかった。最も簡単な方法は、数分間だけ下半身に加わる重圧と苦痛に耐え、手にしたお金で食べてゆくことだった。

お酒を飲んでも目が冴《さ》えてしまう時は、暗示をかけて、自分が美しい恋人と肉体関係を結んでいるのだと想像した。すると、こちらも熱くなった。押し寄せる疲労と虚脱感。タバコと酒の臭い、男が流した精液の臭い、心と体が切り裂かれて深い泥沼に沈み込むようだった。

――いつまでこんな生活を続けるの？――

ある日、明姫が客と部屋に入ってから大分たっても出てこなかった。私は自分の客が帰ってから適当に下半身を洗い、明姫の部屋に向かった。戸の隙間から覗くと、明姫は下半身裸のまま、ぼうっと天井を見ていた。その上に息せき切っている男がいた。そんな明姫を見て、首をへし折られたように暗澹《あんたん》たる気持ちになった。

――いつまでこんな生活を続けるの？――

泊まりの客がない夜は、明姫としっかり抱き合って眠りについた。時には背中をさすって互いの虚しさを慰めながらも、先の見えない暗闇に覆われて、怒りをぶつけることもあった。何か間違った道に入ってきたようなのに、一体どの道に行けばいいのかわからなかった。私たちには他の女たちのような借金はなかったが、お金を貯めることは思ったほど簡単ではなかった。当初の考えとは違って、この生活は終わりが見えなかった。いつも頭が重く、体が痛くて、自分の現実が実感できないのだった。

お客の中に小説を書いているという青年がいて、しげしげと私のところに通って来た。頻繁《ひんぱん》に来るようになると、お金は払うけれども座っておしゃべりだけして帰ったりした。ある時は、自分の甥っ子を連れてきたこともある。彼は私に恋心を抱いていたのかしれないが、私にとってはただ多くの客の中の一人に過ぎなかった。彼がどんな小説を書くのか知る由も無かった。私娼街に出入りしながら感じた、ある女に対する同情や恋情を小説の題材にしようとしたのかもしれない。

また、生淵七里の路地の女たちにひときわ人気のあるハンサムな青年がいた。だが、いつの頃からか、その青年の顔が歪み始めた。梅毒［代表的な性病］のせいだといった。毎日のようにひどくなり、鼻がつぶれ、唇がゆがみ、しまいにはマスクをして歩いた。毎晩、様々な男を相手にする私たちも、いつかはあのようになって通りをさ迷うのではないかと、空恐ろしくなった。

まだ青二才の男、年老いた男、仕事に疲れた男、酒に酔って当たり散らす相手を求めてやって来る男、そんなこんな男たちが私の部屋に出入りした。そうして集めたお金で、いつになったら麗水《ヨス》女子高校の前でお茶やパンを売り、静かな音楽が流れるお店をかまえることができるのだろう。母の所へ行けばくつろげるだろうか。二人ならもっと早くお金を貯めることができるのではないか、という希望だけでこの生活にひたすら耐えた。

二　姉さん、もうやめて行こうよ

空軍のある松炭《ソンタン》とは違って、陸軍が駐屯する東豆川は訓練が多く、兵士たちも荒々しかった。そのため、この地域の基地村の女たちも気が強くないとやっていけなかった。クラブのホールで働く女が二千人、街娼も二千人いて、殴り合いのけんかになることもあった。みな生き残るために荒っぽくなるしかなかったのだ。

夜通し飲んで昼まで寝て起きると、ホールのおばさんたちがこしらえてくれるもやしスープにご飯を混ぜて食べた。それから美容室に行って化粧をし、かつらとマスカラをつけ、カチューシャ［KATUSA、在韓米軍で勤務する韓国軍人］が集まる酒場に行ってお酒を飲んだ。さらに濁酒屋《どぶろく》に行って箸でお膳をたたきながら酒を飲んで歌をうたうと、ホールに入る頃はすっかりできあがっていた。客にお酒を買ってもらって、飲んで食べて、踊ってまたお酒を飲んで、次第に意識を失った。

こうした生活の中で女同士親しくはなるけれども、互いの身の上話はしなかった。一緒に飲み屋に行って二三時間歌をうたい、ごちそうを食べ、大声で笑うのがすべてだった。みんなで群れをなして歩き、笑って騒ぐのが唯一の楽しみだったのだ。私は徐永春《ソヨンチュン》［一九二八〜一九八六：有名なコメディアン］、カムサン［黒ン坊］、カンペ［ヤクザ］などのニックネームをもつ女たちといつも一緒だった。年がら年中群れては、くだらない話をして笑った。誰かがラジオを買いにいって、英語でラジオを何ていうのかわからず、壁にアメリカン、コリアンと書いてきょろきょろと見回したとか、壁にタライを時計のようにかけて、口でチックタックと言ったとか……支離滅裂《しりめつれつ》なことを言い合っては、お腹を抱えて笑いころげた。ただ笑うことが目的かのように。

夜通し酒を飲んで、麗水中・高時代の友人たちとうたった流行歌を皮切りに、「春の交響楽が響きわたる……白百合のような私の友達よ」［思友］という歌曲をうたって寝入った。泣いて悪態をついて、名前を呼んでまたののしっても、誰もうるさいとは言えなかった。私は人を殴ったりはしなかったが、機嫌を損ないでもすれば、大きな声で滔々《とうとう》とまくし立てるので、誰もかなわなかった。

そうして起きると、酔いが残り、酒の臭いが漂う毎日が続いた。

「ふぅ……」

しゃがんで新聞を読もうとしても、いくら読んでも頭に入らず、何度も何度も読み返した。

――金、金、金、金を稼ごう――

お金を稼ぐために、一滴の小便をしぼり出すために、がたつく古戸にしがみついて身悶えした。一度でいいから小便を気持ちよく出してすっきりしたい、と思うほど、私たちの体は病んでいた。

「行こうよ姉さん、もうやめて行こうよ」

妾だった母親にかわいがられることもなく育った子。明姫は一日一日を私と同じように辛く、しんどい思いで過ごしていた。私はそんな明姫に理不尽な言いがかりをつけて苦しめ、私自身も苦しんだ。

「お前の母親のようなヤツがいるから、父親を奪われて困る子どもがいるんだよ！」

明姫はきつい言葉を投げつけられてもただ泣くだけだった。希望のない日々が続いた。二度と朝がめぐってこないような生淵七里の夜が続き、私たちは絶望の淵をめがけてひた走っていた。

東豆川でちょうど一年働いた頃、明姫と私が稼いだお金を合わせると、期待したほどではないにしてもそれなりの金額になった。私たちはそのお金を持って、母がいる麗水に戻ることにした。

まるで長い旅行から帰ってきたようだった。生臭い海の香りが空腹の身体に染みた。堂々と話せるようなことをして稼いだわけではなかったが、それでも二人で小さな店を出せる程度にはなった。

「何てこった、何てこった。連絡もくれないで。一体どこで何をしてたんだい。いつも泣いてお前を待ってたんだよ」

「お母さん、ソウルでお金を稼ぐのに忙しかったのよ。もうこれからはここで暮らすから」

母は帰ってきた私を抱きしめて、巨文島の方言でその間の積もり積もった感情を表現しながら泣いた。私はそっけなく返事をしながらも、心の中では悔恨と安堵の思いが入り混じった。とにかく、母のもとに戻ってきた。もう二度と故郷を離れず、ここに根を張って暮らそう。

母の同郷の知人の家を店用に手に入れた。通りに面した引き戸を三枚取り外すと、古びた田舎のバス停前のお店のようだったが、玄関を開けて入れば、庭には井戸もあり、裏手からは麗水女子高校に行く道が伸びていた。子どもたちにうどんやサイダー、お菓子などを売り、開店当初は何とか採算が合った。いずれ麗水女子高校の正門前に喫茶店を出すことを夢見ながら、女子生徒たちを眺めて一人微笑んだ。私と明姫の関係を知るはずもない母は、明姫をとてもかわいがった。

何とか順調にお店を営んでいたある日、明姫が言いづらそうに口を開いた。

「姉さん、私、妊娠したみたい……」

「何？　いつから？　あ〜あ、バカだな、何で今頃言うのよ」

東豆川を離れる直前に妊娠したらしかった。麗水に来てお腹がふくらんできて、仕方なく白状したのだった。当時は妊娠中絶手術をするのが難しく、手術費用もままならなかった。持っていたお金はすべてお店につぎ込み、商売もやっとだったので、まとまったお金を手にするのが大変だった。お腹がもっと膨らんでくる前に、母に気づかれない内に手術する方法を考えなければならなかった。

数日悩んだ末、以前知り合いだった片足の不自由な男性を訪ねていった。記者の助手をしていた頃の知り合いで、原稿を書いて彼に送ったり、一緒にお酒を飲んだりしながら親しくしていた間柄だった。

「おや、蓮子さん、久しぶりだね。この間ずっと何してたんだい？」

「こんにちは。ええ、ちょっとソウルにいました」

ためらいながら訪ねたのだが、彼はとても懐かしがってくれた。お金が必要だという内情を話し出すまで、あれこれとよもやま話をして旅館に行った。彼は知り合いの産婦人科医に明姫を紹介してくれた。

一年三六五日、明姫とともに見知らぬ男に体を売って生きてきた。私たちには目標があったからその時間をひたすら耐え、そこを離れる勇気もなんとか守ってきた。もうこんな生活はこりごりだと、過ぎたことは忘れればいいと思っていたのに、…なぜか先は漠として闇だった。

妊娠に尖圭コンジローム［性病の一種］まで重なった明姫はとても辛そうだった。鴨のくちばしのような鉄の器具で股間を開き、膣内にできたイボを治療した。鋭い金箸に電気を通し、水晶体のようなイボを焼くたびに明姫は悲鳴を上げた。明姫は家で、死を待つ人のように横たわり、冷や汗を流しながらうわ言を言った。

「ねえさん……ねえさん……、わたし、死ぬ……、死んだ?……どこいったの?……」

私たちはそんな時にも、母にこの間の事情が知られるのではないかと気をもんだ。

私の子ども、とうがらし［男の子の性器のこと］のついた妊娠八ヶ月の子どものことが思い浮かんだ。

いかさま助産婦が胎児を引っ張り出し、健康なその子どもの息の根を止めたのだ。「オギャー」と泣くその赤ん坊を見たのが嘘のようだ。昔の記憶が悪夢となって蘇った。

明姫はだんだん快復したが、その間にお店はさっぱりだめになってしまった。巨文島の小ぶり大根のキムチ、岩山で採れたからしなのようなものを船で取り寄せて売ってもみたが、かえってお金がかかるばかりだった。母は母で相変わらず行商に忙しかった。私は再び決心せざるをえなかった。

「明姫、大金持ちになろうとここに来たんじゃないけど、いつもこんな風に生活に困るために来たわけでもないじゃない。私たちがあんなに苦労して貯めたお金だけど、それももう使っちゃったし。苦労したのが水の泡よ。またお金を稼いで来よう。そしてまたやり直そう」

「でも、生淵七里に行くのはやめよう。その上の方に行けば、米軍のホールがあって、もっともうかるっていうから、そっちに行ってみよう」

私はつとめて淡々と言った。明姫はうつむいて、素直に私の意見に従った。家にある大きな米びつに、店で使った細々した品物をしまった。お金を稼いでまた来るからと置き手紙をして、母が留守の間に家を出た。あの木々、建物、学生たち……また会おう。私が再び家を出たことを知ったら、母はどんなに悲しむだろう。後でもっともっと親孝行しよう。それまで一生懸命働こう。汽車の中でぎゅっと目を閉じた。

三　ギ、ブ、ミ、シ、ガ、レ、ト、プ、リ、ズ

私たちはこうしてまた東豆川に舞い戻った。東豆川は田舎町だったが、米軍部隊が駐屯するようになって第七師団の正門を中心に基地村が形成された。その付近は米軍のホールからこぼれる明かりで夜中も真昼のように明るく、騒々しい音楽が一晩中鳴り響いた。

東豆川にさしかかると、新川を横切る一本の橋を境にして、生淵七里と生淵四里に分かれている。生淵四里は保山里《ポサンリ》とともに米兵相手のクラブの密集地として有名だった。私は心を入れ替えてもう一度お金を稼ぐぞ、という愚かな考えで、洋セクシ［西洋人相手の売春婦］になろうと決心した。

私たちが最初に入ったのは生淵四里にあるブラボークラブだった。英語を使い、米兵を相手にすることは、韓国人男性を相手にすることとはまったく異なっていた。

――なにさ、これくらい。寝食さえ解決できるんだったら……。うんざりして歯ぎしりするほど嫌でも、とにかくお金を稼ぐことだから。目をつぶってやってみよう――

――私がなぜこんなところにいるんだろう？　誰かが背中を押すわけでもない。父や母が私を捨てたから？　貧しいから？　そう。貧しいからだ――

母は苦労しながらも一人娘をしっかり育てるんだと、きれいな服を買って、しっかり食べさせてくれたのに……。母のため息と愚痴、悲しい表情を忘れることはできなかった。

私たちはクラブに入るとすぐ、クラブの主人に借金してベッドを買った。主人は部屋代と、ろくなおかずもないのに食事代をとった。また、服を買ってやるといって服代をとるなど、お金を巻き上げる名目には事欠かなかった。化粧品と衣装、結局それは私たちの足かせとなる罠だった。主人は私たちが借金することをまったく嫌がらなかったので、借金は雪だるま式に増えた。東豆川があふれて洪水になり、タンスやベッドが水浸しになると、それもみんな借金として計上された。練炭でカーペットが少しでも焦げると、新しいカーペット代を支払わなければならなかった。

「ギ、ブ、ミ、シ、ガ、レ、ト、プ、リ、ズ」

初めは米兵を相手にするのが簡単ではなかった。まず、言葉が通じないせいでもどかしかった。クラブの社長は私たちに簡単な英会話をいくつか教えてくれたが、それに慣れるのが大変だった。高校まで通ったとはいえ、米国人と直接話すようになるとは思ってもいなかった。タバコ一本もらうのも、どもった。

一度は、クラブに来て間もない頃、米兵を私の部屋に連れて行ったのだが、彼がしきりに何かを言うのだった。私はそれが何の意味だかさっぱりわからなかった。相手がゆっくり言っても無駄で、仕方なくニヤッと笑って見せるしか能がなかった。米兵は股間を手で押さえてオロオロしているのに、私はまったくその意味を察することができず、変なヤツだと思うばかりだった。彼はしばらくそうしている内に立ったまま大便をもらしてしまった。それを見てようやく、彼がトイレはどこかと尋ねていたのだとわかった。便をもらしたという事実があまりにもおかしく、呆れた。女の子たちが部屋を掃除してくれた。洗濯のおばさんは彼のズボンと下着を洗った。米兵が部隊に戻る時間になっても服が乾かず、仕方なく私の赤い下着を着せて返した。彼は兵士たちの宿舎に戻って、赤い下着を壁にかけ、同僚たちと大笑いしたという。

基地村では英語が通じないために、笑うに笑えない出来事もいろいろと起きた。たとえば、ブラボークラブに栄愛《ヨンエ》姉さんという人がいた。その姉さんは自分とつき合っている米兵に、ふざけて悪口を教えた。

「ニミシビ　ペックポジ！［お前の母さん、白板《パイパン》（無毛症）だ！］」

その米兵は何の意味かわからないまま、会う人々にその言葉を繰り返した。ところが、その悪口を、ブラボークラブで働いていた明姫にもしたのだった。明姫はその米兵に英語でやり返し、二人は大ゲンカになった。あの純真で優しすぎるほどの明姫も、いつの間にかすっかりこの界隈《かいわい》の女になっていた。とにかく英語に慣れるのはひと苦労した。

東豆川の基地村にはおよそ四千人を越す女たちがいた。クラブで働く女たちが二千人、街で米兵や一般人を呼び込んで売春するひっぱりが二千人ほどいた。その他、生淵七里のような一般の私娼街で働く女たちもかなりいた。一つの基地村にこれほどの女がいるのはすごいことだった。東豆川の経済はこの女たちによって成長したといっても過言ではない。米兵を相手にする女たちの間では喧嘩も絶えなかった。その上ほとんどの女たちは長い基地村生活で心と体が疲れ果て、自暴自棄状態に追いやられていた。ちょっとしたことでいいがかりをつけ、喧嘩になった。

特にクラブで働く女たちとひっぱりとして働く女たちとの間のいがみ合いは日常茶飯事《にちじょうさはんじ》だった。クラブの女たちには、自分たちが米兵を相手に笑いと酒を売りながらも、検診カード［性病検診証］をもつれっきとした職業人だという意識があり、街の女たちを無視した。そうかと思えば、口も行動も荒っぽい街の女たちは「それでも私たちは自由に働いている」と、クラブの女たちの冷笑を跳ね返すのだった。彼女たちはクラブで働く女たちよりも安く売春し、収入も不安定だ。私も基地の正門まで米兵を送って帰る時、彼女たちに難くせをつけられて、危うくやられそうになったことがある。

どこでもそうかもしれないが、基地村では自分を中心にして他人を見下すようなところが特に強かった。米軍がらみの仕事をする女と主婦たちとの葛藤、国際結婚した女と米軍相手に売春する女たちとの葛藤、黒人相手の女と白人相手の女との葛藤、子持ちで売春している女とそうでない女との間の葛藤……。

四　美子《ミジャ》がどうしてここに？

私は米兵の相手をするのがそれほど嫌ではなかった。私を踏みにじって捨てたあの韓国人男性たちよりもましだった。

「げす野郎の子ども、女ったらしの子ども、昌萬《チャンマニ》の子ども、丸坊主の子ども……」

体を売りながら、狂ったようにお酒を飲んで、苦い汚物を吐き出しながら、悪態をつき、呪った。涙と鼻水、唾液とタバコのニコチンの臭いが一緒くたになって吐き捨てられたそれらの罵言が、再び私に跳ね返ってくるようだった。シャンデリアと地面が揺れ、米兵たちが揺れ、狂ったように幸せそうな笑い声の中で踊れば、歌詞も何も聞きわけられないほどの音が鼓膜を突き破る。

蘭姫《ナニ》との初めてのキス、あの甘くてしびれるような感覚が愛だと信じていた。愛はお金を払って体を求めるげすどもたちとは違うという怒りで、体が一層こわばった。お腹の上に乗る男どもを見るとぞっとした。故郷のこと、友だちのこと、お金のこと……虚しく繰り返される行為の中で、心は乾ききった田んぼのようにひび割れた。精液を何度も洗い流し、その臭いに嫌悪し、犬畜生、牛野郎、セックス野郎と悪態をつき、極度に疲れ切ると、まぶたを閉じることすらしんどくなった。

お酒を飲むと必ずといっていいほど父親への怒りがこみ上げた。他人は私が口げんかをして興奮し、言葉尻をつかむのだと思っただろうが、そう単純なものではなかった。心の奥底から氷河の塊のように凝り固まった父親に対する憤り、母と暮らしながら積もり積もった父への恨みが爆発し、私を狂わせた。

父親の写真を剃刀《かみそり》で切り裂く。祖母が産んだ男前の顔を切り、鼻の高い叔母の顔を切り裂き、「昌萬《チャンマニ》似だ」という、私の小学校、中学校、高校時代の写真の顔を抉《えぐ》り取った。剃刀の刃で指の間が血だらけになった。体を売って、セコナルを飲んで、投げて、壊して、悪態をつき、どなり散らした。正気の時は、誰かに父親のことを尋ねられても普通に答えたが、酒が入ると、そうはいかない。

米兵たちの相手をすることは明姫も辛そうだった。明姫と過ごす時間はいつも楽しいわけではない。男の真似をするのもしんどかった。本当に良いからではなく、彼女をずっと離さないために義務的にするのもときに嫌気がさした。また、明姫は私が言うことをよく理解できるわけでもなかったので、もどかしくもあった。お酒を飲むといつも暴れる私は、どんなことにも「話が通じない、顔を見るのも嫌だ」と言いがかりをつけて、明姫を苦しめた。

どんなに生活が辛く、苦しくても、蘭姫《ナニ》とあぜ道に座って歌をうたい、裏山を歩いたことを思い出すと涙があふれた。男たちの顔を見るのも、お金のために体を売るのも嫌だった。「あなたは私の初恋だ。あなたのことが忘れられない」と独り言をいった。酒を飲んで体を売りながらも、私は高校生のあの頃に戻って泣いた。

橋を一つ越えた生淵七里には一般の私娼街があり、性病診療所もあった。米軍ホールで働く時はそこで毎週検診を受けなければならなかった。ある日、その性病診療所に行く途中、異母姉妹の美子《ミジャ》に似た人を見かけた。目を疑ったがそれは間違いなく美子だった。ソウルで会えず残念だったあの美子が、頭をひっつめて歩いてきた。どれほど驚いたことか。こんなところで会うなんて……。

思わず顔を背けた。美子も知らん振りをして通り過ぎていった。美子も明らかに私を見たはずなのに。私は私で、米軍ホールにいるということが恥ずかしくて、声をかけることができなかった。

——美子がどうしてここに……——

後日、性病診療所に行って、登録簿の中から美子の写真を探し出し、彼女がどこで働いているのか、といろんな人に尋ねた。教えられた通りに訪ねてみると、美子は保山里の方でクラブのマダムをしていた。あまりにもやり切れなかった。

美子が暮らしているところに行ってもっと驚いたのは、その母親と妹たちまでいたことだった。みんな父に捨てられて、美子の世話になっていた。継母を見ると怒りで腹が煮えくり返った。だが継母はすっかり老け込んで、弱っていた。

「蓮子や、お前はどうしてるの?」と心もとない声で私に話しかけた。

美子は気弱に笑った。美子も私のように、素顔がわからないほど厚化粧をし、分厚いマスカラとかつらをつけていた。妹たちはそれでも私のことをお姉さん《オンニ》、と呼んで寄って来た。持っていた金の指輪を売り、妹たちに服を買ってやった。

ある日、憤りとやり切れなさにお酒をあびるほど飲んで、ホールに石を投げ、悪態をついた。

「私の父親が金昌萬よ！　金昌萬のアホッタレ！　昌萬のクソッタレ！」

——美子がこんな風になって、妹たちまで美子のところに来るなんて……——

気を失うほど酒を飲み、大暴れしたようだった。私はパトカーで派出所に連行され、捕えられた。翌日、継母が保証人になって出してくれた。赤ん坊だった妹たちが、懐かしいというよりも惨めに思えた。

美子も私と似たような境遇だったのだ。妾の子どもだと社会から見下され、父親から捨てられ、戸籍上、私の母の子どもとして記載されていた。

美子は私が理解できなかったに違いない。互いの苦しみが似ていたとしても、心の内に閉ざされて激しく刺しまくる苦痛を受け入れるには、生きるだけでお互いに精一杯だった。私が問題ばかり起こし、つぶれてゆく間に、関係も次第に途切れてしまった。美子は後に、ハンサムな男と出会って結婚し、米国へ渡った。そして最後まで自分の家族の面倒を見た。自分の産みの親を確認する訴訟を起こし、結局は実母と姉妹たちを米国に呼び寄せた。

東豆川《トンドゥチョン》には、私たちのような女や、婦女保護所で会った同郷の友人、錦淳《クムスン》のような者たちが流れてきた。何とか社会に根を生やそうとあえいだ挙句、東豆川で洋公主《ヤンゴンジュ》となって再び出会ったのだ。

家族や親戚など、自分を探してやってくるものたちに気づかれないように、私たちはかつらをかぶり、のりでつけまつげを貼りつけ、アイラインを描き、厚く粉をつけ、赤いルージュを塗った。家族はこの生活を支えるための力の源ではあったが、そのために自分を徹底的に消す必要があった。

麗水に一人でいる母に初めて送金した。母はそのお金を受け取って、「もしや、泥棒でもして得たお金ではないか？　そうでなければどうしてこんな大金を持っているのか」と心配して、一銭も使わずに、懐のポケットに大事にしまっておいたそうだ。

ある日、手紙の封筒にあった住所を頼りに、母が私の居場所を訪ねてきた。初めは夜の生活を気づかれないように努力した。友人たちも礼儀正しく応対してくれた。母が来てからホール伝いの部屋を借りて、ホールのすぐ横には私が寝泊まりし、母にはその奥の部屋を使ってもらった。ホールでカチューシャ相手の食堂を経営した。そうしている内に、結局、母が米兵相手の売春婦になった娘の姿を見てしまった。とても内省的で静かな母は、何も言わなかったけれども、すでにここに来た時から私が何をしているのか薄々気づいていたに違いない。

「何てこった。私が罪深いんだ。お前の父さんのせいだ」

母は泣きながら、こうつぶやいた。

「お前の父さんが女たちの心をたくさん痛めつけたから、みんなお前の父さんのせいだ。私の罪も大きいさ、何てこった、どうすればいいんだ」

こう言って泣きながら嗚咽《おえつ》するのだった。私を前に座らせて、恨み言をいい、諭《さと》そうとした。「お前ね、心が痛いよ。こんな風に生きちゃだめじゃないか」。筋道立てて話すことはできなかった。生涯を一人で生きてきた母は、他に表現のしようがなかったに違いない。私にしがみついて、しきりに自分の過ちだといって泣いた。私が想像だにできなかった母の絶望と悲しみ、そして涙は長く尾をひいた。私は何も言うことができず、ただ、心の中で泣くしかなかった。

五　生きるためにうたうのさ

基地村のホールで働く女たちは、みな政府が発行する検診証がないと営業できなかった。毎週一回ずつ、性病検査を依託された産婦人科に行って検診を受けた。検診証を持たずに米軍の憲兵につかまると、憲兵の車に乗せられて四〇分ほどのところにある議政府警察署に連行された。そこで即決裁判を受け、罰金を払えなければ、五日間拘留されるのだ。

その時は知るはずもなかった。「大韓民国は淪落［売春］行為が法で禁止されている国」だということを。数年後にその事実を知ってとても驚いたものだ。政府が禁止しておきながら、女たちに性病検診を受けさせ、性病のある女は〝淪落〟できないようにするというのは矛盾しているではないか。検診証はクラブで働くときも必ず持参しなければならない〝大事な〟ものだった。

「ほんとについてないや。おマンコは私のものだと思ってたのに、これすらもお国のものだなんて」

私も即決裁判を受けて、留置場に入れられたことがある。淋菌やその他の病気があると判定されれば、すぐに東豆川と議政府の間の州内《チュネ》という町の山奥にある施設に収容された。名づけてモンキーハウスといった。モンキーハウスに入ると、軍医が直接子宮のおりものを検査した。そしてホスタシリンという薬を注射するのだが、これが非常に強い薬で、これを打たれるとおしりの筋肉が固まり、くらくらした。米軍は、自国の軍人を保護するために直接検査をするというが、実は韓国側に検診を任せると薬や物品をみな盗まれると思ってそうしたのだそうだ。

女たちは誰もがモンキーハウスでの生活を恐れた。ベッド、毛布、薬品、医者……、すべてが米製の収容所で、犯罪者扱いされながら、毎日米軍たちに股を開き、きれいな女かそうでないかを検査されるのは屈辱的なことだった。

そうした気分を少しでも追い払おうと、ごわごわした米製毛布を頭からかぶり、大声で歌いまくった。不安と痛みに打ち勝とうと、ベッドのシーツで舞台カーテンを張り、大きな木の葉を摘んで王冠をつくり、演劇のまねごとをした。毛布が王様の服になり、華麗なドレスに早変わりした。

「善花公主《ソヌファコンジュ》はかたわ者よ。善花公主はかたわ者よ。心臓が半分しかないなんて。半分は誰にあげたの。

王子様にあげたのよ」

　私が韓国の独特のリズムで歌い始めると、シーツを巻いて木の葉を被った女たちがお姫様や王子様になって、楽しげな身振りをして笑いころげた。子宮の中に鉄の器具が入る時の冷たくて硬い感覚。二週間や一ヶ月もそこに収容されて過ごす息苦しさを、そのようにして追い払った。私たちは楽しいことがなくても、冷淡で荒々しくなってゆく心に、笑いの種を作ろうとした。笑いはその時間を耐える私たちだけの哲学だったから。

「泰山が高いといえども、さあ、両手で膝を叩き、空の下に集まろうよ」

　生きているのが不思議で、とてもおかしな世界に迷い込んでいるような気がした。張り裂けそうな心を抑え、切り立つ断崖絶壁で歌をうたった。ひたすら生きたいという本能で。

　米兵のモンシーと暮らす時も毎日歌ってすごした。クラブで目が合った米兵と同棲することはよくあることだった。正式の結婚ではないが、クラブで働く必要がなく、同棲の末に結婚することもある。また、その米兵が定期的に生活費をくれるので、生活が楽でもあった。モンシーは部隊内の食堂の責任者で、中年を越した白人だった。

　モンシーは、私と結婚することを望んだ。だが私は、男と結婚するということを考えたこともなかった。それに、外国人と結婚するといえば、母が卒倒するだろうと思った。このように暮らすことすら見ていられないと、麗水に戻ってしまった母なのだ。

　モンシーが毎月くれる生活費は貴重だった。生涯で初めて男と世帯を構えたが、一緒に寝るのが嫌でたまらず、早く終わるのを祈りながら歯をくいしばった。夜になると、わざと彼にお酒をたくさん飲ませ、よく眠れるようにとマッサージをしてあげた。それでも彼はびくともしなかった。今度だけやってあげれば寝入るだろう、と思うと、またすぐアレを私の股間に突き刺すのだった。寝入ったと思ってしばらく起きて座っていたら、「マイベイビー、アイラブユー」といってまた体を求めた。頭がおかしくなって病気になりそうだった。ある日、彼を起こし、歌を教えてあげるといって、ありったけの悪口を韓国語でさんざんまくしたてた。そうすると彼は目を丸く見開いて、「ワット？　ワット？　ハニー？」と言うのだった。

「あのね、これはとても古くから伝わる韓国の歌よ。さあ、私がするようについてうたってみて。」

彼を両班《ヤンバン》［朝鮮時代の支配階級］のように座らせて、時調《シジョ》［朝鮮伝来の定形詩］のリズムを教えてあげるかのようなふりをした。

「……上って上れば上れないこともないけれど、……」

モンシーはぎこちない発音でついてうたった。私の身振りまで真似る彼を見ていると、なぜか泣けてきた。

一年が過ぎて米国に帰ることになったモンシーは、目をうるませたが、私はこれから楽に眠れるという解放感でせいせいした。隣で一緒に見送っていた他の軍人たちは、恋人と別れて笑う私が理解できなかったに違いない。

六　もっと薬を買ってきて、もっと

「訓練が始まったぞ、各ホールから行く人がいれば連れて来い！」

東豆川内の部隊だけでなく、近隣の州内《チュネ》、議政府《ウィジョンブ》、奉日川《ポンイルチョン》、坡州《パジュ》等に駐屯する米軍もみな第七師団の所属だった。第七師団が野戦訓練に出かけると、東豆川の市街地を、映画でしか見られないような装甲車が列をなして通り過ぎる。米兵たちが他の地域に訓練に出かけると、営業はさっぱりだ。そのため、訓練について歩く業者が女たちを送れといえば、クラブの主人たちは女たちを業者にあずけて訓練地に送った。名づけて毛布部隊。文字通り毛布一枚持って、訓練するところまでついていき、体を売るのだ。

「シッ、静かにしろ。しっかりついて来いよ」

訓練地はほとんど東豆川から歩いて数時間もかかるところだった。そこがどこかも知らないまま、暗闇の立ち込める夜中に、業者の後をついていくのだ。人目につかないように何も言わず、枝を踏んで音を出したりしないように、そっと山を越えた。

――へたをすると銃で撃たれて死ぬかもしれない……――

山を歩き、岩をよじ登った。チクチクする松葉の上に毛布を敷いて仕事をし、白い月の光の中で五ドル、十ドル……と数えた。売春代は業者が直接管理したが、半分は業者がピンハネし、残りはクラブの主人に渡した。私たちがもらえるのはその内のほんのわずかしかない。

冷たい夜露に濡れながら山道を歩き、夜通し何人もの兵士の相手をした。仕事を終えて、汗と夜露の染み込んだ毛布を敷いて横になると、体が壊れてしまいそうだった。そこに行くのは自分の意思ではなかった。特に借金が多ければなおさらだ。

女たちは性病にも苦しんだが、最も大変なのは妊娠と堕胎だ。私も例外ではなかった。病院に行くとお金がたくさんかかり、それがすべて自分の借金になるので、病院に行かず薬を飲んだ。生理不順に効く薬をたくさん飲むと子どもが下りるという噂があり、女たちはやたらとその薬を求めた。妊娠するとシルビアというその丸薬を手にあふれんばかり買い求めた。

薬を飲むと一晩中激しい腹痛に襲われる。冷や汗が出て、鋭い刃が休みなく下腹部をえぐるように痛かった。身もだえしながら這い回っても、淡紅色の血だけが出た。股間を洗うたらいを〝洗浄たらい〟と呼んだが、それをまたいでしゃがみ、「アイゴ、お腹が、お腹が」とうめいていると、血の塊がいくつも下りてきた。明姫がその血の塊をバケツに移して、何度もトイレに捨てに行った。四肢が捩じ曲がるような激痛で、部屋中をのた打ち回りながらも、安心はできなかった。

「もっと薬を買ってきて、もっと」

そして、また薬を飲んだ。どれほど血が出たかわからない。何日か血を下し続けると、こぶしのような塊が出てきた。ちょっとつついてみると固くて、単なる血の塊のようではなかった。その後、私は気を失ってしまった。

そのことがあってから、外に出て陽射しにさらされるのもしんどいほど、私の体は衰弱した。いつもは外に出て食事をしたが、その時ばかりは近所の食堂から三食とも配達してもらった。食べているものが何かも知らずに何日も食べたが、それは補身湯《ポシンタン》［犬の肉汁］だと後で知った。血が止まるまで食べ続けてようやく回復した。

床から起き上がっても、私はいつも酒浸《さけびた》りだった。夕方になると、化粧をして飲み屋に行き、営業準備のためのお酒だといって一杯、営業が終わると、汚れの染みついた化粧顔で、一日の疲れを取るといっては一杯ひっかける。こうしてお酒を飲み始めると、たいていは朝まで続く。ある日、同僚の女たちといつものように酒を飲んで歌をうたい、さんざん遊んだ。私はその日、酔っ払ってクラブに行かず、知り合いの密造酒を売る家に行ってさらに酒を飲んだ。

錦淳が私に会いにクラブに行ったが、いなかったのであちこち探し歩いたという。そして密造酒の家でひっくり返っている私を見つけたのだ。明かりの消えた真っ暗な部屋に、死んだようにうっ伏した私を見て明かりをつけた。周りにどす黒い血の塊が散らばっていたという。母が言うには、「血が膿んで出てきた」のだそうだ。

「人が死んでるわ！　アイゴ、蓮子よ、どうしよう！」

その夜、夢を見た。まぶしいくらい白い服を着た男が、私を船に乗せて、ゆっくり櫂《かい》をこぎ、薄いもやがたちこめる川の真ん中に運んでいった。その男は、私を罪人たちが行くところへ連れていったのだ。そこには田植えのときに使う板の上にいくつもの死体がころがっていた。木に首をくくった人、血を吐いた人、四肢がもぎ取られた人、あらゆる凶悪な姿の死体がそこにはあった。目を開けて正視できないほど恐ろしい光景だった。そうしてまた船に乗って川辺に戻ってきた。

とても鮮明な夢だった。私は死ななかった。目を覚ますと、横に母と明姫、カムサンとカンペがへたりこんで泣いていた。

七　第七師団前でのデモ

笑わないでは生きて行けなかったので、私たちはゲラゲラと声をたてて笑った。互いに共謀者として生きている〝洋公主さま〟たちの世界には、それなりの哲学があり、ユーモアとウィットに満ちていた。

それはもしかすると生活のための本能的な慰めだったのかもしれない。

「あんたたち、いま病人をからかおうっていうのかい？」

美愛《ミエ》の言葉に私たちはまた笑った。手術を受けて寝ている朴美愛は苦しそうだった。私たちはその枕もとで美愛を笑わせた。私は寒い外に出るのがいやで、美愛のベッドにもたれてタバコを吸った。

美愛は米兵が振り回したジャックナイフに刺されて手術を受けた。その時、私たちは第七師団の正門前に押しかけ、車を止め、アスファルトに横たわったのだった。

兵士はいつも性病にかかると、誰から性病を移されたのかを探し回った。そして、大部分の兵士は、一人ではなく複数の女を指さした。すると、医務隊がやって来て、その女たちをすべてジープに乗せて、モンキーハウスに送り込むのだった。だが、兵士が一晩の内にパラダイスクラブの蓮子、アリランクラブの順子《スンジャ》と相手をとっかえひっかえ寝るのだから、誰が誰に性病を移したのか、はっきりわかるはずがない。関係がないのに名指された女が米兵の顔をひっかいて拘束され、喧嘩になったこともある。

私たちは一人、また一人と第七師団前に集まった。米兵に濡《ぬ》れ衣《ぎぬ》を着せられて収容所生活をした女たちだけでなく、クラブで働くほかの女たちも集まってきた。定期的に性病検診を受け、病菌のない女だと証明しなければならないのだが、なぜその検査を女たちだけが受けなければならないのか、米兵たちが性病にかかると、なぜいつも女から移されたと決めつけるのか、皆とても不満だった。女たちも米兵から移される可能性があるということはさて置き、兵士が指さしたからといって、有無を言わせず収容所に連行していくのが最もがまんならなかった。

「バカねぇ、何でデモなんかやっててんのよ？」

米兵と腕を組んで部隊に入ろうとしたある女が、デモをしていた私たちに向かって吐き捨てた。最前列で横たわりデモしていた朴美愛がその声に跳び起きた。

「何だと？　やあ、このクソったれ女、あんたは韓国人じゃないの？　私たちは死にそうだってのに、米兵野郎とどこ行くのさ？」

すると、その女も黙っていず、負けんばかりの勢いで悪口を言い立てた。

「これだから米兵たちが韓国人を悪く言うのよ。あんたたち、わかってんの？　しょうのない女たちね！」

「クリトリスをもぎとっちまえ！」

朴美愛は言うまでもなく、他の女たちもデモの隊列から出てきてその女に悪口を投げつけ、騒然となった。その時、突然、女の横にいた米兵が何かをわめきながら、ポケットからジャックナイフを取り出して朴美愛を刺したのだった。あちこちから悲鳴が起こった。あっという間の出来事だった。朴美愛はちょうど冬用の下着にセーターとオーバーを着込んでいたので死ぬほどの大事には至らなかったが、肝臓を傷つけられて大変な手術を受けた。他の軍人がナイフを振り回す米兵を連れて部隊内に入っていった。

朴美愛の叔父がその米兵を裁判所に訴えたが、一年が過ぎても解決しなかった。周りの専門家たちも補償は難しいだろうと言い、いくばくかの慰謝料で事件はあやふやに終わった。美愛は借金だけ抱えて、泣き寝入りするしかなかった。私たちも力を合わせることができるのだという自負心を与えてくれた闘いは、こうして終わった。

数年間だけ苦労してお金を貯め、故郷に帰ろうと決心していたが、結局、東豆川に七年も留まった。少しだけというのが、風が吹き抜けるように、あっという間に過ぎてしまった。その間に得たものといえば、お酒で太った体と、一緒に性病診療所に通ってタバコを分かち合って吸った、基地村の〝トラ仲間〟たちだった。私たちはよく〝花柳界の友人はトラ仲間〟と表現した。タバコを分け合い、お酒を飲むときは友人だが、ある瞬間になると、髪の毛をつかみ合いながらケンカをするので、その名がついた。

私はこの間にいくつものクラブを渡り歩いて数多くの米兵たちの相手をした。そしていつしか三〇歳を目前にしていた。その昔、明姫を連れて東豆川にやってきた二二歳の娘はどこへやら、鏡の中にはどす黒い顔に染みがにじむ、二八のわりには老けた女がいた。

一九七〇年一一月一〇日、やおら起き出してタバコを吸っていると、同じクラブの女の子が大慌てで部屋に飛び込んできた。

「姉さん、聞いた？　どうしよう、どうしたらいいの？」

「どうしたのよ、そんなにあわてて」

「姉さん、まだ知らないの？　ここの部隊がみんな行っちゃったのよ。アリ一匹残さずいなくなったんだってば」

そういえば、数日前からクラブに出入りする米兵が少しずつ減っていた。第七師団が移動するという噂は聞いていたが、いつになるのかは誰も知らなかった。だが、ことは基地村で暮らす女たちの生計を左右する問題であり、しばしば真剣に話し合っていたことでもあった。

「第七師団が移動したら、私たちはどこへ行くの？」

「松炭《ソンタン》に行くのはどうかしら？　他の子もたくさん行ったじゃない」

手術を受けた朴美愛も、二ヶ月前に松炭に移っていった。

――――また初めての土地に行かなければならないのか……――――

米国政府の軍撤収政策にしたがって、第七師団が本国に引き上げ、その師団が所属する東豆川のビーバー基地も閉鎖された。ニクソン・ドクトリンによって駐韓米軍が撤収したのである。米国は外交白書で「いかなる国の国防と経済も、米国だけが担うわけにはいかない。世界各国、特にアジア及び中南米諸国は国防の責任を自ら負わなければならない」とした。米国は「二度とアジア大陸に地上軍を投入しない」という意思表示と、駐韓米軍地上軍の撤収や削減があると暗示したのだ。

良い考えが思いつかなかった。食料を求めて飛び立つ渡り鳥のように、私たちも生きる道を求めてゆくしかない。当初、婦女保護所から出たとき、故郷に帰ることは考えなかった。行きたい気持ちは山々だったが、もっと堂々とした姿で帰りたいと思ったからだ。基地村の女たちがみなそうであるように、米兵を相手にした体で故郷に帰るのは簡単なことではなかった。お金を稼いだわけでもなく、歳月が流れて故郷への道はさらに遠ざかり、懐かしさだけが募った。巨文島の海は、今も昔と同じあの色のままだろうか。〝昌萬の娘、蓮子〟の後ろにくっついて回った村の子どもたちは、もうみんな結婚したことだろう。今もあの場所に住んでいるのだろうか。蘭姫《ナニ》と淑子《スクジャ》はどうしているのだろう。まだ私を覚えているだろうか。夢の中の天国のように、故郷の姿はさらに遠のいた。

「明姫、私は行くよ。元気でね」

「姉さん、行かないで。姉さん、姉さんについていく……」

東豆川と麗水をともに行ったり来たりしながらも、夢を失うまいと頑張ってきた私たち。明姫は以前から彼女を追いかけていたゲーリーという米兵と結婚した。みんなは米兵と一日でも早く結婚して、この国を離れようとするのに、明姫は仕方なく結婚したのだった。

「私、結婚しないわ。アメリカも嫌い。私、姉さんとだけ暮らしたい……」

「なにバカなこと言ってんのよ。自分が何歳《いくつ》だと思ってるの？　子どもみたいなこと言わないでよ」

「いつまでこんな風に生きるつもり？　ゲーリーは優しいし、一日でも早く米国に行くのが、あなたにとって一番いいのよ」

嫌だという明姫を半ば強制的に結婚させた。しかし、明姫は結婚しても私の周辺に留まった。私が東豆川を離れるとき、私の腕にしがみついて寂しそうに泣いた。私たちはこうするためにここに来たのではなかったのに。なぜこんな風に生きなければならないのだろう。

「蓮子姉さん、行くところあるの？……」

恥ずかしそうに微笑みながら、もじもじしていた一七歳の明姫の顔が目の前にチラついた。

――離れよう東豆川を――

クラブと業者の家を出るとすぐ、私は数人の仲間と一緒に東豆川を発って松炭《ソンタン》へ向かった。喧嘩したひっぱりの女たち、どぶろく屋の両側にずらっと並んだクラブ、鉄道の線路、米兵たち、カチューシャ、クラブの女たち、米兵と腕を組んで歩く洋公主たち、その中をクラクションを鳴らしながら威圧的に通り過ぎる軍用ジープ……。そして、明姫の泣き顔を後にして。

第四章　立ち上がれ、蓬峠よ

一　エーッ、みなさんは愛国者であります

松炭《ソンタン》は、もとは炭が多くとれたので炭峠《スッコゲ》と呼んだが、朝鮮戦争の時に米軍の爆撃で廃墟になってからは、蓬峠《スクコゲ》と呼ぶようになった。しかし、米軍部隊が駐屯して後、基地村の女たちが多いといって、〝シプ［おマンコ］峠〟ともいった。

松炭のＫ－55米空軍部隊。

東豆川《トンドゥチョン》に初めて足を踏み入れた頃のように若くはなかったが、松炭のクラブでは女の子の需要が多く、簡単に仕事場を見つけることができた。先に松炭に来て定着していた友人が紹介してくれたエレガントホールで働き始めた。ホールの主人は観光協会会長、その妻は小学校の教諭、さらに主人の兄は現職の国会議員という、後ろ盾のしっかりしたホールだった。

「何よ、あんたたち、もう顔なんか見たくなかったのに、何でここまでついてきたのよ」

「ふざけないでよ。あんたたちに会いたくて来たんじゃないから」

そこには朴美愛《パクミエ》だけでなく、東豆川で働いていた女たちがすでに何人も来ていた。松炭では、夜クラ

ブに出ること以外はやることがなかった。東豆川からやってきた一団は、時々、唯一の休息場であるパラダイス公園に行った。今はアパートが建ってしまったが、その頃、パラダイスには小さな湖があってボートを漕いだり、自転車に乗ることができた。また丘の上の方には果樹園や卓球場もあった。米兵たちは休みになるとよくそこで卓球をしたり、自転車に乗ったりして遊んだ。

「ねえ、私たち、ちょっと休んで行こうよ！」

道すがら、主のわからぬお墓の土饅頭《どまんじゅう》の上に座って、松炭市街を見下ろしながら焼酎を飲み、するめをかじった。ひしめき合うように建っている家並、山の稜線に連なる道、深緑色の樹木と青い空。白い雲のあい間に灰色の雲が仲良く散らばっている。母は麗水《ヨス》で娘のことを心配しながら一人で気をもんでいるに違いない。

「お父さ《アボジ》～ん、お父さ《アボジ》～ん……」

ふざけてお父さんと叫び、泣くまねをした。

「ハハハ、蓮子《ヨンジャ》の病気がまた始まったわ」

英春《ヨンチュン》とカムサン、カンぺはゲラゲラと笑いながら、お墓の芝生の上を転がった。

「お父さ～ん、お父さ～ん……」

いっそのこと父をこのお墓に閉じ込めてやりたいと思いながら、泣いた。いや、体を売って、米製の丸薬セコナルを飲み、怒鳴り、壊して暴れる私の心を、お墓の中に埋めてしまいたかった。いたずらで始まった泣き声は、焼酎が体に染み渡ると慟哭に変わった。

どこまで来たのだろう？　昔読んだ朴木月《パンモグォル》詩集の紫色の表紙が思い出された。湖畔で「帰れ、ソレン

ト へ」を歌ってくれた淑子《スクジャ》も思い浮かび、『異邦人』を読みながら、その主人公であるかのように世の中に向かって銃を向けたい衝動も蘇った。お金を稼ごう。早くお金を稼いで、懐かしい人たちに会いに行こう。麗水女子高校の前で音楽鑑賞のできるお店を開こう。この多くの夢が、涙とともにすべて流れてしまうようだった。

――退屈でぞっとするこの生活はいつになったら終わるのだろう――

私は唾液と涙と鼻水にまみれて、お墓に顔をこすりつけて泣いた。大声で笑っていた同僚たちが、本気で泣いている私を見てシーンとなった。

松炭に来て間もない頃、教養講座があるといって、各ホールで働く洋公主《ヤンゴンジュ》たちが漢城結婚式場に集められた。千人を超す洋公主たちの話声、笑い声、ガムをかむ音で、ホールの中は騒々しかった。私は東豆川の仲間たちと一緒に後方の席に陣取った。

基地村で働く女たちの形ばかりの自治会である姉妹会では、しょっ中女たちを集めて教養講座を開いたが、誰も進んでやって来るわけではなかった。出席しないと検診証を取り上げられるので仕方なく来たのだった。前方左右に、郡守［郡長］、保安課長、平澤郡庁福祉課長、そして姉妹会会長の金銀姫《キムウニ》が座っていた。金銀姫は五〇歳くらいの小柄な美人で、なぜか五ヶ国語をしゃべるといわれた。地域の指導層や市・郡の福祉課職員たちが代わる代わるマイクをもってしゃべったが、講演で繰り返されるレパートリーはいつも決まっている。

「オッホン。エーッ、みなさんは愛国者であります。勇気と誇りを持って、ドル獲得に寄与していることを忘れてはなりません。エーッ、私はみなさんのような隠れた愛国者に感謝する次第であります。

米国軍人たちがわが国を守るために来たのですから、彼らの前では身なりを端正にして、低俗で汚らしい言葉遣いは避けてください。それで、今日は有名な英語の先生をお招きしましたので、しっかり学んで帰ってください」

保安課長が挨拶し、保健所の所長が「性病検査をしっかり受けるように」と注意を呼びかけた。私たちは力いっぱい熱烈な拍手を送った。彼らは、自分たちの話に呼応してそうしているのだと思って、いかにも満足気に貴賓席に戻り、隣の人と握手を交わした。

「アイム　グレド　ミト　ユ」

たちまち満面に笑みを託した英語の講師が、拍手を受けながら登壇した。

「メユ　ヘルプ　ミ?」

「ギブ　ミ　マニ?」

講師は黒板に英語を書き、しゃべってみせた。英語に慣れない私たちは、またゲラゲラ笑い、わざとらしくガムをかんだ。金銀姫会長が立ち上がって睨みつけると、少し静かになった。

「メイ　ユ　バイ　ミ　ドリンク?」

「メイ　アイ　シッダン?」

――ちぇっ、〝メイ〟って一体何なのよ。忙しいのにのんきにバイオリン弾いてんじゃないよ。ヘルロウ、オーケー、レッツゴーホーム、レッツゴーショートタイム、レッツゴーロングタイム、ハウマッチ、テンダルラ、ポリ［forty］ダルラ、ヘルプミー、プルリーズ、カジョワ［モッテコイ］マニー……、これで十分じゃないの。チングル［韓国語で〝気持ち悪い〟の意］ラブ　ユーよ――

私はジーンズのポケットに手をつっ込み、ふくれっ面をした。いいかげん耐えられそうにないと思っているところに、隣に座った同僚が私のわき腹を軽く突いた。

その瞬間、いたずら心が発動した。

「質問があります！」

漢城ホールが割れんばかりの大声で叫んだ。みな何か面白いことを期待しているような表情で私を見た。

「あの、この退屈な時間はいつ終わりますか、を英語で何というのですか？」

ホールは爆笑に包まれ、騒々しくなった。

「静かにしなさい！　お前、こっちへ来なさい！」

金銀姫がきつく怒鳴ると、女たちはまた静かになった。（公開謝罪でもさせようっていうのか？）

「厳粛な時間にいたずらする気なの？　何なの？　お前の名前は？」

すっかり立腹した金銀姫に向かって、私はマイクを握って泰然《たいぜん》とやり返した。

「何さ、ユーモアとウィットがなければこの世界でどうやって生きていけというのよ？　自由がなければ死を与えよ、とも言うじゃない、笑ってないとやってられないわよ。私たちは隠れた愛国者なんでしょ？」

わざとらしくハスキーな声で言いながら、終わりは非常に女らしい声で言ってやった。ホールはまた爆笑の渦《うず》となった。結局、金銀姫も苦笑いしてその日のケンカは終わった。

「私が金蓮子に負けたよ、負けた。やるじゃないの」

その日の一件で、姉妹会会長の金銀姫は私を記憶した。

二　シューズ一〇ドル、ロングタイム一〇ドル

松炭ではいつも仲間と一緒に食べたり、飲んだり、笑ったりして過ごすのが楽しみだった。ある日、いつものように美容院で髪をセットし、同僚たちと営業前に焼酎を一杯ひっかけに行った。

「何てこと？　真昼のこそ泥のようなヤツらね」

知り合いの女たちが移住公社［国際結婚の手続きなどをする公社］の事務室前に集まってひそひそと話していた。同僚の一人がその女たちと知り合いで声をかけると、そのうちの一人が黄色い紙を見せてくれた。

「シューズ一〇ドル、ロングタイム一〇ドル、ショートタイム五ドル、カバン五ドルにせよ!!!」

米兵たちがまいたビラの文句だった。韓国の物価と女たちの花代が高いといって、米兵の黒人と白人が一丸となってビラをまいたのだ。これを見て唖然とした。靴代一〇ドル、ロングタイムの花代一〇ドル、カバン五ドル、ショートタイムの花代が五ドルとは！　彼らは部隊前の商店の物価が高すぎて、女と寝るのも高いから、自分たちの要求通りに値段を下げろ、さもなければ部隊の外に出ないと主張しているのだった。

この小さな国で好き放題にふるまうだけでは足りず、物価まで自分たちの思い通りにしようとするのだから、あきれてものも言えなかった。

「まあ、どうしてこんなことには黒人と白人が一緒になるの」

普段、米兵たちは黒人と白人に分かれて勢力争いをしていた。基地村では特に人種間の葛藤がひどい。それなのに、こと物価のことでは黒人と白人の兵士たちが団結したのだった。

基地村の女たちは白人か黒人の一方に決めて、相手をした。どちらも相手にすることはめったになく、黒人相手の女と白人相手の女に自然と分かれた。白人相手の女たちは「黒んぼたちは気持ち悪い」と言って頭を振り、黒人相手の女たちは「白人は体臭がきつくて、キスしたり体を触るけど、黒人は女の体を大事にしてくれる紳士よ。お金をいくら積まれたって白人はごめんよ」と、くだらない中にもそれぞれの哲学があった。それは米軍の中に横たわる人種差別を反映していた。もし白人を相手にした女が黒人と踊ったり、一緒にお酒を飲んだりすれば、たちまち白人に無視される。その逆も同じだった。

クラブも白人専用と黒人専用とに分かれ、黒人たちは白人専用クラブの周りをぐるぐる歩きながらデモをした。ある時は、黒人たちが、エジプト固有の衣装を着て、木製の骸骨のつえを持った人を先頭にして白人専用クラブを次々とまわった。黒人たちのデモは頻繁に行われた。そうなるとクラブは開店休業も同然で、女たちの借金も増えた。

黒人たちはデモをして気が晴れなければ、いわゆるコンプレイン権［不平不満を主張する権利］を行使した。松炭のクラブの女たちは、一人残らず胸に性病検診番号、別名タグをぶら下げて働いた。米兵たちは女が自分を拒否したり、粗末に応対すると思えば、性病検診番号を部隊の司令官に報告する。すると、米軍部隊がクラブの主人に警告するのだった。警告を三度受けるとオフリミット、すなわち、営業停止になった。これが、米兵たちだけが行使できるコンプレイン権である。

これは韓国に駐屯した米軍の特権でもある。クラブに予告もなく立ち入り検査をする検閲官たち、米軍の医務官とSPのために、女たちはタグを胸からとってしまうわけにもいかなかった。もしそんなことをしようものなら、収容所生活が待ちうけていたから。

「私たちが靴と同じだって！」

ビラを見たり、そのことを伝え聞いた女たちは、興奮して部隊前に集まった。二〇数人いただろうか。一旦、漢城ホールに集まり、デモの準備をしようということになった。ホールに集まった女たちは、自分のクラブの女たちを集めて、六時までに部隊正門前に集まることにした。

一九七一年五月三日、外はまだ明るかった。

女たちが集団になって部隊前に集まった。いつもなら、化粧をしたり、クラブの掃除をしたり、営業準備で忙しい時間帯だったが、ざっと見ても一〇〇〇人余りが集まっていた。ものすごいことだった。デモをするために集まったものの、主導する者がいるわけでもなく、それらしい横断幕やピケの一つもなかった。米軍を相手に商売する繁栄会の商人たちも加勢し、デモはたちまち米国と韓国の争いに広がったかのようだった。

「殺せ！　殺してやる！」

「犬畜生ども！」

「靴代と人間の値段が同じだと思うのか！　私たちが履物より劣るのか！」

「お前たちはサン　オブ　ビッチ［娼婦の息子］だ！　収容所に送るだけでは足りなくて、今度は履物扱いする気か！」

「ウィ　ア　ナッ　シューズ！　ウィ　ア　ヒューマン！」［私たちは靴じゃない、人間だ！］

部隊に向かって罵言を吐き、わめき散らした。商店の主人たちは濁酒《どぶろく》を買ってきて女たちに配った。私はそれを何杯か飲んでから、前に出て行って、乞食のまねをして歌った。

「ウェル、ピパパ　ルルラ、シス　マイ　ベイビ、ピパパ　ルルラ、ドン　マイ　ベイビ、これがアメリカの下品病さ、これが韓国の乞食踊りさ！」

ポップソングと民謡のリズムを混ぜ合わせて歌い、踊った。濁酒では物足りず、焼酎を飲んで、空き瓶を部隊の鉄条網めがけて投げつけた。デモは次第に絶頂を迎え、濁酒の器がうず高く積まれた。

向かいの道路に、けたたましいサイレンを鳴らしながら、消防車三台が到着した。みなが後ろを振り向いた。どこかで火事があったのかと思ってみていたら、消防車はデモ隊の後ろに立ち、消防士たちが忙しくホースを出し始めた。

「あれ、あいつら何をしてるんだ⁉」

驚いてみんなが立ち上がろうとしたところへ、ホースから水が勢いよく放たれた。三台の消防車が私たちに向かって容赦なく水を撒き散らしたのだ。

「オンマ！［お母ちゃん！］」

「ああっ、何するのよ！」

激しい放水が体を叩きつけた。マスカラがとれて、顔が涙と水でぐちゃぐちゃになった。服は身体に張りつき、この上なくみすぼらしい姿になった。私たちは一層腹が立ち、悪態をエスカレートさせ、必死に叫んだ。

――私の口は歪んでもいないし、両目ともよく見えるのに、一体何をするのさ。そうよ、あの坊主頭のせいよ。面［村］事務所の倉庫に私を連れ込んで、服をびりびりと引き裂いたヤツ……。あいつを探し出さなくちゃ。探し出して、私の人生を取り戻してもらおう——

悲しみがこみ上げ、米国の奴らに向かって悪態をつき、叫び続けた。

「殺せ、殺してしまえ、悪どい奴らめ！」

私たちの恨みのこもった叫び声は、獣の遠吠えのように響き渡った。

「エーッ、みなさん。落ち着いてください。私たちはみなさんの国を守りにきた軍人たちです。このような事態が起こったことを大変遺憾に思います。部隊の司令官として、軍人たちの無理な要求について、お詫びいたします」

ついに米軍部隊の司令官が直接現れて、よく聞こえもしない声で何かを言うと、横に立っていた男が通訳した。言葉が切れるたびに、女たちは一斉に〝ウー〟と声を出し、揶揄《やゆ》した。

「引っ込め、バカタレッ！」

あちこちで怒声が起こった。それまで静かに見守っていた観光協会所属のクラブの主人たちがやってきて、私たちをなだめ始めた。

「お前たち、これくらいでいいじゃないか。米軍はお客様だろ。司令官が直接謝ったんだし、自分たちの生活も考えろよ。もう帰ろう」

借金している分際で、彼らに対しては無力だった。お金に困った時、彼らのポケットからお金が出てこなければ、部屋代、服代、化粧品代、そして病院費がなくて父なし子を産まなければならない恐ろしい現実があった。殺伐とした維新時代［一九七二年一〇月、朴正熙大統領が憲法を廃棄し〝維新時代〟が始まった」、この小さな叫びすら、北韓［朝鮮民主主義人民共和国］と関係があるのではないかと疑われた。このデモは五分後に北韓のラジオで流されたという噂さが伝わってきた。

翌日、何もなかったかのように、クラブはそれぞれネオンサインを放ち、女たちはスプリングの音がぎしぎし鳴るベッドの上に灰色の布団を敷いた。いつデモがあったの、といわんばかりに、みんなまた生きるために自分を飾り、米兵を待った。私たちははかない命の蜻蛉《かげろう》のようにクラブに集まり、音楽が消えると、一人二人と米兵をつれて古びたベッドに向かうのだった。

三　事務室のママ

日頃、東豆川から来た仲間たちとだけ行動を共にしていた私は、後で朴美愛と一緒に暮らした。東豆川で米兵にナイフで刺されて手術を受けた色黒の美愛。

しかし、明姫にしたのと同じように、私は相変わらずお酒ばかり飲んで悪態をつき、そばにいる人を苦しめた。心の病が癒されないのに、どうして他人を愛することができようか。

明姫《ミョンヒ》は私が松炭に移ってからもしばしば私に会いに来た。ゲーリーを先にアメリカに送り、彼女はまだこの地に留まっていたのだった。明姫は私に会って帰る時はいつも「失望したわ」と言った。女たちと暮らし、殴って虐待し、賭け事にはまって夜更かしする私を放っておけず、ついには荷物をまとめて松炭にやって来た。私が暮らしている裏の家に部屋を借りて、何とか私を立ち直らせようとした。

「姉さん、いっそのこと勉強しなさいよ。姉さんは高校まで通ったから今からでも遅くないわよ。私が全部面倒見てあげるから」

ある日明姫は、仕事を終えて酔っ払いながらよろよろと歩いている私を呼び止めて、いきなり平手打ちを食らわした。

「姉さんは本当に救い難いわ。これ以上希望のない人間よ」

明姫が怒ったのは、これが最初で最後だった。「救い難い人。希望のない人」という言葉を残して、明姫は姿を消した。その後、二度と会うことはできなかった。あの時、私は彼女が理解できなかった。明姫がどんなに真剣に私のことを愛してくれていたのかを。

私は朴美愛と喧嘩しながらも相変わらず同じように暮らしていた。そんなある日、美愛が妊娠した。

「私たち、この子を堕ろさず、しっかり育てよう」

私たちはそう決心した。私たちが一緒に暮らしている間に授かった子どもだから、私たちの子どもとして育てよう。生まれて来なかった子どもたちのようにはせず、今度はちゃんと育てようと決心したのだった。

そうして月を満たし、中央病院に行ってお産をした。美愛は体を捻りながら長時間苦労した。私はその横で美愛の手を握って見守ったが、それも大変だった。玉子を食べれば子どもが早く生まれると誰かが言うので、美愛が苦しそうに声を上げるたびに、玉子を食べさせて看護師を呼んだ。看護師はまだ陣痛だけで子どもは生まれない、と言うのに、玉子を一列全部食べさせてしまった。産まれてきた赤ちゃんは、頭が玉子の液体のようにぬるぬると濡れて、髪の毛が縮れていた。

「アッ!」私はその様子を見て、これは玉子を浴びて出てきたのかと悲鳴を上げた。「アアッ!」私の悲鳴に美愛もびっくりして叫んだ。美愛は私が驚いたのを見て、精根尽き果てた中でも「アイゴ、黒んぼが出てきた！」と叫んだのだった。

それが影我《ヨンア》、私たちの子どもだった。金影我の名前で私の戸籍にも載せた。〝影〟のヨン、〝我〟のア、私にとって最も貴重な名前。蘭姫《ナニ》が呼んでくれた子ども時代のその愛称をつけて、蝶よ花よとかわいがって育てた。影我の別名はブタちゃんで、近所の人たちが「ブタちゃんはやることが蓮子にそっくりだ」といった。結婚した人たちの家で子どものお誕生会をする時は、よく近所の子どもたちも招かれた。影我がそのような会に行くときは、赤いネクタイをして真ん中に座り、まるで自分の誕生会のようにふるまうので、みんなが爆笑した。

影我は私を〝事務室のママ〟、実母にはただ〝ママ〟と呼んだ。漢城結婚式場での一件をきっかけに金銀姫が姉妹会の仕事を一緒にしようと言ってきたので、その頃私は姉妹会の事務室に通っていた。汽車の線路伝いの土手にある二階建ての建物の一室で、会長、総務、書記が集まって話していると、「ドン、ドン、ドン」と戸を叩く音がした。影我が棒っ切れを持って線路を渡り、事務室の扉を叩いたのだった。事務室のママに会うために、一人で遠い道のりを訪ねてきたのだ。

そうして影我が五歳になった年に、朴美愛はスミスという白人男性と結婚することになった。

――この子をずっと私のそばに置いて育てるべきか、渡すべきか――

スミスの籍に入れさせようと思ったが、なかなか決心がつかなかった。子どもと一緒に逃げようと思い、平澤駅まで行って、駅前の旅館で一晩すごして帰ったりした。また、自分の子どもを手放すのが辛いあまり、いっそのこと死んでしまおうと、体に石油をかけて部屋に火をつけようともしたが、死ねなかった。

――子どもの将来を考えて、渡そう――

歯をくいしばって影我を送った。影我はスミスの子ども、リチャードになった。とにもかくにも、父親がいて米国に行ってこそ、この子が幸せになれると思ったからだ。肌の色が違うこの子をいつまでもこの国で、美愛と二人で育てるわけにはいかなかった。戸籍上は、私生児として生まれて死んだことにした。こうして、私の子ども、影我は死んだ。一歳の誕生日のときにパラダイスを背景に撮った写真を、時折見る。黒っぽい背景の前で、影我が韓服を着て冠をかぶって笑いながらオートバイに座っている写真である。

こうしてリチャードは、六歳のとき米国へ渡った。

歳月が流れて、偶然、米国にいる美愛の連絡先を知り、電話をかけてみた。

「蓮子なの?」

電話で話しながら、美愛は泣いた。離婚してフロリダで暮らしているとのことだった。

「ブタちゃんは?」

「今、ここにはいないの。結婚して他の州に住んでいるわ」

軍人になったという。米兵になったから、もしかすると、また一回りして韓国に来て、私を訪ねてくるかもしれないと思った。

「ぼく、立派な人になるよ。絶対、会いに来るから」

幼いリチャードがそう言ってたっけ。影のように去ってしまった子ども。米兵になったその子は私たちを覚えているだろうか。

四　姉妹会と性病検診カード

「あんた、処女なの?」

せいぜい一五、六歳にしか見えない女の子たちが、目を丸くして抱え主を見てから、また私を見た。

姉妹会は基地村に入ってきた女たちを面談し、性病検診カードを発給する平澤《ピョンテク》郡庁社会課婦女福祉係の相談事業を代行していた。当時、松炭だけでも三千人ほどの女たちがおり、近隣の安亭里《アンジョンリ》にあるK-6米軍部隊前にも二千人ほどの女たちがいた。婦女福祉係の職員たちは、一週間に一度ずつやってきて、相談日誌を持って行き、現況を把握した。私は姉妹会で監察として働いた。

「あんた、ここがどこだと思って来たの?」

私が一九歳の時、陽洞のバラック村で会った、あばた顔の女もこう言ったっけ。そんな道に入るのが怖くてソウル市立婦女保護所に入ったのに……。

「あんたのような子はここでなくても働き口はたくさんあるよ。一体どうしてここに来たの?」

幼い少女たちを見ると、かつての自分を見るようで心が痛み、むしゃくしゃした。何とかしてこの子たちを家に帰そうと、抱え主を部屋の外で待たせておいて、説得した。

「米軍ホール、女子従業員募集。月二〇万ウォン、寝食提供」

雑誌の『アリラン』、『明朗』誌と新聞に掲載された広告の誘惑に引っかかった少女たち。

「劇場前に出てきな。服に何か引っかけたり、週刊誌を丸めて持っていたら近づくから」という言葉を聞いて、子どもたちは荷物をもって出てきた。

「お前、正直に言ってみな。処女なのか？　松炭に行って処女だと言ったら働けないぞ。処女じゃないと言えよ」

少女たちは仲介人や業者からこのように言い含められていた。その上、すぐに姉妹会に連れてくるのではなく、ホールの主人が確保しておいた家に行って、化粧品代、ベッド代、それに連れてきた人の紹介費まで借金に上乗せした。基地村というところは、そこの権力の力学が巧妙に絡んでいた。

初めは「映画でやっているように米軍たちと踊りさえすればいい」といって自治会に登録させてから、「ホールでは体も売れよ」と言葉をかえた。帳簿にはすでに様々な名目の費用が借金として計上され、女の子が帰りたいと言えば、「じゃあ、借金を返していきな」と言うのだから、留まるしかなかった。

姉妹会には行政的、法的に何の権限もなかった。ある程度の権限でもあれば、自治会としての面子を立てることができるが、そうしたことは平澤郡の担当で、私たちはしっかり相談に応じることもできなかった。検診証発給の代行をするだけなので、自治会ではその事情がどうであれ、検診証を出しても良いと許可すればそれで終いだ。保健所が発行する検診証は、正直なところ、米兵相手に売春をしても良いと国家が認めた売春資格証のようなものだった。

「あんた、ここはね、お酒飲んで、夜通し男と何度も寝て、そんなことをしてお金を稼ぐところだよ。あんたの年ならこれから何でもできるのに、なぜこんなことをしようとするの？」

少女たちは言うことを聞かなかった。ここがどんなところか話してみても、すっかり借金まで背負わされて、やけになっていた。たまに若い子がやってきて、悔しい思いを訴える時は心が痛んだけれども、私には相談日誌を書くこと以外、してやれることもなかった。

精一杯言い聞かせて、技術学校に送った子も何人かいたが、群山に行って、偶然、その内の一人が体を売っているのを見た。私は、あの少女たちを技術学校に送ったと安心していたのに……。あの子の前途は火を見るよりはっきりしていて、私がこんなに気をもんでも限界があるんだ。だめなんだ、と思って辛かった。

最初は色白の顔で検診証を受け取った女の子たちも、お酒を飲み、夜の仕事をして真昼まで寝る生活をするようになると、次第に顔色がどす黒くなりやつれていった。姉妹会でも手をつけられず、行政機関でも頭を振った。私にできることがあるだろうかと、ソウルの相談所のようなところに行くと、「そこは赤線地帯だからどうすることもできません」と、地図に赤い線をひくのだった。

「みなさんがこの世の中で堂々と生きるためには、今からでもここを飛び出して、りんご売りでもしなければなりません！」

姉妹会の役員として教養講座を開くたびに、学生時代、弁論部だった気質を生かして、女たちを説得しようと随分努力した。しかし、その努力は〝トーレイッ［too late］〟、すでに遅かった。抱え主たちが背負わせた紹介費と高額の借金は誰が払うのか。誰が彼女たちに他の道へ進めと責任をもっていえるのか？

少女たちが検診証をもらうと、抱え主はお金の入った分厚い封筒を姉妹会の会長に渡した。そんな日には、焼酎を飲み、豚肉のカルビをわんさと焼いて、姉妹会の役員たちが飽食した。そして私は狂ったようにお酒を飲んだ。

相談に来る女の子たちの話をじっくり聞くには、私があまりにもせっかちだった。後悔するのがはっきりしている道に進ませるわけにはいかないと思ったのだ。机を叩いて怒鳴り、女の子を連れてきた業者を問い詰めた。しかし、結局私は、業者がつくった偽の住民登録証で、その子が〝洋公主〟になるための道を開いてやった。一人や二人でもなく、最初から未成年者であることを知りながら。姉妹会の人たちすべてが、すでに性売買の共犯者だったのだ。

姉妹会の監察たちは、右肩に腕章をつけて、エレガントホール、オービーハウス、ステレオ、メイフラワー、パイスパック、エアプレイン、バーバージョー、スリースターなどのホールが連なる通りを練り歩いた。米軍は女たちを〝不審検問〟し、性病診療カードのない女を無条件にK－55米空軍部隊の正門前に連行し、平澤保健所のミニバスに乗せた。つかまってくる女たちは、クラブで働くのではなく、路地をうろついて客引きし、安く売春する者や、クラブで働きながらもカードを作れない者たちだった。時には厚化粧した家庭の主婦や娘たちも取り締まりにひっかかることがあった。そういう時、彼女たちは窓を叩きながら抗議した。

「私は洋公主じゃないわよ！」

もやしのようにぎゅうぎゅう詰めになった車の中でこう叫ぶと、一緒に乗っている基地村の女たちが黙ってはいなかった。

「なんだって、こいつ！　あたしらは洋公主だって顔に書いてあるとでもいうのかい？」

「お前はダンナにアレ売らないのかよっ！」

私は女たちに性病検診カードをつくって渡し、カードのない女たちを探し出して収容所に送った。私はその代価として登録会員一、三五〇人、非会員千人の松炭姉妹会の総務の地位を得た。

五　不運な子、可哀想な子

松炭に許勝《ホスン》病院という名前の病院があった。院長の許道雄《ホドウン》は、その当時松炭の有名人士だった。ある日、この病院で抗生剤の注射を打たれた女が、その場で死亡する事故が起きた。

この女は温陽《オニャン》キャバレーで踊り子をしていて、松炭の米軍クラブに売られてきたのだった。私が松炭に定着して二年が過ぎた頃にやってきた、無口な女だった。この女はちょっとした炎症のために診療を受け、資格もない助手に抗生剤を打たれてその場で死んだのだった。監察だった私が腕章をつけてクラブを回って検閲していると、この女が営業用の衣装姿のまま出てきて、「ご苦労様」、といいながらコーラびんにストローを挿して手渡してくれたりした。

許勝病院の向かいにある別の病院に死体が安置され、人々が集まった。彼女の母親が電報をもらって飛んできて、娘の亡骸の前で泣きながら賛美歌を歌った。故郷には母親に預けたきり、会うこともできなかった息子がいた。その間、体を売って貯めたお金をきちんきちんと故郷に送金していたようだった。私たちは実の姉妹が死んだように胸が痛み、さめざめと泣いた。死んだ娘の死体の前で悲しそうに賛美歌を歌う母親の姿が、他人とは思えなかった。

お腹がつきでた泥棒のような容貌の院長、許道雄は、示談しようと提案してきた。

「人を殺しておいて示談ですって？」

キャバレーで彼女のようにダンサーをして、一緒に松炭にきた李賢子《イヒョンジャ》が院長とケンカして慟哭し、相手の髪をつかんで地面を転げた。

「示談だなんて！　人を殺しておいてよくも示談だなんて言えるわね！　この悪党ども！」

人が死んだのに、基地村の女だからと、わずかな金で口封じをしようとするなんて……。だが、彼女の家族たちは示談金をもらって、死体をほっぽらかしにしたまま、タクシーに乗って逃げてしまった。

「悪い奴ら！　そんなはした金で、娘の死体を置いて逃げるなんて！」

私たちは家族が乗ったタクシーに向かって、履物やコーラ、サイダーのびんを投げつけながら大声で叫んだが、タクシーは派出所の角を曲がって消えてしまった。

「あああ、何て不びんな子！　あんたは死んでも捨てられたんだね。ああ、この可哀想な子」

「許道雄を水原検察庁に告発しよう！　示談だなんて許せない！」

私たちは松炭バスターミナルで二、三人ずつかたまって寝て、翌朝明るくなると鬱憤に満ちた思いを抱えながらバスに飛び乗った。私は一足先に検察庁前に行き、「許勝病院で免許のない男に注射を打たれて即死した」と書いた紙をもって、後続の女たちを待った。水原ターミナルの方を見ていると、会長の金銀姫を先頭に三二人の女たちが三列縦隊になって足並みをそろえてやってきた。まったく恐れを知らない行動だった。一九七二年当時は、朴正熙大統領が国会を解散し、全国に戒厳令を宣布した一〇月維新のまっただ中だった。それなのに、基地村に隔離されて、昼と夜が逆の生活をしていた私たちは、世の中がどのように動いているのか知らなかった。

彼女たちが行進しながら警察署前を通って検察庁に向かおうとした時、警察署員らが出てきて彼女たちをみな署内に連行してしまった。私はとにかく先に陳情書を検察庁に出すことにし、代書屋へ走った。代書屋に飛び込んで身振り手振りで、あったことを説明した。陳情書には「かくがくしかじかの事件が起こったので、しっかり捜査し、処罰してほしい」という内容を簡潔に書いてもらった。そして、陳情書を検察庁に提出して、仲間たちが連行された警察署に走った。

「あの、私たちは松炭から来ました。私は姉妹会の総務、金蓮子です。私たちはデモをするために来たのではなくて、とても悔しいことがあって、陳情書を出しに来たんです」

「何だと？　だからってこうして鉢巻までして、団体で来たら困るじゃないか、女たちが」

私たちは留置場に入り切らず、講堂の片隅に収容された。しばらくして二人の男が入って来た。青瓦台［大統領府］から来た人たちだといった。

「みなさん、今がどんな時だと思ってこんな集団行動をとるのですか。しっかり捜査して処理することがあればそうすればいいのです。こうした集団行動は困ります。こんなことをすると、あなたたちだけ拘束されてお終いですよ」

「しかし、外貨を稼ぐために献身されている方たちですから、これくらいで静かに処理します。みなさん、このままお引き取りください。拘束されてしかるべきところですが、特別、そっとやり過ごしてあげるのですよ。わかりますか？」

そう、あの程度で終わって幸いだったのかもしれない。私は主導者だということで、別室で取り調べを受けたが、職責も総務に過ぎず、責任を問うのが難しかったようだ。また、当局も問題が大きくなって松炭が騒がしくなるのを恐れたようだった。私は訓示だけ聞かされて、陳述書を書くと釈放された。

今度は平澤警察署がよこしたバスが水原に到着した。私たちは平澤警察署に収容された。調書を作成し、全員が訓戒放免された。松炭市外バスターミナルに降りたときはすでに日が暮れていた。みんなぐったり疲れ、線路道をとぼとぼ歩いて家に帰った。

「そうね、息子はあのおばあさんがしっかり育てるでしょうよ」

私が独り言をいうと、横にいた李賢子が怒鳴るように言った。

「しっかり育てるって何を？　あの女がしっかり育てるって？　とんでもない。お金をもらって逃げて行った人間たちにしっかり育てられるもんですか！」

六　昼間は副会長として、夜はドアマンとして

賭け事をして家までとられた私に失望して、到底一緒には暮らせないと言って麗水に戻った母が、一年ぶりにまた上京してきた。願っていたようなパラダイスの丘に建つ立派な家ではなかったが、その間、母が貯めたお金と私のお金で小さな家を一軒買った。また、道路脇の坂に五〇坪の土地も買った。それまで母と娘が家の一つもなく暮らしてきたが、いずれその土地に二階建ての家を建てて母と暮らしたいという夢を抱きながら、昼も夜も働いた。

どういう風に探したのかわからないが、その頃、父が私たちの居所を知って、松炭まで訪ねてきた。他の女と暮らすから、離婚届に判を押してくれと頼みに来たのだった。

「お前とはどうせ一緒に暮らしてないんだから、江原道の女を戸籍に載せたいんだ」

「何を言うの。私の目に泥が入っても、そんなことはさせないよ」

母は絶対、判を押さなかった。私も母の味方だった。父はある日、私宛に「お前は自由恋愛を理解する世代だと思ったが、かあさんとまったく同じだ」と書いた手紙を送りつけてきて、それ以後、訪ねて

来なくなった。相も変わらずずうずうしい父の姿に歯ぎしりし、何がなんでも母と幸せに暮らして父を見返してやろうと心に誓った。

金銀姫は、会員たちの会費で妹の喫茶店を出すなど、公金を横領したことがバレて追い出された。その後で会長になった金允熙《キムユニ》が結婚して米国へ行くと、新しい姉妹会の会長を選ぶ必要があった。松炭の姉妹会は、バーバージョー、スリースターなどの黒人専用クラブをのぞいて、観光協会に正式に登録された一二のクラブが、それぞれ二名ずつ代議員を出して運営していた。

その代議員二四人が漢城ホール［元結婚式場］に集まり選挙をして会長を選出するのだ。その結果、尹信淑《ユンシンスク》が選ばれた。また、私に一目置いていた会長の意向で、総務だった私が副会長になった。

松炭姉妹会の選挙は警察官たちが投票箱を守り、警察署の保安課、婦女係の職員たちが来て選挙を直接管理した。朴正熙大統領が基地村浄化政策を発表したのが一九七一年一二月二二日、外貨獲得のために基地村を育成し、基地村女性たちを徹底して管理し始めた頃だった。クラブは観光協会に登録し、協会は店と女たちを管理した。政府は、研修と称して協会の人々をハワイの観光産業の見学に送り出したりもした。当時、韓国は基地村をもっと拡張し、女たちをより清潔に管理することで、観光産業の発展を図ろうという、とんでもない政策を推進していた。

私は全羅南道《チョルラナムド》の光州《クァンジュ》から来た青年とともに、アロハクラブのドアマンの仕事を得た。K－55部隊が定着して後、女のドアマンは初めてとのことだった。基地村クラブのドアマンの役割は、韓国人男性が出入りするのを制止することや、喧嘩が起これば静かに処理することなどであった。そのため、大抵は、体格のいい若い男性が雇われた。私の場合、体が大きく、声も大きかったので雇われたのだった。こんな気質と体格は、間違いなく私があれほど嫌っていた父親から譲り受けたものだった。こうして昼は姉妹会の副会長として、夜はドアマンとして働き、酒に酔って襲いかかる奴らを追い出し、様々なトラブルを解決した。

姉妹会の仕事は、性病検診に関与して女たちの検診証を管理したり、教養講座に一人残らず出席させることだった。私は何かやってみようと思ったが、思い通りにできないことが多く、むしろ共謀者だという自戒の念だけがふくらんでいった。特に、未成年者たちが基地村に入ってくることは、どうすることもできなかった。

尹信淑会長は、副会長の私が次第に疎ましくなったのか、私を嫌そうにした。従順でない性格は最初から承知のことだったろうが、私が何かをたくらんでいるのではないかとかんぐった。基地村に初めてやって来た女の子たちに面談する過程で、私がクラブの社長たちといたずらに関係を悪くするのではないかと心配し、適当にやれといった。

「尹信淑会長が姉妹会の公金をもってグァムに逃げるだろうと、副会長の金蓮子が会員たちに言いふらしている」

平澤警察署の情報課にこんな陳情が入ったといって、私は警察署に突然呼び出された。生まれて初めて聞くデマに、唖然とするばかりだった。

「今は国家の非常事態なのに扇動なんかして、会員たちが暴動でも起したらどうするんだ」

上品な物言いをする情報課長の訓戒は、それでも耐えられた。その次に入ってきた刑事が私を別室に連行した。

「会長と仲良くしろよ。なぜ面倒なことを起して、気をもませるんだ？　その罪がどんなに大きいか知ってるのか？」

「今がどんな時だと思って世の中を混乱させようとするんだ？」

こうして一言ずつ言い捨てては出て行き、また入ってきては訓戒をたれることを繰り返した。しつこく言い募るので、はらわたが煮えくり返った。

「罪があるなら捜査課に送ってください。猫がねずみをとるようにいたずらしてどうするんですか？」

「うるさい！」

「反省しろ！　よく考えろ。何が間違っていたのか考えていろ」

机をバンと叩き、ビンタでもする勢いで睨みつけて出て行った。

――チビのくせに、田舎娘を脅かしやがって。おい、私だって洋公主の親分にまでなったんだぞ。倭奴《ウェノム》［日本人に対する卑称］のようなツラしやがって。私を見くびるなよ――

私が知っているあらゆる言葉を並べてわめいてみてもムダだった。それで、雑用しながら出たり入ったりしている若い男に、「退屈でしょうがないから、卓球でもしよう」と言って誘った。ご飯を食べて二三回ゲームをしてから、トイレに行くといってそのまま逃げた。

――跳ねるヤツの上に飛ぶヤツがいるのをお前は知らないだろ。陳腐な心理戦とはあきれるぜ。この忙しい時に。私に逃げられて、パンツ脱いでノミでもとれってんだ――

悪態をつきながら逃げて松炭に戻った。松炭に着いて、友人の部屋に転がり込み、外の門の錠前をしっかりかけるように言った。

「ねえ、門を閉めて。誰が私のことを聞いても、絶対に知らないと答えてよ。二、三日だけ食事を頼んでちょうだい。オマルもね。これからどうするか、ちょっと考えるから」

そしてじっと部屋に閉じこもった。疲れて、いつの間にか寝入ってしまい、起きると数日経っていた。

「蓮子が青瓦台に行った。青瓦台に頼みの綱の親戚がいるそうだ」

私が留守をしている間に、松炭ではこんな噂が広がっていた。これこそまったくのデマだった。三日後、自分の足で情報課を訪ねて行くと、当局側の態度ががらっと変わっていた。

「どこに行ってたのですか？　青瓦台に行ったのですか？」

「どうして私がそんなところへ行くのよ？　しっかり記録もとらずに、人を捕まえておくから、体が痛くて休んで来たのよ」

情報課は、身元保証人を立てることができれば出してやるといって、結局、松炭の防犯隊長に身元保証を頼んで、釈放された。

七　総決起しましょう！

以前、仁川《インチョン》のあるホテルでストリップショーをしていたという美和《ミファ》が、ある日、姉妹会の事務所を訪ねてきて、訴えた。

「副会長さん！　第二診療所で性病検診を受けたら淋菌だというから、一週間前に注射を打って、パス［許可証］を取り戻したのに、次の検診でまた淋菌だからとパスを取り上げられたのよ。それで、いくらなんでもおかしいから林内科に行ってみたら、おりものが少し多いだけで淋菌ではないっていうのよ。それに、炎症があれば普通の女性にもまったく同じ症状がでるそうなの」

初めは全裸で踊れと強制されて麻薬を打たれたのだが、後になると恥ずかしさから逃れるために自分で打ち、美和の腕にはもうこれ以上針を指すところもなかった。それで、仕事ができなくなって追い出され、松炭に流れてきたのだった。

当時は性病診療所が別にあるわけではなく、保健所が指定した民間の産婦人科が女たちの検診を請け負っていた。第二性病診療所の所長である李炳浩《イビョンホ》や、第三性病診療所の所長である許道雄はこの地域の有力者でもあった。

私にこの女が助けられるだろうか？

しかし、「淋菌がないという確認書をもらってきたら」と言うこと以外、よい考えは思いつかなかった。会員たちからの抗議はひっきりなしに入ってくるが、りんご売りでもして社会に出る勇気のある者だけが生きていけると大口をたたいていた私も、現実的な問題に対しては何一つきちんとしたアドバイスができなかった。

女たちは、うんざりする平澤の収容所生活が嫌で、ベッドのシーツを破って窓から脱走したりもした。また、平澤保健所のX線科に行ってレントゲンを撮るのが面倒なので、お金で何とかしようともした。用心棒に一万ウォンを渡せば、用心棒が五千ウォンをとり、残りを保健所に上納して、検査済という印をもらってくれた。不正をしたという点では、私のようなドアマンも同罪だった。

――花柳界にも義理があるんじゃないかって？　コーヒーおごってもらったり、外来品のタバコをもらって吸ってる間だけよ。コーヒーも飲めず、タバコもなくなっちゃえば、ちっとも来やしないじゃない。犬の骨ほどにもならない奴らよ――

こう思って、同僚のためにはならないと心を入れ替えても、どんどん入ってくる抗議と訴え、泣き声を聞くと、良心の呵責を感じずにはおれなかった。

結局私は、松炭の性病検診がいかにおかしいかを社会に知らせることにして、女たちに書類を準備してくるようにいった。私はこれがどんなに大きな問題になるのか、まったく予想だにしなかった。

私は女たちが集めてきた書類をもって、さっそく水原裁判所に陳情書を出した。すぐ水原検察庁と平澤警察署が捜査を始めた。新聞にまで報じられると、松炭は蜂の巣をつついたように大騒ぎになった。検察は、もしや私が何か隠しているのではないかと、私が住んでいる家にもやってきて、天井の裏までめくって探し回った。

「賄賂贈与、賄賂授受」

教養講座の時間に〝南無阿弥陀仏、観世音菩薩〟の念仏で始めた保健所長も捕まり、防疫係長、姉妹会長尹信淑、ドアマンたちも次々と捕えられた。

「てめえのマンコに手榴弾をつめて破裂させてやるからな、覚えてろよ！」

私にはあらゆる暴言が投げつけられた。怖かったが、自分がしたことに悔いはなかった。しばらくして水原検察庁から出頭要請がきた。以前、三二名が堂々と検察庁前まで行進したときとはうって変わってとても震えた。行ってみると、相当年配の保健所長が、検事の前で跪き、お尻と脚の間に角材を挟んで座っていた。明らかに彼が罪人なのに、まるで私が罪人かのように、とても彼と目を合わせることができなかった。

「おい、お前、お前も娘を生んで洋公主をさせてお金を巻き上げるのか？　アン？」

二八歳の若い検事は大声で怒鳴りながら、靴で保健所長の膝を踏みつけた。苦しそうな悲鳴が耳を破った。私が望んでいたのはこんなことではなかった。女たちを利用して不当に利益を横取りするのを防ごうとしたのであって、こんな風に痛めつけることが目的ではなかった。私の思いは次第に後悔につながった。陳情書から始まったこの事件は、後に水原裁判所まで行くことになった。

尹信淑らは収監されたままだったが、他の数人は裁判の結果が出る前に、二週間ほどで釈放された。金さえ払えば釈放されるのをみて、また黙っていられなくなった。部屋に閉じこもってどんどん文章を書いた。『東亜日報』の社説を読んで、そこに出てくる文章も組み合わせた。

ひもじさに苦しむ姉妹会のみなさん！

私たちは決起して、この不正に立ち向かわなければなりません。私たちの収入を搾取されたまま、ただ黙って泣いているわけにはいきません。

みなさんも私も、厳然たる大韓民国の国民であり、人権があります。私たちも家族の一員であり、人間なのです。

周りを取り囲んでいる抱え主、クラブの主人たち、ピンプ、性病診療所、保健所、彼らの搾取に対して、私たちは果敢に立ち向かわなければなりません。すでにテレビを通して広く知られるようになり、新聞にも掲載されました。みなさんが搾取された経緯の一部が水原裁判所と検察支庁に告発されたので、少しも不安がったり恐れたりすることはありません。この機会に姉妹会のみんなで総決起しましょう。これ以上、不正を許していては、私たちみんなが死んでしまいます。総決起しましょう！

京畿道平澤郡松炭邑姉妹会副会長　金蓮子

同志会員一同

監察やクラブのマダムたちがホールを回ってビラを配った。私は不拘束立件の状態でビラをつくって撒いたのだった。驚いた保安課の刑事たちは、印刷所の中をひっくり返して、原稿を探し出し、押収した。すぐ情報課［韓国中央情報部］から呼び出しがかかった。実際にことを起してみると、どっと怖気づいた。このようなビラを警察が放っておくはずはなかった。保安課に行かなければならないが、そこに入ると、南山《ナムサン》とかいうところの——人影はないのに声だけ聞こえるという恐ろしいところ——に連れて行かれて死ぬのではないかと思った。間違ったことをしたわけでもないのに、とにかく怖かった。どうしたらいいかわからず、ビラをもって中央教会の牧師をたずねた。彼はソウル大学法学部の出身で、平澤警察署の諮問牧師でもあった。牧師はうつむいたまま目を閉じて、「祈りましょう」と言うだけだった。

「神様が解決して下さると信じます」

——人が死にそうだというのに、何が〝祈りましょう〟、よ！——

私は牧師の妻から五千ウォンを借りてタクシーに乗り、保安課に向かったが、途中で行き先を変え、水原検察庁に行った。保健所長を問い詰めながら、「自分の娘にも洋公主をさせる気か？」と怒鳴った検事を思い出したのだ。彼なら理解してくれるかも知れないと思った。いきなり押し入って、その若い検事をつかまえて、事情を話してみた。

「私、大変なことになりました。どうしたらいいですか。どうか助けてください」

あっけにとられて私を見ている検事に、ビラを渡した。横にいためがねをかけた男が、「どれ、見せてみろ」というなり、「ひもじい？　…総決起？　…これ、あっち［北朝鮮］で使う言葉じゃないか？」と言いながら、それらの単語に赤い下線をひいた。

そんな会話を聞いていたら、気が遠くなった。ああ、私は完全に死んだわ、と思うと、脚ががくがくしてきた。

——あっち、というのは北のこと？　電気拷問用の椅子と黒いセダン、南山の森の中にぽつんと建つ家……？——

「保安係長に替ってくれ。ああ、まだ事件が終わってないから、金蓮子はこちらの事件が終わるまでしばらくそっとしとけ。オレがきつく注意しておくから」

検事の声は救世主のようだった。

「おとなしくしてろよ。何でまたこんなことをしでかすんだ。とにかく、もう出歩かないで謹慎してろ」

フー。思わず安堵のため息が出た。絶体絶命の危機を乗り越えた気分だった。

検事から電話をもらった警察は、私が検事の遠縁にでもあたると思ったのか、私が行くと丁寧に腰を曲げて「いらっしゃいませ」と挨拶し、椅子をすすめた。

「これからは、こういうことをされる時は、まず保安課に連絡してください。今は戒厳令が出ている時ですから、ビラを許可なく配ると私たちの責任になりますので」

私は性病検診の不正について告発したけれども、同時に共犯者でもあった。私たちが業者から受け取った賄賂は、主にアメリカ製の電気製品に換えて警察署の情報課に上納した。そのために支出されたお金は、書記、総務、副会長、会長の決済を通した会計書類に残っている。情報課は、自分たちが受け取った賄賂の件を尹信淑の責任にして事件をおさめれば、翌年も会長をさせてやると約束し、尹信淑は拘束されてから二ヶ月間、刑務所にいた。

「告発者がなぜ執行猶予なの、なぜ彼らと刑が同じなの！」

保健所長、会長、防疫係長と同じく、私にも執行猶予の判決が下された。私は部屋の保証金を使って弁護士を雇い、控訴して事件を上訴した。執行猶予をありがたがった保健所長、会長、防疫係長もみなソウル高裁に行った。松炭で母と暮らすための家を建てようと買っておいた五〇坪の土地も売り、保険も解約した。弁護士を雇って何度もソウルを往復したため仕事もできず、その間貯めたお金も底をついてしまった。控訴審で彼らは執行猶予、私も執行猶予判決を宣告され、二年後にようやく裁判が終わった。

仕事もお金も意欲も、何も残っていなかった。アロハクラブからも解雇され、他のクラブでも私を雇ってはくれなかった。

「お前のせいで防疫係長がやられて、保健所長は罷免されたんだぞ。衛生係の人たちがお前を雇っていると知っていいがかりをつけてきたら、損をするのはこっちじゃないか」

クラブの主人たちはみな口々にこう言った。私は自治会の仕事も辞め、松炭では行き場がなかった。

「金蓮子が会長になりたくて尹信淑をムショに入れた」

こんな噂が流れ、誰一人、私に声をかけてくれなかった。みなが私を避けた。公務員たちは左遷され、性病診療所の医者たちは罰金刑を受けた。用心棒たちは検察で取り調べを受ける過程で、まともに歩くこともできないほど殴られたのだった。

「蓮子、ただじゃおかねぇぞ」

彼らは私を殺すといって歯軋りした。私は美和のために、また、やられてばかりいる女たちを少しでも楽にしてやりたいと思ってやったことだったが、その気持ちを誰もわかってくれなかった。私は無一文になって、母親とともに知り合いの姉さんの家の部屋を毎月三万五千ウォン払って借りた。どうやって生計を立てればよいのかわからなかった。会長の尹信淑は、釈放された翌年もまた会長になった。

八　家もなく、食べるものもありません

「もうだめだわ。私についてきな」

口に糊をすることが最優先だった。米兵と結婚した女の一人が私を米軍部隊の中に連れて行ってくれた。国際結婚した女たちは、自由に部隊に出入りできる入場証をもっていた。その入場証があれば、部隊に二、三人を連れて入ることができた。私は部隊内のカフェやクラブに行って米兵たちと会った。その内、米兵に気に入られると、部隊の外で夜を過ごした。これこそ〝ひっぱり〟だった。東豆川でクラ

ブの女たちさえ見ると悪態をついた、あの気性の激しい街の女。私がそんな身の上になろうとは夢にも思っていなかった。

部隊の中の電信電話局で働く金執事《チプサ》［教会の仕事をする信者の職名］は母と同じ教会に通っていたが、私が〝ひっぱり〟をしていることを知っていた。

「蓮子さん、私が一度見合いをさせてあげるから、結婚して幸せに暮らしてみなさいよ」

「結婚ですか？……ええ、そうですね。そうします」

とにかく生きる道さえあればよいのだ。選択の余地はなく、こんな機会がとてもありがたかった。

金執事は、米陸軍に勤務して米国に戻った中年のドイツ系米国人を紹介してくれた。彼は私と母がハワイに行けるようにしてあげるといった。私たちは写真でお見合いし、彼は結婚を決心したと手紙をくれた。

「蓮子さんと結婚するために、別居中の妻と離婚しました。お金ももっと一生懸命稼いでいます。食堂で働いていましたが、今は仕事を二つ余計に見つけました」

結婚を約束してから、彼は手紙と一緒にお金を少しずつ送ってくれた。その後、約一年間、私たちは電話と手紙で互いに決まりきったセリフをやりとりした。ある日、彼から手紙がきた。私を婚約者として招請すれば米国にいけるが、ベトナムのボート・ピープルが押し寄せて移民局が飽和状態となり、結婚の手続きが遅れているとのことだった。おかしなことに、その後手紙が次第に遠のき、結婚話もあやふやになってしまった。米国に行く人がいたので住所を教えて訪ねてみてくれと頼んだが、彼の消息はわからなかった。

私は彼と手紙をやりとりしながらも、黒人の米兵と一緒に暮らした。そうでもしないと、当面の生活費もまかなえなかった。三〇歳を過ぎて結婚を考えたのも、それこそ絶壁の崖っぷちに立たされたように切迫していたからだ。

大金ではなかったが、それでも彼が少しずつ送ってくれたお金が途切れると、私はアメリカ製の品物を売る仕事を始めた。国際結婚した友人たちにくっついて何度も部隊内の食料品店に出入りし、品物を集めた。部隊への入場証がないため、統制が厳しく、品物を思い通りに買うことはできない。一人から牛のテール一本、お酒三本、こんな風だった。松炭でジョニーウォーカーを一本売ると、千ウォンの利益が出たが、一時間かけて水原《スウォン》まで行って売ると、千五百ウォンの利益があったので、私はなるべく水原まで行った。アメリカ製の品物であればよろこんで買おうとする人が多かった。ジョニーウォーカーであれ何であれ、もって行けば仲買人が買ってくれた。

私は国際結婚した女たちから石鹸などを買い取る時、いつも計算を間違えて、おつりを払い過ぎたりした。だが、彼女たちはもらい過ぎたとは言わなかった。いくら東豆川時代から親しくした仲であっても、私が少しでも高い値で買ってくれる人に売ろうとするので、薄情者だと思われたのだ。それで私は品物を入手するのも大変だった。

搾取されるのを防ごうという正義感を抱いただけなのに、私一人が一文無しになってしまった。ソウル高裁まで上訴したが、私は執行猶予判決となり、保健所長、防疫係長、尹信淑も釈放され、夢のような家を建てるために買った〝パラダイス〟の土地は売り払うしかなかった。満たされない思いと激しい感情が鬱憤となって、事件から事件へと振り回されてきたようだった。なぜこんなに身もだえし、ぶつかり合い、壊れるのだろうか。ボーっと座り込んでいると、心の奥底から声が聞こえてきた。

――黙っていれば死んでしまうじゃない――

その頃、母から、だいぶ前に叔母の息子に金を貸したことがあるという話を聞いた。それで交通費を工面して、叔母の息子が住んでいるという釜山に向かった。汽車の座席に座っていると、私が愛情を寄せた人たちの顔が浮かんだ。

――私はなぜ大切だと思ったものを、一度も手に入れることができなかったのだろう?――

女子高時代の友人たちの顔が浮かぶ。明姫のことも思い出した。ただちに釜山に行こうとしたのも、実は明姫に会いたかったからだった。アメリカに行かなかった明姫が、海雲台《ヘウンデ》のナイトクラブにいるという噂を聞いていた。生活に窮してみると一番会いたいのは明姫だった。釜山に着いてタクシーに乗り、真っすぐ海雲台に向かった。

「誰かお探しですか?」

本名は金明姫で、年齢はこうこうだと言うと、似た女が数日前までは出てきていたが、最近は来ないといった。行ってしまったんだな、明姫は。もう二度と明姫に会えないのだろうか。

お酒を飲んでディスコを踊りながら、隣にいた女に私のネックレスをかけてやった。そのうち気を失い、目を開けてみると派出所にいた。こそこそと話す声、口から漂う腐った酒の臭い、頭がズキズキした。

「最初、あのおばさんが金明姫という女を探しに来たんです。それから女の子を一人呼んでディスコを踊って、そして、その女の子が日本人のテーブルに移ったら、椅子を投げて、コップを投げて、吐いて、お客をみんな追い出しちゃったんですよ」

やせっぽちの男が派出所の所長にだらだらと説明した。

お米も練炭もない冷え切った部屋で、母は私がお金を持ってくるのを首を長くして待っているだろうに……。幸い訓戒だけで釈放された。派出所を出て、釜山駅が見える道端の下水溝のふたの上にしゃがみ込んだ。

――明姫……明姫……――

ひたすら祈りたかった。一七歳の、まだ子どもだった明姫を、底なしの穴に突き落としたのだという罪意識が骨に染みた。こんな姿になってしまった私は、誰よりも明姫に許しを請いたかった。「救い難い。希望のない人」という言葉を残して去っていった明姫。私はずっと明姫が去ったあの夜のことを悔やんだ。

私は死のうとしても死ねないのだから、死ぬ運命ではないんだ。私が生きていける道はないのだろうか。終着駅までいけば、天国や地獄にたどり着くのだろうか。

「あんた、いっそのこと群山《クンサン》に行きなよ」

国際結婚した友人が言った。夫が群山に異動するので、しばらくそこで過ごすとのことだった。

「あんたね、ここまで平澤を引っ掻き回しておいて、アメリカ製のビール箱かついでジョニーウォーカーを隠しもって、たかが五百ウォン余計に稼ぐために水原を往復したりしてさ。ここで誰かがチクッたらあんたをブタ箱にいれるなんて簡単なことなのよ。いつまでこうしている気なの。刑事たちも、保健所長も、社長たちも、みんなあんたに歯軋りしてるのよ。ちょっとでもしっぽつかまれたらもうお終いよ」

それを知りながらも私は他にすることがなかった。

「いっそのこと群山に行きなよ。あそこだったら、あんたが何をしたかなんてわからないじゃない？　そこには米軍も多いからさ、お金を稼いでお母さんに仕送りしてあげて、誰かいい人がいたら結婚すればいいじゃないの」

その通りだった。だが、母親のことが心にひっかかった。それに、また知らない所に行くのはためらわれた。故郷からソウルへ、ソウルから東豆川へ、麗水へ、再び東豆川へ、そして結局は食べるために松炭にまで来たのに、また群山とは。客地から客地へと、いつまで放浪しなければならないのだろう。だが、ここにいても、飢え死にするか、刑務所に入るしかないのかもしれなかった。

——よし、群山に行こう——

私はまた見知らぬ米兵たちとお酒を飲み、悪態をつくだろう。しかし、ここで堂々と暮らせないなら、腐った水に浸っているのも怖かった。米兵と結婚しようが、お金を稼ごうが、とにかくもう一度、騙されたと思って行ってみよう。

私たちは家もありません。食べるものもありません。どこにも行けない母を一人残して、カバンに荷物をつめた。

第五章　アメリカタウンへようこそ

一　アメリカタウン株式会社

「あんた、こっちに来なさい。何の用だい？」

「私ですか？」

「そうさ。ここにはあんたしかいないだろ？　何の用で来たんだい？　ここで働いている人しか入れないよ」

一九七六年一〇月、五年を越えた松炭《ソンタン》での生活を整理して、群山《クンサン》にやってきた。アメリカタウンの正門をくぐろうとして、警備員に呼び止められた。

〝Welcome to American Town〟

村の入り口には看板がかかり、〝内国人出入り禁止〟と書かれた標識も見えた。高い塀が張りめぐらされているのが、かつてのソウル市立婦女保護所を彷彿とさせた。

「私ですか？　あの、仕事を紹介されて来たんですけど」

警備員は私に一瞥をくれてから、呆れたという口ぶりで言った。

「何だって？　おばさん、ここがどんなところか知って来たのかい？」

「知って来たわよ」

心の中で苦笑いした。東豆川《トンドゥチョン》と松炭を経てここまでたどり着いたことを知るはずもない警備のおじさんは、素朴なおばさんがお金を稼ぎに来たと思ったようだった。

「おばさん、ここではお金稼げないよ。苦労ばかりしてさ。体もすり減るよ。何でこんなところに来たのか知らないけど、いっそのことオレが仲立ちしてやるから結婚でもすればどうだい？」

このおじさんは私のような女たちをたくさん見てきたのだろう。そうでもなければ、初対面の女に仲立ちしてやるなんて言わないに違いない。しかし、引き返すわけにはいかなかった。松炭で知り合いだった友人が働いている食堂を訪ねて行き、働き口を決め、部屋も借りた。

私が働くことになったライトハウスクラブに行くと、性病検査で引っかかったのか、入り口に〝オフリミット〟と書かれたはり紙があった。米軍部隊がこの店を数日間の営業停止処分にしたのだった。

数日後、私はマダムとして働き始めた。胸に〝マダム〟という名札をつけ、チャイナ風の上着と、身体にぴったり張りつく半ズボンのユニフォームを着た。体が大きい私には不似合いで、おかしな感じだった。私の仕事は、初めて働く女の子たちが遅刻してきたり、だらだらしていると、「こら！　早く出てきなよ！」と叱りつけ、管理することだった。月給はまあまあで、待遇は悪くなかった。

アメリカタウンは周囲の民家よりも少し小高い土地にあった。最初、タウンを建てる時、農業協同組合に勤める村の人が、養鶏場をつくるといって土地を安く買い入れたという。ところが、後に派手なネオンが灯《とも》されたので、村人たちは「最近は鶏をあんな風に飼うのか？」といぶかしがったという。だが、実はアメリカタウン株式会社が建ったのだった。

一九六九年に誕生した〝アメリカン沃溝《オック》郡米星邑《ミソンウプ》山北里《サンブクリ》五〇五—一九〟という番地は、こうして住民たちをだまして作ったものだ。だまされたと思った住民たちは、さんざん罵ったけれども、基地村のおかげで電気が引かれ、道も舗装され、村中が開発されるので、次第に反対することもできなくなった。

群山アメリカタウンは、東豆川や松炭とはまったく異なる基地村だった。周りを取り囲む塀の内側には米軍のためのあらゆる娯楽施設があり、私たちはその中でだけ生活した。行政区域を表す地図でさえ、アメリカタウンの場所は赤い線で囲ってあった。山五〇五—一九番地。いわゆる赤色地帯という区分だった。

このアメリカタウンという基地村が株式会社だということを、最初は理解できなかったが、一人の個人が土地を買い入れ、政府の認可を得て設立したものだと聞いた。社長の下には専務などの職員がおり、文字通りの株式会社だった。外貨獲得が保障されたところだということは、当時、認可を得るのに十分な条件だったのかも知れない。

アメリカタウンは、そのすべての仕事を株式会社の社長が管理・監督していた。新入りの女たちの性病検診カードも株式会社が発給し、女たちが支払う部屋代も社長が自ら集めて管理した。期限までに部屋代を収められない女が多かったが、滞納すると最初は警告状を送り、その期限も過ぎると部屋の扉を釘で打ちつけてしまった。

女たちは、二坪か三坪ほどの小部屋が並ぶ長屋で暮らした。六八—一、六八—二、六八—三、六八—五と、棟と号数が刻まれた部屋がずらりと並んでいた。四という数字は縁起が悪いといって使わなかった。収容所のような部屋が一号から七〇号以上まで、一つ屋根の下に同じような形で並んでいた。トイレに行ってお米をとぎ、部屋の前で練炭をくべるのだが、狭くて通りにくかった。トイレにおいてあった暖房用の練炭を盗まれたといって、部屋の片隅に積んでおく人もいた。

――早くお金を稼ごう。そしてまた母と一緒に暮らそう――

母は松炭でゴマ油を仕入れて教会の人々に売り歩きながら生活していた。しっかり食べることもできず、貧血が重なって何度も倒れたという。一度はトイレから出てきたところで倒れたが、結った髪にかんざしを挿していたおかげで頭をひどく打たずに済んだ。また、教会で倒れた時は、ゴマ油のビンが割れて、教会中にゴマ油の臭いが充満したそうだ。

ある日、アメリカタウンの自治会の初代会長だという洪義順《ホンウィスン》が、私を事務室に呼んだ。彼女はさっぱりした性格で、顔立ちもきれいで、包容力のある女だった。

「ここに〝ミツバチ自治会〟というのがあるんだけど、次期会長になる人がいないのよ。見てたら蓮子《ヨンジャ》がガッツもあるし人気もあるから、一度やってみない？」

「いいえ、私にはそんなことできません。やりませんよ」

「何言ってるの、やらないだって？　絶対やらないとだめよ」

初めは、松炭でのこともあって、お金を稼ぐことだけ一生懸命やろうと考えて、断った。だが洪義順は、ここで働く女たちを助けることができればどんなにいいか、としつこくすすめるのだった。心が揺れた。とにかく私に何か出来るというなら、した方がいいのではないか。たった一度の人生なんだから……。結局、怖いもの知らずで自治会の仕事を引き受け、ミツバチ自治会の第二期会長に就任した。

群山に来てからもずっと教会に通った。会長になってから、群山で私が初めて伝道した自治会の総務と、国際結婚した女性、そして私の三人で、信者の集まりである信友会《シヌフエ》を作った。かつてはホールだったが今は閉鎖されたトゥデイクラブの建物を集会場に使わせてもらった。このクラブはタウン株式会社の直営だったが、商売が上がったりで閉店したのだった。

自治会の仕事を始めてから、女たちが何人いて何人登録しているのかを調べてみた。アメリカタウンで米軍の相手をする女たちの数は、どう見ても数百人を超える規模だったが、実際には数十人しか登録していなかった。おかしいと思って調べてみると、飲み屋として登録されている第一種営業所のクラブの女たちだけが観光協会に登録されて保健所で性病検診を受けていた。食堂のように第二種営業所として許可された店で働く女たちは、検診を受けなくても良いのだった。

一九七六年当時は、アメリカタウンの全盛期とも言えるほど米軍が多く、基地村の景気も良かった。それなのに、登録された女たちが数十人というのは話しにならなかった。こうした状況では管理はおろか、現状把握すらもしっかり出来ないと思った。

アメリカタウンには、まるで松炭のエレガント通りのような細い路地に、たくさんの店がひしめきあっていた。そんな第三種営業所では、から揚げやハンバーガー、シャンペンなどを売っていたが、実際には未登録の女たちが米軍を相手に売春をしていた。しかも、その女たちのほとんどが未成年者だった。観光協会に登録されているわけではないので取り締まりの対象にもならず、完全な無法地帯だった。第三種営業所は情報網がしっかりしている上、群山市内と離れており、自分たちの問題は自分たちで処理するという風だった。そのため警察署の保安課でも、タウンまで来るのが一仕事なので、店主たちにすべてまかせてほったらかしにした。

このままではだめだ、と思ってあれこれ考えた私は、保安課に行って責任者と面談した。

「アメリカタウンを見回って取り締まって下さい。未成年者たちを警察署に連れて行くわけにはいきませんから、タウン前の診療所に一旦集めて下さい。後は私が全体を把握しますから！」

誰にも知られないように来てほしいと頼んだ。自治会長が来て依頼したのだから警察署も知らん顔をすることができなかった。警察官が抜き打ちで店に入り込み、未成年者たちを診療所に集めた。

「あなたはどこから来たの？　これあなたの住民登録証じゃないでしょう？　本籍地を言いなさい」

自治会の総務が診療所で忙《せわ》しく確認した。未成年者は思っていたよりもはるかに多かった。群山が海洋都市である上に、外郭にあるので、人身売買で売られてきた女の子たちも多かった。貧しく、世の中を知らないこの子たちは、ほとんど住民登録証がなく、他人の住民登録謄本を持っていた。

突然、自治会の総務があわてふためきながらやってきた。

「会長、大変です。ホールの主人たちがチャーリーブラウンに集まって、会長を呼んでこいと言ってます」

行ってみると、ヤクザ出身のホールの主人の弟、捜査係の刑事出身のホール支配人、抱え主たち、悪党のゴロつきのような者たちがみな集まっていた。

「金蓮子、お前、会長になったからって威張ってるけどよ、俺たちによくもこんな真似ができるな？お前、一度痛い目にあわないとわかんねぇのか？」

私を取り囲んで今にも飛び掛らんばかりだった。私は普段、九九算もしっかりできないほど抜けていたが、こういう時はものすごい瞬発力を発揮した。松炭で大騒動になったとき、一度だけ読んだことのある保健施行令、憲法の後ろに付録でついていたその施行令がぱっと思い浮かんだ。

「大韓民国憲法の付録に保健施行令があります。第三種営業所で従業員がお酒や飲食の注文をとりに行くとき、客から何メートル離れていなければいけないとか、また、どれくらい離れたところに立たなければいけないとか、保健証を持っていなければならないというのがあるんですよ。あなたたちのお店では女たちが米兵の隣に座ってお酒を飲み、淪落行為をするじゃないの。これって違法じゃないですか？　捕まった子たちもみな未成年者のようだけど、あの子たちはお酒を売ったりしちゃいけないのよ。これはすごく違法なことですよ。この子たちを非会員としてでも登録させて、一週間に一度、性病検査を受けさせるとかして、自治会で保護しなくちゃ。この子たちが病気をうつされて、観光協会に登録されている女たちにもうつったら誰が被害を受けると思うんですか？」

この際、しっかり問い詰めてやろうとまくしたてると、彼らはぐうの音も出せずに沈黙した。

このことをきっかけに、店主たちは店を大きくして第一種として許可をとるようになった。未成年者たちを雇用するケースもめっきり減った。未成年者が新しく入ってくると、一旦、自治会で面談をするので、以前のようにやたらと雇用することができなくなったからだ。クラブ生活を始めていた未成年者たちは、ミツバチ自治会の準会員として加入させた。

二　一言だけ、一言だけ

……帰ってこいよ、釜山《プサン》港へ、愛しい兄弟よ……

一九七七年六月一日、アメリカタウンが派手なネオンサインで彩られる夕刻、私は塀の下を歩いていてギクッとした。私の部屋の向かいに住む福順《ボクスニ》が、アメリカタウンの高い塀の上で哀しそうに歌をうたっていたからだ。まだ店が始まる時間でもないのに、化粧もして、つけまつ毛までしていた。

――あの子、あそこにどうやって上ったんだろう。一体どうしたんだろう?――

「あんた、若い一等兵さんと結婚してアメリカに行くからって、もう故郷が恋しいのかい? おバカさんね、落っこちる前に降りてきなよ」

「会長さん、愛してるわよ」

――覚せい剤で細胞まで引きつって目を半分つぶりながら生活しているくせに、何が「愛してるわよ」だ。冗談でもやめときな――

髪もぼさぼさのまま、千鳥足で歩く福順を、私は普段あまり良く思っていなかった。

――薬づけの酔っ払い、今日もヤクを飲んだな、何粒飲んだ? 三十、四十…オクスニを飲んだのか?――

薬中毒者たちは、ピンク色の丸薬オクタリドンのことをオクスニといった。また他の言い方もあった。鼻でコカインを吸い、チューリップを想像すると広い野原が見え、一面の花が香りを漂わせ、体が浮き上がるような夢心地になるそうだ。気分が悪い時は、黒い服を着たお化けばかりが見えるともいった。

「ねぇ! 松炭では麻薬で狂った女もいたよ。胸やけして痛くても、お酒を飲んだほうがましだよ」

「酒飲みはかえって酒につぶされちゃうじゃないの。ヤク中毒者はアルコール中毒者のように、ケンカを売ったり吐いたりはしないわよ」

こんな風に言い合うのが落ちだった。白んぼの女、黒んぼの女のように、みなそれぞれ生きる上での哲学があるのだから、何を言っても無駄なのだ。福順を見て複雑な気持ちでクラブに行き、ビールを何杯もあおった。

「どうしたの？　宵のうちからこんなにお酒を飲んじゃって」

先に来て営業の支度をしていた監察部長の姉さんに、福順の話をした。

「バカね、あの子またおかしくなっちゃったのね。家柄が良くて、優しくて、その上若い米兵がホールの借金まで返してくれたならしっかりしなきゃ。消防署で働くスティーブンとかいう奴と会って、毎日薬を飲むから、せっかくの運も逃げちゃうわよ」

そして、数時間がたった。ホールでお酒を飲んでいたら、突然人々が駆け出して行く音とサイレンが聞こえた。私たちは外に飛び出した。臨時診療所の横に、部隊からやってきた救急車が急停車し、白衣を着た米兵たちが車から降りた。

「どこだ？　どこだ？　火事でもあったのか？」

「姉さん、四号から火が出たって」

行ってみると、福順の部屋から灰色の煙がもくもくと立ち上がっていた。たらいで水をかけ、米軍部隊の救急車が来て、米兵たちが福順を担架に乗せて連れて行った。水と煙で見分けがつかない部屋の中は、人々がざわめく声、肉の焦げた臭い、焼けただれたベッドの臭いで充満し、ムカムカした。少し前のあのほんのりと上気した顔は見当たらず、真っ黒に焼け焦げた首と腕、乱れた髪、そしてゆがんだ顔があった。まだ、微かなうめき声がした。夢だ。少し前に塀の上で歌をうたっていたのに……。

貞淑《チョンスギ》が花札をしている最中にトイレに行こうと部屋を出たところ、福順の部屋から煙が巻き上がったと言った。「火事だ！」と叫んでいたら、福順の部屋からスティーブンが飛び出してきて、入ってみると福順の首に確かにアンテナ線が巻かれていたという。

「スティーブンよ、姉さん！　スティーブンがやったのよ！　あああ……」

その言葉を聞いて、心臓がドキンドキンと高鳴った。涙をふく間もなく外に飛んで出て、涙でマスカラが飛び散り、目の周りが真っ黒になった副会長のミス崔《チェ》と二人で福順を乗せた救急車に乗りこんだ。すると上半身裸の米兵に救急車から引きずり下ろされた。

「アイエム　ウーマンス　アソシエーション　ファーストチーフ！［私はミツバチ自治会の会長よ！］」

降りまいと声を上げ、地団太を踏んだが、その米兵は足蹴にしながら私たちを車外へ放り出した。救急車は群衆の間を縫って市内の病院に向かい、ミス崔と私はタクシーに乗ってその後を追いかけた。

福順は群山市内にある開井《ケジョン》病院に運ばれた。救急室に運び込まれる時、福順は「姉さん、助けて」と、かすかな声でつぶやいた。

「福順、誰がしたのか一言だけ答えて。スティーブンなの？　えっ？」

やけどがひどく、首を絞められた跡も見分けがつかなかった。

「スティーブンがアンテナ線で首を絞めたの？　火をつけたの？　一言だけ言って。蓮子姉さんが復讐してあげるから、ね？」

私たちは何日も録音機をベッドの脇に置いて福順に語りかけた。

「姉さんの声、聞こえる？　聞こえるならうなずいてごらん」

「一言だけいえば、私が復讐してあげるから。本当よ。約束するからね」

福順はうなずくようでもあり、そうでないようでもあった。福順の目頭に涙がたまっていた。三部五度の重い火傷で酸素呼吸器をつけた福順からは、しばらくして、喘ぐ声も出なくなった。

「言ってちょうだい、福順、私たちが復讐してあげるから」黒く焼け焦げた福順は、一言も残さずに、事件から一五日後、病院で息を引き取った。

「煙の中から飛び出すスティーブンを見た」

「米兵たちが首に巻かれたアンテナ線をとった」

福順の部屋から火が出た時、近所でお酒を飲んでいた米軍の消防隊員たちが部隊に電話し、火を消したといった。消防署の米兵たちに聞いたら、「近くで酒を飲んでいたら、火事だというので駆けつけて水をかけたけど、アンテナ線のようなものは見なかった」と言った。死体が移される前、福順の首に巻かれていたアンテナ線はどこかに蒸発してしまった。死者の霊すらも嘆く仕業であった。現場検証では、煤けたベッドの下に福順のパンティーとマッチ三本があるだけで、証拠になるようなものは出てこなかった。こうして捜査は終わってしまった。アンテナ線のことをいくら言っても、捜査官は、証拠がなければだめだと言った。

――福順はここから出たくて塀の上に座っていたのだろうか?――

塀、女たちが逃げないようにアメリカタウンの周りをぐるりと囲んでいる高い塀。福順は借金を返しても、二二歳の米兵の婚約者がいても外に出ることができなかった。それなのに、死んでようやく業者たちから解放され、半身が焼け焦げた裸体でこの門をくぐって出て行った。彼女もお金をたくさん稼ぎ、結婚してアメリカに行くという夢を抱いてここにやってきたのだろう。「アメリカタウンへようこそ。歓迎します」と書かれた看板の下を、二五年の命を終えた福順が遠ざかって行った。

ホールの主人、洋装店の主人、食堂の主人、銭湯の主人、クラブの主人、アメリカタウン株式会社の社長、千余坪の土地の主人、建物の主人、抱え主の女たち、未成年者たちに借金を背負わせて、じわじわと首をしめる主人たち、人の出入りをチェックする警備員……。タウン内外の人々が整然と立ち並んで福順を見送った。

「こんな風に身体一つで出てゆくために、あんなに苦労して、複雑に生きてきたのかい」

タウンの女たちはみんなでお金を出し合って、開井病院に安置された福順の亡骸を引き取り、葬式もろくろくせずに近くの共同墓地に仮埋葬した。事故の知らせを受けて駆けつけた福順の弟と叔父、福順と結婚してアメリカに行くことにしていたマイク、そして三十数人の女たちが悲しく泣いた。

ああ、人が生きるということはどういうことなのだろう。熱いものが子宮から流れ落ちた。生理の時期でもないのに子宮が熱くなり、腰が痛かった。熱い血だった。

三　米軍犯罪最初の無期懲役刑

福順が死んでちょうど一ヶ月が過ぎた一九七七年七月一三日、二八歳の英順《ヨンスニ》が死んだ。私が朝、寝ていたら同僚の甲熙《カプヒ》がやってきて、英順が死んだと言った。英順と甲熙は毎日交代で食事を作っていた。その日も甲熙が「姉さん、私お米がなくなったわ」と英順のところへ行ったところ、英順が死んでいたというのである。

「甲熙！ 早く行って戸を閉めておいで！ そして、絶対誰も中に入れちゃだめよ」

最初にしたのはそのことだった。そして、アメリカタウンには連絡せず、まず警察の支署に連絡した。その間、私は戸の外で英順を守り、支署長が来ると鍵を開けた。

衣服を剥ぎ取られて素っ裸の英順は、ナイフで刺されて乳房の間が大きく裂かれ、恥骨の上がナイフで切り刻まれていた。おへそもナイフで刺され、ベッドは血で真っ赤に染まっていた。口にはちり紙がたくさん詰め込まれていた。彼女に降りかかった恐怖がいかに大きかったかを物語るように、ぎゅっと固く握られた両拳の十指の間に、もぎ取られた一握りの体毛があった。

支署長は指紋を残さないように、傘でそっと英順の身体に布団をかぶせた。そして、群山警察署に連絡した。

ベッドの下から毛の抜けた犬が這い出てきた。

「死んだ人の血をなめると犬が狂うんだって」

こそこそとこちらの気配をうかがって走ってゆく犬をつかまえて、ひもを取っ手にしばりつけておいた。英順はその日、夜明けまで焼酎を飲み、犬を探して歩いた。途中でスティーブンと出会い、ソウル商会でビール二本と瓜を買って帰ったという。

スティーブンが再び容疑者に上がった。スティーブンはタウンの中で〝変態〟として有名な米兵だった。妍希《ヨニ》はその日の夜、英順の悲鳴を聞いたが、こんな事件が起こるとは夢にも思わず、ただ、アレをしながらあげる声だと思ったそうだ。

東京、龍山《ヨンサン》、烏山《オサン》部隊から米軍の捜査官（OSI）が派遣されてきた。七月の暑さの中でもワイシャツを着てネクタイをしめた捜査官たちは、英順の白い体を仰向けにしたり、うつぶせにしたりした。彼らは、食べ残しの瓜、ビール瓶、ちり紙をビニール袋に入れた。群山警察署の情報課や捜査課から来たという刑事たちは、韓国人の女が死んだというのに、ただ横で見守るだけで何もしなかった。洋カルボ［西洋人相手の売春婦］の身体は洋奴［西洋人］たちの手に委ねられ、そのまま部隊に移された。

銃を背に見張りに立つ憲兵から外国製タバコをもらって吸いながら、タウンの三人の監察が部隊で徹夜した。

「何だって？　死体を米軍の食料を入れる冷凍室に入れたって？」

監察たちは、米兵たちがハンバーガー、牛テール、牛カルビ、ホットドックのような食べ物を貯蔵する冷凍室に英順を入れたと言った。それを聞いて私たちは誰からともなく立ち上がった。

「もう我慢できない！」

「行こう！　死体もなくしてしまうかもしれない」

「殺してしまえ、げす野郎ども、犬野郎ども」

皆、泣きながら立ち上がった。

「福順を殺したくせに証拠がないだなんて、今度は絶対言わせない！」

「行こう！」

激しいざわめきは叫び声となり、女たちはアメリカタウンの正門を駆け抜けていった。

タウンがオフリミットになって米軍の出入りが禁止されると、タウンに残っている兵士たちを連れ出すためにタウンの入口に憲兵隊の車とトラックがやってきて停まった。女たちがタウン前の広場に詰めかけると、米空軍のSPと対峙した。

「ケダモノどもめ！」

女たちが喚声を上げながら米軍が乗った車を足蹴にし、トラックを押して田んぼに落とした。米軍は棍棒《こんぼう》で私たちに襲い掛かり、手当たり次第殴打した。

私たちは走った。田んぼのあぜ道を走り、麦畑、湖、川の横を通りぬけ、吹きつける川風に髪を振り乱しながら、靴も脱ぎ捨てて裸足で走った。涙と鼻水でぐしょぐしょに濡れた顔で、喚きながら裸足で駆けていった女たち。二、三百人の女たちが一群となって走る映画のようなシーンが今も鮮明に浮かぶ。

――人間の奥底にはこんな憤りや力があったんだ――

殴り殺され、ナイフに刺されて死に、燃やされて死んだ。同僚たちがこのようにして死んでゆくたびに、誰かが主導するわけでもなく、自ら立ち上がる力が私たちにはあった。家族から捨てられて、あるいは家族を養おうとここにやってきた。知人に知られはしまいかと、タウンの外に出ることもできなかった。新聞やテレビに顔が露にならないだろうか、誰かにばらされたりしないだろうかと、人前で一言も話せなかった女たちが、アメリカタウンの塀の外へ駆け出して行ったのだった。

群山空軍部隊の正門は固く閉ざされていた。門の前で叫び、デモをした。その内、日が暮れて焚き火をたいた。二、三百人の怒りに満ちた女たちの声はかすれ、聞き取れもしなかった。誰かが正門によじ登ろうとすると、憲兵たちが棒で殴りかかった。

「コノヤロー！　みんな死んじまえ！」

「ほら、私も殺せ！　ほら、殺してみろよ！」

私たちは逃げずに殴られた。私たちは一層団結して米軍に抵抗した。罵言を放って泣き叫び、棒があちこちから振り下ろされて修羅場になった。私たちは部隊前で一夜を過ごした。あの殺伐とした軍事独裁時代、誰がこのように米軍と闘うことができただろうか？

「しっかり捜査しろ！」

「犯人を処罰しろ！」

ついに群山警察署の署長が姿を現した。

「私の名誉をかけて、この事件を究明いたします」

警察署長の声が拡声器から響き渡った。私たちはスティーブンを法廷に立たせると約束させた。血に飢えた蚊たちは、一晩中人の群れに襲いかかった。どうにか約束はとりつけたが、怒りは収まらなかった。私たちはこんな扱いを受けるためにあがいているのだろうか？　私はその場にへたり込み、地面をたたきながら慟哭した。拡声器の声、女たちの切々たる泣き声と怒声がこだました。

私は一月前に李福順の死について陳述したように、参考人の資格で李英順の死についても証言した。そして、李英順の死のように、李福順の死もスティーブンと関係があると主張した。結局、米空軍第一中隊所属スティーブン・タワーメンは被疑者として起訴され、李福順事件に対する嫌疑も加わり、韓国の法廷で裁判を受けることになった。私は李英順と李福順の代理人として全州裁判所に行き、懸命に陳述した。しかし、李福順事件に対しては、やはり決定的な証拠が必要だった。

米軍の憲兵二人が護衛する中、ガムをくちゃくちゃ噛みながら全州検察庁の地方裁判所の廊下に入ってくるスティーブンを見かけた。アメリカ合衆国空軍の正装を身に着け、頭を垂れもせず、前を向いて細い目でまっすぐ睨みつけながら裁判所に入ってくるスティーブンを見ると、血が逆さに流れるようで胸が苦しくなった。

彼は福順を乗せた救急車から私を足で蹴り落としたあの米兵だった。夜毎、福順の横で録音機をもち、一言だけ言ってちょうだい、とどれほど哀願しただろう。病院に到着した当初はそれでも言葉を発することができたのに……。救急車に乗っていたら、しっかり話しが聞けたかもしれなかった。「姉さん、姉さん、助けて、痛い」という福順の声が大きな苦痛となって私の胸を押しつぶした。

福順を最後に見たのは何時で、何時に行って見たらこんな風になっていた、と話さなければならないのだが、スティーブンを見ると興奮して、言葉がちゃんと出てこなかった。二人の女を、何の理由もなく残虐に殺した犯人が、韓国人の弁護士を雇って、アメリカから来た父母と平然と座っているのを見て、大きなショックを受けた。裁判長が何度も私に問いただした。ふてぶてしいスティーブン。泰然と進められる裁判に、私は歯をくいしばった。私はほとんど正気ではなかった。無残に死んだ福順、口を塞がれて一言も言えずに死んだ英順のことを思い出しながら、あらん限りの力を振り絞って証言した。

スティーブンは、李英順は自分が殺したと認めたが、李福順事件に対しては、最後まで否認した。

「死刑が妥当だが、友邦国の軍人である点を参酌し、無期懲役に処する」

全州地方裁判所刑事部呉炳善《オビョンソン》裁判長のこの一言で裁判は終わった。

呉炳善判事は、一九六七年に韓米行政協定を結んで以来、初めて韓国の法廷で米軍犯罪に無期懲役刑を宣告した。しかし、私や同僚たちは、スティーブンが一カ月の間に二人の女性を殺したにもかかわらず、このような判決しか下されないことに納得がいかなかった。

「この野郎ども！　何が友邦国の軍人だい！　人を二人も殺したのに何で友邦国なのさ？」

「スティーブンは福順を殺し、一カ月後に英順を殺したんだ」

私は判決文の朗読が終わるやいなや、法廷で叫びたかったが、声は体の中でだけこだました。友邦国の米国人、愛国者の洋公主、死んでも死んでも影の愛国者、外貨を獲得するのだから誇りをもって、もっと一生懸命にアレを売れ。

「ハロー、ハロー、チョコレット　ギブ　ミー、食べるのも好きよ」

中三の頃、遠足に行ってうたった天真爛漫なこの歌は、もはや「ハロー、ハロー、ヘルプ　ミー　マニー　メイユー　バイ　ミー　ドリンク」となって、米兵のお尻を追いまわし、跪かされて殺される。吐き出す息にも顔がほてった七月の暑さの中で、私は今にも狂ってしまいそうだった。「姉さん、助けて」といううめき声が耳元に響き、全身を震わせた。

四　チキン、チキン、ドンクライ

ネオンサインに輝くタウンがオフリミットになり、暗闇に沈んだ。女たちが次々と死んでゆくと、群山部隊はタウン全体を米軍の立入り禁止地区とした。辺りがしーんと静まり返った。

所々破れた蚊帳が揺れる部屋の中で、手のひらほどの小さな扇風機では、その夏の暑さを耐えるには役不足だった。血が止まらず、布製の月経帯をあてて座り、部屋にあるものを手当たりしだい酒のさかなにして濁酒をあおった。熱気と血の臭い、濁酒のすっぱい臭いとタバコの煙が立ち込めた部屋に、不安と焦燥にかられた女たちが集まった。立て続けに二人の同僚を弔った女たちは、死という現実の前ですっかり萎縮し、恐怖に取りつかれていた。それは死に対する恐れではなく、生きて行くことに対する恐れだった。

私はその中でみんなを笑わせるのはおろか、他人のことを心配する気力すらなかった。止まることを知らない下血で、クラブに働きに出ることもできなかったのだ。滞納した家賃はどんどんかさみ、何ヶ月も母親に仕送りできないのに、それを心配することすらできなかった。何に対しても意欲がわかなかった。同僚たちとひたすらお酒を飲み、暗くて長いトンネルのような日々をだらだらと過ごしていた。

——沈黙を破ろう。暗くて怖い沈黙を破ろう——

「チキン、チキン、ドン　クライ、ユークライ　モーニンカム、モーニンカム　マイ　ヨボ［あなた］ゴー　ユナイト　ステーツ、エイ［アメリカ］　タウン　オフィス　クロスト　マイ　ドア、アイ　ハブ　ノーマニ」

伽耶琴《カヤグム》［韓国の琴］の調べにのせて、身の上の嘆き歌を英語でうたった。

「鶏よ、鶏よ、啼きなさんな、お前が啼くと夜が明けて、夜が明けると私のだんながアメリカに行く、アメリカタウン株式会社は私の部屋を閉ざし、私はお金がないよ、どうすればいいの」

私は泣きたくてうたうのに、みんなは拍手しておもしろがった。憂鬱な静寂が破れ、このまま死ぬわけにはいかないという本能が湧き起こってきた。下血しようと、家賃を滞納しようと、福順が死んでも、母に生活費を送金できなくても、お酒を飲んで体を揺らし、泣いて笑って騒いでみると、生きる意欲が湧いてきた。地の底から「このままでは死ねない」、「私の死も、福順、英順の死も悔しい」という声が聞こえてくるようだった。

「会長姉さんかっこいいよ、ベリグッだ」

「アメ公のやつら、戦場で銃弾が飛び交い敵軍が目の前にいるってのに、髭そって、食べて飲んで、歌って踊ってさ、みんな余裕を持つためにそうしてんだよ、私たちも見習おうよ。あいつらのためじゃなく、自分たちのために」

「ウェル、パパラ　ルルラ……」

尹《ユン》マダムの言葉で一層盛り上がり、みんなで乞食踊りにうつつをぬかした。私たちはこんなに悲惨な状況の中でも笑うことができたし、血を吐きながらも体を揺すった。生理用ナプキンがぐっしょり濡れるほど汗をかきながらうたって踊ると、どこからともなくさわやかな風が吹いてくるようだった。

あの蒸し暑かった夏を耐え抜いていくらもたたずに、たばこの火がカーペットに燃え移って煙が出、李泰子《イテジャ》が煙で窒息して死んだ。金海《キムヘ》で海軍相手の売春をし、ここに流れてきた李泰子は、腕が焼けてねじ曲がった状態で横たわっていた。私たちはクラブを回ってお金を集め、葬式をした。みな正気ではなかった。

「もういい加減に食べるのよしなよ、おかしくなっちゃったの?」

初めてホールに出て、他の女たちにあいさつした時、冷たい態度で唐突に「私は西洋人相手の女とは違うのよ」と宣言したという美那《ミナ》。「できそこないのようなやつが何言ってんのさ」、と女たちが飛びかかろうとしたが、「人はそれぞれだからほっときなよ」と、年増の女が止めてようやく興奮がおさまったという。美那は珍姫《チニ》の金切り声も無視して、豚の頭の肉をえびの塩辛につけてキムチでくるんで食べ続けた。

息がつまって張り裂けそうな、不安で騒がしい三四棟、李泰子の部屋の前で喧嘩が始まった。葬式の場はそれこそ乱闘場だった。誰かが、美那が私に似ていると言ってたっけ。見境もなくしきりに食べ続ける美那を見ていると、食べ方もそっくりだった。

——もしかして、父親が大田《テジョン》で美那を生んだのかな？　日本、群山、江原道の女に次々と子どもを産ませたのだからあり得るなぁ。美子も東豆川に流れてきたし……——

心が空しくて、しきりに食欲がわいた。体一つで家族を食べさせている美那は、弟を大学にも行かせ、それなりの自負があるのだろう。でも、美那も私も将来どうなるのだろうか。一棟、二棟、三棟……まるで表札のような部屋の数字たち、その中の主人たちはいつ変わるかもしれない。

突然、順子《スンジャ》が葬式の場に駆け込んできた。

「会長さん！　ハァ、ハァ、死んだのよ！　順姫《スニ》が暖炉に練炭を五枚重ねて死んだの！」

息が途切れて言葉が続かないのだが、体がぶるぶると震えていた。

「何だって！　昨日ここに来て香典を出して一緒にいたのに、一体どういうこと！……えっ？、どういうことなの？」

間違いであってほしかった。急な坂道をのぼって順姫の部屋、二八棟のがたつく戸を開けると、口から血を流した順姫がベッドに横たわっていた。まだ練炭からは煙が立ち上っている。乱れた部屋の中が揺れ、地面が揺れた。

「ヒトラーが生きていたら、私たちのような女たちは穴を掘って生き埋めにしたはずよ」

宣映《ソニョン》が自暴自棄になって愚痴った。次は誰？　二体の死体を横たえた心は、悲惨さと凄絶さを通り越して、散りじりに引きちぎられた。

李泰子の伯母と名乗る人が来た。髪を後ろに結いあげ、派手な薄緑色の服を身につけたその女は、挨拶もせずに煙ですすけた冷蔵庫を三輪トラックに載せて行ってしまった。

「やい！　この犬畜生め！　冷蔵庫がそんなに大事かよ！」

女たちは車を追いかけながら焼酎、ビール、コーラの瓶と練炭を投げつけ、わめきたてた。

「あたいの母ちゃん、あたいを産んでわかめスープも飲めなかったの？　不具のあたいを置いてどこ行った、どこ行った？」

金明今《キムミヨングミ》が身障者の真似をして、もの悲しそうにうたった。脚を引きずり、腕を曲げてうたう歌が胸を締めつけた。

「私たちの人生は呪われているのかしら？」

母親に捨てられ、父親に捨てられ、踏みにじられ、アカ〔共産主義者〕に両親を殺され……、みなそれぞれに不幸な過去を背負っていた。昔、共同墓地だったというアメリカタウンで、李泰子が死に、順姫が死んでから、松姫《ソンヒ》、聖姫《ソンヒ》、民姫《ミニ》、嬉順《ヒスニ》が次々と後を追いかけるように死んでいった。一度に六人もの女たちが死んだのだった。

クラブで踊っていた松姫は、タウンの外にあるホワイトハウスという店でしこたま飲んで酔っ払い、DJに背負われてきたが、翌朝、死んでいた。松姫も誰かに殺されたかもしれず、彼女の兄たちが見守る中で解剖されたが、死因は心臓麻痺と診断された。幻覚剤とパッピースモークという薬をあまりにもたくさん服用したせいだった。二人の兄は、死因が明らかになると、私たちにお金を少し渡して自家用車に乗って急いで帰ってしまった。

「やい、こん畜生どもめ！　薬づけの妹がそんなに恥ずかしいってのかい？」

松姫の二人の兄たちが葬式もせずに逃げるように去ってしまうのを見て悪態をついた鄭聖姫《チョンソンヒ》も、数日後に死んだ。妊娠三ヶ月目だった八六棟の鄭聖姫は、膝を抱えて松姫の死体を見守っていたが、婚約者の米兵とけんかして、部屋に石油をまき散らして焼け死んだ。真黒に焼け焦げた聖姫の部屋の前で、ある女は口から泡を吹いて倒れた。数日後、民姫という女は、白い喪服を着てタウンの外の木に首をつって死に、サムプラスクラブの嬉順は貯水池に落ちて死んだ。

いくらなんでもこんなことがあってはならなかった。次は誰の番なのか。米軍すらも出入りを自粛したアメリカタウンは、お化けが出てくるかのようにひっそりした。通りを歩く人影すらなかった。

祈りをあげて、ひれ伏した。神様、イエス様といわなければならないのに、幼い頃に観た映画の最後の一場面だけが思い浮かんだ。ストーリーは何も思い浮かばず、女の主人公がガス室に座って「私は生きたい」と言う場面だった。

私は生きたい。

ひれ伏していると、その言葉だけが浮かんできた。行き詰ったアメリカタウンの終着地で、ひたすら「私は生きたい」と言って祈った。

五　チームスピリット

車は市内を抜けて、凍結した山間の曲がりくねった道を注意深く上っていった。ひどい寒さだった。

松炭の月極めの部屋に一人残っている母が、正月をどのように過ごすのか、この冬をどのように耐えているのか心配だった。一度は、下血が止まらず、どす黒くげっそりやせた顔で母に会いに行くと、天井から雨水が漏るといって部屋にビニールを敷き、たらいで雨水を受け止めていた。母は冷たい床の上にうずくまって座っていた。私には母にしてあげられることが何もなかった。

今日も母は私のために祈りを捧げていることだろう。母を、私を、死んだ女たちを、酒と流行歌の調べで打ち消して出発した。チームスピリット［米韓合同軍事演習］が始まり、女たちは店主について慶尚北道の禮川《イエチョン》に向かった。私も一六棟のハルメ［おばあさん］について、一七、八人の同僚たちとともに、着替えだけを抱えて、降りしきる雪の中を貸切りタクシーで続いた。一六棟のハルメはアメリカタウンで闇のドル買いと米製品の商《あきない》をしていたが、訓練期間中も訓練地に行って商売した。アメリカタウンでは私たち以外にも、ペンハウスクラブなど、いくつもの店が女たちを連れて遠征した。

その昔、朴正熙大統領が通ったという、豪華に飾り立てた小学校の前を通り過ぎ、山間の道をくねくねと走って禮川の空軍部隊前に着いた。畑の上にテントを張り、臨時のクラブを設営するために大勢の人が働いていた。韓国の空軍部隊前にあるチキン屋で、お金を払って椅子とテーブルを数脚借りた。そしてテントのまわりにチカチカ点滅する照明をかざりつけた。ホールの看板だけが妙にきらびやかだった。

踊りをおどって幸せだったさ
歌いながら楽しかったさ

赤いチマ、黄色いチョゴリ
綱渡りをして幸せだったさ……

すきま風が吹き込むテントの中で、風になびくテントをみながら歌を口ずさむ。踊り場もこしらえ、ジャズとツイストが交代で流れると、立派なクラブの雰囲気になった。テントのホールの後方には、リンゴ箱をぶち抜き、板で仕切った部屋がいくつも並んでいる。小さな練炭暖炉で地面の冷気を防いだけれども、新聞紙を張りつけた板の隙間から風が休みなく吹き込んだ。ずらっと並んだ部屋の一番奥には、穴を掘ってドラム缶を埋めただけの簡易トイレを作った。こんな遠くまで来たのだから何としてでもお金を稼ごうと思った。

群山から来た私たちの内の何人かは、テントづくりの仮設クラブで働き、他の女たちは周辺の農家の空き部屋を借りて、そこにテーブルと椅子を置いて商売をした。辺りには全国の基地村から集まってきた人々のための食堂や洋品店などあらゆる店が立ち並ぶ。女たちも全国各地からやってきたが、東豆川からは、借金の多い女たちが抱え主の手で無理やり連れてこられるケースが多かった。私も毛布部隊として行ったことがあるが、あの時は、米軍兵士を相手にいくらたくさん働いても、収入の半分はそっくり抱え主の懐に入った。また、群山やその他の地域の基地村で働くときは、悪い噂がたたないように、安売りするしかなかった。だが、この臨時の基地村でだけは、言い値が売り値だった。

突然、田舎の村に店が出現し、田畑の上で夜通し音楽がけたたましく鳴り響いた。女たちが白昼堂々と村を歩きまわっても、村の人々は、「えい、汚い奴ら」と心の中では罵るだろうが、一つでも多く部屋を提供して利益を得ようとした。

女たちはチームスピリットの訓練地から帰ってくると、きまって重い病気にかかった。皮膚がひどくただれる病気になったり、性病や妊娠で苦労した。訓練が大変なものであればあるほど、兵士たちは女にきつくあたり、その苦痛はいつもの数倍にもなった。ここでも性病検査は例外なく行われた。検査のために保健所から職員たちが派遣されてきたのだ。女たちが全国から来るので、検診カードを持たない者も多かったが、カードの有無にかかわらず検査を受けさせた。こんなところに集まってくる女たちもたいしたものだが、だからといってこんな場所にまで性病検査場をつくる政府にもあきれるばかりだった。

軽快なリズムにあわせて狂ったように踊ると、地面が体重を支えられず、ぐらぐらと揺れた。こんな他人の田畑の上に横たわってお金を稼ぐというのはとんだ冒険だ。サーカス団のテントのようなクラブの中で、私は曲芸を演じるようにでこぼこした泥土の上で体を揺すった。

軍人たちは、模擬訓練を終えて、戦争のように緊迫した雰囲気の訓練段階に入った。海兵隊も陸軍も、松炭から来た空軍もいた。顔は緊張して、冗談一つ言わないが、お金だけは普段の二倍払ってくれた。暖炉から立ち上る練炭ガスとアルコールのせいで頭がくらくらし、冷え切った体はなかなか暖まらず、はげしい震えが襲った。カチカチに凍えた両脚をぎゅっと抱いて、懐で温めるしかなかった。新聞紙を貼っただけの部屋では、男の体がずしりと乗っているにも関わらず、寒さであごがガクガクし、気が遠くなった。天井と壁に張りついた新聞の活字がぐるぐる回り、幾多の夜が流れて行った。

――このテントが教会ならいいのに。神様、私をお救い下さい！――

体を売るために遠征してきた女たちの中にいても、心のどこかで神を求めた。ひっきりなしに酒浸りとなり、体をよたよたさせながらも、教会に通った。心の奥深くでは、長い歳月を身悶えながら駆け抜けてきた道を、許してほしいと誰かにすがりつきたかった。

巨文島の丘の上にあった天幕教会の伝道師は、「病んだ女がイエスの前に行き、イエスの服の裾に触れただけで病気が治った」と言ったっけ。村役場の前のけやきの下に座っていた時、ふいに落ちた黒い血のしずく。その痛みと怖さがなくなって消えることを、あの巨文島の教会でどれだけ祈ったことか。歳月が流れてその血が胸の奥で固まってしまったようだった。

――私をお救い下さい、神様――

巨文島の天幕教会で祈りをささげた幼い子どもが、凍えた田畑の上で同じように祈った。お酒のせいで頭痛がし、明るい昼間も目をしっかり開けることができなかった。

死んでいった女たちと、死んでいく私たち。あまりにも暗澹《あんたん》として、自分の力や人間の力ではどうすることもできないということを心底思い知った。神の慈悲だけがこの暗闇から私たちを救えるように思えた。いや、生きるためにそのように信じたかった。

第六章　われらのテント共同体

一　ハーモニカでうたう祈り

一九七七、七八、七九年の三年は、本当に悪夢のような日々だった。殺され、自殺し、事故で死に、タウンの橋を渡って出ていく同僚たちをただ見送るしかなかった。福順《ボクスン》の葬式の時に始まった下血は、スティーブンの裁判中も、チームスピリットの時も続き、その後一〇年も治らなかった。

すべてのことがどん詰まりに至ったようだった。酒も、からだを売るのも限界だったし、鏡の中のどす黒い顔を見ると、まるで昼間にお化けを見るようだった。生きたいという思い一つで祈りを捧げた。巨文島《コムンド》の天幕教会と母の祈りだけが私を支えてくれた。その祈りにしがみついて、絶望の淵で耐え忍ぶことができた。

タウンにしばしばやってくる化粧品売りの執事《チプサ》［キリスト教の教会で、会計や信徒たちの世話をする人］がいたが、ある日はその執事にすがって泣きながら哀願した。彼女は化粧品を売り歩くのが仕事だったが、座り込んで女たちの愚痴《ぐち》を聞き、一緒に泣いてくれた。彼女よりも立派なカウンセラーはいなかった。

「執事さん！　わたしを教会につれて行ってくれませんか？　このままではとても辛くて」。われ知らず涙がこぼれ落ちた。彼女はだまって私の手を強く握りしめ、優しく言った。

「金会長、私があなたたちのためにいつも祈っています。元気を出して」

まるで失った母に再会した子どものように涙があふれた。教会に行くのは一人でも難しくはなかったが、私は待ってましたとばかり化粧品売りの執事にしがみついた。

私は再び自治会の事務所に行き、掃除をしたり仕事を手伝ったりした。ラスベガスクラブに職場を移し、マネージャーをしながら、執事の後について一生懸命教会に通うようになった。少しずつ群山《クンサン》に定着した最初の頃に戻ったようだった。

他の女たちも一人二人と私について教会に通うようになった。そして私たちは白百合宣教会をつくった。白百合のかわいい姿と香りに似ようと思ってつけた名前だった。

礼拝用のスペースをつくるために、部屋にあったベッドを捨てた。米兵たちの相手をするたびにギシギシと音がするベッドを捨てたのは、基地村に入って以来、初めてのことだった。基地村に入る時にいつも真っ先にしたことが、借金してベッドを買うことだったのに。まだ壊れてもいないベッドを捨てた日、この十年間、のどの奥につまっていた何かが、すっと取れたような、私だけが知ることのできる喜びに心が満たされた。

ミツバチ自治会では、クラブの女たちのために英語の勉強班をつくった。それは、基礎班、中級班に分かれていて、基地村生活が長かったり、英語が少し上手な先輩格の女たちが教えた。基地村で英語を使うといっても、クラブでの会話ぐらいだが、みな熱心だった。私も基礎班を担当して教えたが、この班の女たちが周りの米兵たちに私を紹介する時は「マイ　イングリッシュ　ティーチャー」というので、恥ずかしかった。

タウンの裏の畑を通りぬけながら、私は時々、「ああ、ここに教会を建てたらいいのに」と言った。すると友人は、「なにをバカなこと言ってるのよ。あそこに彗星《ヘソン》教会、あっちには永生浸礼《ヨンセンチムレ》教会、この後ろには美星中央《ミソンチュアン》教会があるのに、どうしてまたここに教会を建てるのさ」と言い返した。それでも私は、自分たちの教会を建てたいという夢を持ち続けた。

一九七九年、タウン内で大きな伝道大会が開かれ、私が司会を担当した。宣教活動を熱心にしていた芸能人の郭圭錫《クァクキュソク》［一九二八―一九九九］が所属するセロム宣教団とともに大会の準備をした。群山市内にいるすべてのキリスト教信者が集まる大きな行事だった。

「ざぁーっ、ざざざざーっ、押し寄せてはひいていく波、はがれ落ちる岩のかけらが波にさらされて、海岸に転がるすべすべした石になりました。みなさん！　信仰の試練もまさにこのようなものではないでしょうか」

こんな風に話そうと準備しておいた。近くの中学や高校の合唱団の女子生徒たちが白い制服姿でやってきた。タウンが行事の場として開放されたのはこれが初めてのことだった。私は美容室に行って髪を整え、洋装店でオーダーした服を着た。ところが、演壇に上がると目の前が真っ白になって、何日も徹夜して覚えた原稿が一行も浮かんでこなかった。

「あー、おっほん、あのー、そのー、私はですね、ずっと松炭と東豆川で体を売ってきた女です。お酒を飲んでは暴れるやくざだったんです」

こう言ってしまった。私はそんな女だったけれども、後で神様に迎えられて新しく生まれ変わったといって話を終えた。笑われても仕方がないが、やはり私には高尚ぶることはできず、自分が生きてきた話から始めるしかなかった。

同僚たちといくつかの教会に通ってみたが、私たちが直面している状況を理解し包み込んでくれる教会、私たちのための特別な宣教目的のあるところが必要だと切実に感じた。石を投げはしなくても、おかしな目で見る人はいるからだ。何の気がねなく、女たちがわが家のように出入りできるアメリカタウンだけの教会が必要だと思った。

最も大きな問題はお金だった。借金も返せない分際でその日暮らしをしている女たちにとって、まとまったお金を作るのは簡単なことではなかった。そんなある日、みんなで集まって礼拝していると、国際結婚して米国で暮らしていたリチャードのママが訪ねてきた。彼女は教会を建てたいという私たちの望みを聞いて、大したことではないという風に一言いった。

「余計な心配せずに、まずはあるだけ出して、残りは月賦にしたらいいじゃないの」

毎月家賃を払って部屋を借りることには慣れていたが、月賦で家を買うという話は聞いたことがなかった。私たちはその言葉を聞いて笑いながらも、他に方法がなかったので、みんながその間少しずつ貯めたお金を集めて、あちこちあたってみることにした。とるに足らない金額だったが、自分たちの力で何かをするというだけで毎日が浮き浮きした。寝て起きると、新たにすることが思いつき、夜になると明日やるべきことが思いつく日々だった。

不動産屋のおじいさんが、タウンから遠くないところにこじんまりとした家があると教えてくれた。家主をたずねてこちらの事情を話すと、その人は冷たく吐き捨てた。

「まったく、話にならないね。家にただで住むつもりかい？　私はこれまで月賦で家を買うなんて聞いたことがないよ」

何度も訪ねて頼んでみたが、びくともしなかった。私たちはその日から毎晩祈った。

「神様。私たちは自分たちの教会を作ろうと思うのですが、お金がなくて月賦で買いたいのです。家主が心を入れ変えてくれるようにどうかお助けください」

ひまさえあれば集まって祈りを捧げ、家を見に行った。最初は絶対売らないと言い張った家主のおじさんは、しばらくすると私たちを避けるようになった。そうして一九七九年、ついに私たちはその家を五〇〇万ウォンで買うことになった。契約時にいくらかを支払い、残りを五、六回に分割して支払うことで折り合いがついたのだ。家主がなぜ気が変わったのかわからない。本人すらその理由がわからないといって頭を左右に振った。

「ふん、オレはおかしくなっちまったようだ。化けものにとりつかれたみたいだ。オレがこの家を月賦で売るなんて」

私たちはそれが祈りの効用だと喜んだが、家主は家を月賦で売った変わり者として、その後も周囲の人々から変人がられた。

群山で外港宣教［港に停泊中の外国船に乗って宣教すること］をする趙基淑《チョギスク》牧師とともに、教会の開拓を始めた。教会は韓米ヘブロン教会と名付けた。イスラエル民族がエジプトを出てカナンに行く途中で通った険しい地がヘブロンだが、私たちも韓国と米国が混ざり合うこの谷間で少しずつ現実を克服しようと努力すれば、いつか希望が見えるだろうという思いを込めたのだ。

信徒たちはみなタウンの女たちだった。初めて信友会《シヌフェ》を作ったとき一緒だった同僚たちは、ほとんど結婚して米国やドイツに行って暮していた。国際結婚した昔の同僚たちは、クラブの生活をする時よりもはるかに健康になり、余裕があった。信友会の時から残っていたのは私だけだった。

韓米ヘブロン教会で礼拝した時の人々の姿を忘れることができない。静娥《チョンア》は服装からして違っていた。グラマーな静娥は、教会の創設礼拝の時に、胸元が大きくあいて、おへそ丸出しのTシャツに短パンをはいてきた。そしてまるで電柱のように背の高い黒人を連れてやってきたのだ。そうやって堂々と来たのがどんなに愉快だったことか……。

献金して礼拝する時、私は司会をしながらハーモニカを吹いた。ハーモニカは、私が心をこめて奏でることのできる唯一の楽器で、困難な時にいつも一緒だった生涯の宝物である。そして献金時間には、徹夜して書いた演説文を読んだ。

「もし、ソドムとゴモラに義人が一〇人でもいれば、城を滅亡させなかっただろうといいました」

私にとってはそれなりに一生懸命準備したハーモニカと説教だった。私たちが基地村から来たといって無視されはしまいか、いや絶対無視できないようにしようと決心し、一人で徹夜した。私たちのような義人一〇人がいるからここも滅亡しないだろうと、演説した。

背が高くてかわいい顔つきの韓正淑《ハンジョンスク》は、伽耶琴《カヤグム》で〈アメイジング・グレイス〉を演奏した。最初はゆっくりちゃんと弾いていたが、二番になると興に乗って自己流で弾き、三番になるとムーダン［巫女］

調の拍子で弾き、みんなを爆笑させた。

こんな風に礼拝をすると、終ってから叱られた。女性伝道師が「こんなやり方はダメよ！　敬虔な礼拝でハーモニカを吹き、献金の時に説教し、伽耶琴でムーダンの唄いをするなんてとんでもない！」と言った。だが、これが私たち流だった。私たちは私たちなりに捧げることのできる真心を尽くしたのだ。

二　サボイクラブ、洪《ホン》コルトン

洪コルトン［石頭の俗称］と呼ばれる女がいた。顔は蒼白なのに唇がひときわ赤くてかわいい洪順悳《ホンスンドク》という名前の女だった。五四―一の私の部屋の窓からすぐ見える六一―一に住んでいた。洪コルトンはいつも静かで気配りがきき、清潔好きで申し分のない子だった。だが、ひとたび幻覚剤のオクスニを飲むと別人のようになった。

洪順悳は夏にも長そでを着て過ごした。クラブのブラック・ライトの照明の下でビール瓶を割って頭を刺し、黒く流れる血を見ると、快さを感じると言った。手首が傷だらけの洪順悳は、剃刀で手首を切り、洗面器の水の中に手を浸す。そうすると、全身がしびれて、血を全部絞り出し、抜けがらの体だけ残したくなるとも言った。皮膚の切り口からほとばしる真っ赤な鮮血を見るのが、ものすごく気分が良いと言うのだった。

また、洪順悳はしばしばオクタリドン四〇粒を一度に飲んで、食器棚のガラスを割った。血が飛び散って、部屋中、血なまぐさい臭いが充満すると、隣に住む女たちは悲鳴をあげて裸足で逃げ出した。しょっ中ビール瓶で頭を割り、剃刀で自傷するために血の気がなく、顔面が蒼白だった。

洪順悳はサボイクラブで働いていた。クラブの女主人の中にしっかりものの徳順《トクスン》という女がいた。彼女は韓国人男性の妾となり、正妻を追い出して男と二人でクラブを経営していた。悪口も達者で頭の回転が速く、とても賢い女だった。

以前、サボイクラブに口のきけない女がダンサーとして働いていたが、仕事もさぼりがちで女主人の言うこともよく聞かなかった。だが言葉が通じないのでまくしたてるわけにもいかず、さすがの徳順も頭を抱えた。そんなある日、徳順はレンガを二つ持ってその女の部屋に入り、鍵をかけた。

「おまえ、そんなにサボって私の言うことを聞かないなら、ここで一緒に死のう。このレンガで私の頭を叩き、もう一つのでお前の頭を叩いて一緒に死ぬんだよ、わかったか?」

聾唖の女に身振り手振りでまくしたてた彼女は、言い終わるやいなや持っていたレンガで自分の頭を叩き、頭から血が噴き出した。すると聾唖の女は手をすり合わせて勘弁してくれと哀願した。そして、翌日からまじめに働くようになったという。

また、クラブの主人の中で、その土地を所有しているものは一人もいなかった。建物だけ自分のもので、土地はタウン株式会社の所有だった。クラブの主人たちが土地も買い取ろうとあらゆる努力をしたが、無駄だった。株式会社の方は絶対に土地を譲らなかった。けれども、徳順はサボイクラブが建っている土地を何とかして自分のものにした。タウン株式会社で土地まで所有しているのは彼女一人だけだった。

このサボイクラブの徳順も、洪順悳の前ではお手上げだった。普段は順悳がかわいくて仕事もよくするので、放っておくしかなかった。自治会長の私も、順悳には近づけなかった。

あるとき、私が働くクラブを借りて昼間に祈祷会をすることにした。その日、順悳の部屋の前を通ったら、順悳は文珠蘭《ムンジュラン》［六〇、七〇年代の人気歌手］の歌を聞きながらベッドに寝そべっていた。本当に白い彼女の顔をみると、昼間から〈伝説の故郷〉［TVの妖怪番組］のお化けに出くわしたように、背筋がぞっとした。だめでもともと思って、復興会［祈祷会］という宗教的な言葉は使わずに、こう言った。

「順悳！　ラスベガスホールで米一俵に干し葡萄を入れておもちをつくから、食べにおいでよ」

「はい」

思いのほか素直な返事がかえってきた。自治会会長として洪順悳のために何かをしてあげたいけれど、正直言って、ぞっとする思いが先に立ち、怖かった。だがそのうち、私がしてあげられることは、信仰をもたせてあげることではないかと思いたった。

昼間、寝静まった一帯が、賛美歌の声でやかましくなった。ホールで二度目の集まりを終えて、最終日の集まりをしていると、順悳がきれいに化粧して白い封筒を持って現れた。驚いてすぐ隣の席に手招きした。

「アイゴ、神様！」「アイゴ、神様！」

泣きわめきながら声をあげて祈りを捧げる女たちの間で、洪順悳はひざまづき、緊張した面持ちで座ったまま、時々まわりを見渡した。順悳からほのかなアカシアの香りが漂ってくるようでもあり、何か言い知れぬ感動が伝わってきた。近寄りがたい厳粛さがあった。まるでお化けが天使になったかのように。

すぐ席を立たずにしばらくそこにいた順悳は、意外にもその日以来、熱心なキリスト教信者になった。これこそ奇跡としか言いようがなかった。人はこんな風に一夜にして変わることができるのだ。私と洪順悳の因縁はこうして始まった。

洪順悳の変化はアメリカタウンでも話題の種だった。順悳は、この教会、あの教会と行くようになり、酒とたばこ、そして薬まで絶った。私も酒とたばこは完全にやめられなかったのに、洪順悳は一度にきっぱりやめ、揺るがなかった。生活が変わると顔にも血の気が戻ってきた。化粧っ気のない顔で伝道師について女たちの家を訪問しながらニコニコ笑う顔があまりにもかわいくて、涙が出そうだった。サボイクラブの徳順は、酒に酔ってふらふらし、薬づけになって壊れていくタウンの女たちに、いつも口癖のようにこう言った。

「あんた、イエスを信じなよ。洪コルトンを見てごらんよ。イエスを信じれば、コルトンのようになれるよ。どんなに素敵かわかるだろ?」

復興会をしながら私は神学を学ぼうと決心した。神学を学んで福音を伝えよう。こんな生活をやめよう、と決心したのだ。私が神学を学ぶというや、女たちが頼母子講でお金を集めてくれた。勉強する方法を調べて、準備のためにいったん松炭に行った。ところが、いざ松炭に来てみると、生活する場も、お金も、神学を学ぶところを探すのも難しかった。教会に行って尋ねてみたが、基地村にいた女が、何の下地もなく神学を学ぶといっても誰も信じてくれなかった。持ち前の性急さであれこれやろうと意気込んでやってきたものの、心が急くだけで、何から始めたらよいか皆目見当がつかなかった。そうしているうちに、知人がソウルのとある産婦人科の厨房に働き口を見つけてくれた。

――まずお金でも稼ぎながら準備しよう――

洪順悳もやり遂げたではないか。新たな生活をしようと固く決心した。厨房長の助手として朝から午後まで料理の手助けをした。「私、これから神学校に行くつもりなの」というと、看護師や患者たちが笑った。それでも私はその希望一つで毎日を忍耐強く過ごした。

厨房長が帰ると、おかずやわかめスープをお産の済んだお母さんたちの部屋に持って行ってあげた。ところが、このわかめスープは、牛肉を使わず、牛の脂と水を沸騰させて、そこにゴマ油で炒めたわかめを混ぜただけだった。熱いうちはごまかすことができたが、冷めると油がお椀にこびりつき、よく取れもしなかった。それを洗い流そうとすると指先がかさかさになって裂け、血がにじみ出た。じっとこらえて知らん顔する方法もあったが、いくらなんでもお産で体の弱っている女たちにこんなものを与えることが許せず、怒りを爆発させてしまった。

看護師たちは休暇もなく、働く時間もとてつもなく長かった。同じ部屋の看護師たちが疲れたというのを見ると心が痛んだ。なぜ、病院はか弱い娘たちを好き放題に搾取するのだろう。

「尊敬する院長様。病院にいろんな問題があります。看護師たちに休日を与え、勤務時間も是正してください」

耐えられなくなって手紙を書いた。勇気を出して持って行くと、院長はただうなずいていたが、看護師の責任者が「おばさん、自分のやることだけしっかりやってよ、何であんなことしたのよ！」と怒った。私は自分がお腹を空かせたり、困難な状況に出くわすと冷静になり頭がよく回ったが、人が無視されるのを見ると、心がひどく痛んで冷静ではいられなかった。

「なぜ看護師たちを酷使するんだ！　えっ、わかめスープに油を入れてお母さんたちに飲ませるなんて。私の手は血だらけなのよ。なぜ騙すのよ！　院長はものすごいお金持ちなんでしょ、どうして弱い人たちを騙して寄生虫みたいに生きるのよ！」

金持ち、代々の金持ちたち。いつも貧しく苦労する人たち。私にできることもなく、かといって、そのまま放っておくわけにもいかなかった。

――帰ろう、こんなところにいてもしょうがない――

また群山に戻ろうと決心した。同僚たちは、神学を学ぶといって出て行き、そのまま戻ってきた私を見てがっかりしたようだった。再び働こうにも、クラブでは雇ってもくれなかった。クラブの主人たちは私がいなくなって、まるでぐらつく歯が抜けたようにせいせいしていたところだったのだ。タウンに入り込む余地がなくて困っていると、マダムと支配人が去って困っていたラスベガスホールが私を雇ってくれた。

一朝にして生活を変えて、新しく生きるのは難しいことだ。世の中は二十歳の時のように、理解しがたいおかしなことであふれていた。そうしたことを性格上、我慢したり諦めたりできず、一生無駄骨を折ってきたのかもしれない。ずいぶん遠くまで来たと思ったのに、また再び磁石のように引き寄せられ、ここに連れ戻す力に抗えなかった。人は誰かが問題をきれいさっぱり払い落して新たな人生を切り開く姿を見たがるものだが、実はこうした挫折の数々こそが私の本当の姿であり、また胸の痛む部分でもあった。

三　修養館を建てよう

韓米ヘブロン教会は一九七九年、女たちが共同生活できる修養館を建てることにした。タウンで苦労しながら一人で暮らす女たちが一緒に生活できる空間が必要だった。年とった女、病気持ちの女、仕事をやめたい女、新たな生活をしようとする女たちのための新しい共同体は、設立すれば十分やっていけると思った。

「今は普通の家を教会として使っているから、まず教会の建物を建ててから修養館を建てましょう」

私たちは牧師のことばに従って、一日も早く教会が建つように祈った。洪順悳は、人知れず集めた百万ウォンの貴重なお金をカレンダーの厚紙にくるんで牧師を訪ねた。

「このお金を、教会を建てるために使って下さい。こうでもしないと修養館が早く建たないじゃないですか」

こうしてお金を集め、熱心に礼拝した。けれども牧師は、私たちが切実に必要としているかんじんの修養館を一向に建てようとしなかった。

みんなで建てた教会だったが、次第に牧師だけの教会へと変質し、当初の私たちの要求は完全に黙殺されてしまった。私たちはタウンの女たちのお金で建てた教会が、権威のある牧師の教会に変わり得るということを予想だにしていなかった。あまりにも単純だったのだろうか。私たちは社会のことをよく知らなかった。

そんな状況を見守りながら私たちが思いついた妙案が、徹夜の祈祷会だった。私たちの中には、カトリック教徒や仏教徒もいたし、はじめから宗教をもたない人たちもいたが、みんな徹夜の祈祷会には自発的に集まった。

　クラブの仕事が終わり、徹夜で祈祷して数週間が過ぎた頃、教会の他の信徒たちが抗議しにきた。タウンの女たちのせいでうるさくて教会に行けないというのだった。それもそのはずで、私たちは集団で行ってお祈りし、そのたびに教会の天井が響くほど大声で騒々しく泣き叫んだ。そして、終わると今しがたの祈りの狂乱がまるで嘘のように、私たち特有の気質でまたゲラゲラ笑いころげるのが常だった。信徒たちの抗議が強まると、牧師が私たちを呼んだ。

「あの、おっほん、何というか、理解はします。計り知れない心の苦しみでみなさんがこうなるのはわかりますが、私は担当の牧師として、他の信徒たちの意見も反映しなければなりません。お祈りをするときは少し自重されながら……」

　何人かは「くそったれ、あんな教会、けったくそ悪くてもう行かないよ」と言って離れていった。また、寒くなるにつれて一人二人と足が遠のいた。

　みんなさびしくても頼るところがなく、また、同僚たちが殺され死んでいくのを見ながら、たくさんの心の傷と衝撃を受けた。タウンで生きていけるように力を与え、頼れるところ、みんなが自分の家のように気楽に出入りできる場所を切実に望んでいたのだった。

　結局、私とカトリック教徒のテレサの二人だけがタウンの前で落ち会い、丘の上の教会に通った。夜、真っ暗な道を上ってゆくと、怖くて「マリア様！」「イエス様！」と口ずさんだ。

　立っている木々がみな人間のようで、束ねられた枯れ草は人間の死体のように見えた。首をつって死んだタウンの女が思い浮かび、足が一歩も動かなくなることもあった。進むことも引き返すこともできず、その場でぶるぶる震えた。

「イエス様。私が今向かっています。向かっています、向かっています……」

われ知らず涙がこぼれた。ありとあらゆる賛美歌や節回しを歌いつくしてようやく教会の前にたどり着いた。

その頃、全斗煥《チョンドゥファン》大統領が群山の外港に来るという話が伝わってきた。

「ねえ、大統領がここに来るというのに、私たち、こうしてる場合じゃないわよ」

大統領に、このアメリカタウンの女たちのための対策を立てて、自治会がしっかり活動できる空間をつくってほしいと頼むことにした。といっても、ようやく思いついたのが、白い枕カバーをほどいてつなげ、そこに要求を書いて風船につなげて飛ばすことだった。

尊敬する全斗煥大統領閣下
私たちはアメリカタウンに住むミツバチ自治会の会員たちです。今、タウンの中に小さな空間を得て使っていますが、会員たちにとってはあまりにも手狭です。私たちに女性会館を建てて下されば、英語の勉強もし、堅実に暮らすつもりです。

ミツバチ自治会会長　金蓮子拝上

大統領に伝えるものだというので皆が一生懸命に真心を込めて徹夜して書いた。枕の白布の四隅に、赤、青、黄、そして緑色の風船をしっかり結び付けた。出発する前に風船を飛ばしたが、風船はまったく飛ぼうとせず、地面に落ちてしまった。

女たちの家賃を集めて回るタウン株式会社の李係長が私たちを見て一言いった。

「おやおや、何にも知らないんだな。窒素《ママ》を入れなきゃ飛ばないよ。口で吹いても炭酸ガスしか出てこないぞ。学校で何を勉強したんだ？」

私たちはほかの方法を考えた。それがもっとけっさくだった。要求事項を書いた布切れを大きな犬のしっぽにくくりつけ、大統領のいるところに行って、その尻を思いっきり蹴飛ばす。犬が走りだせば警護員たちが犬を制止することもできず、大統領が否応なくそれを見るに違いない……。考えただけでもばかばかしかったが、私たちはそんな方法を使ってでもやってみたかった。「犬をどこで手に入れようか？　犬が私たちの言うことを聞くようにするためには何を食べさせたらいいのだろう？　あまり強く蹴ったら走る方角がおかしくなっちゃわない？」と、どうでもいいことまで考えた。

「あんたたち、大統領閣下がね、群山の外港に来ることにしていた日程を変更したんだってさ、ハハハ」

このことがあって間もなく、全羅北道沃溝《チョルラプクドオック》郡が斡旋して、タウンに福祉会館が建つことになった。運よくそこにミツバチ自治会の空間も生まれた。それこそ初めて、ちゃんとした事務室が誕生したのだった。切実に願えば達せられるというが……。私たちはそんな風に信じて生きた。

四　私たちのテント

最初に教会を建てようとした時の勇気を思い出しながら、私たちはまた心を一つにした。立派なものではなくても、みんながリラックスできるところなら良いと思った。

一九八六年、タウンのすぐ隣にある一四七坪の土地を買ってテントを張った。国際結婚した友人たちは結婚するとすぐこの地を離れるのだが、必ず寄付をしてくれた。洪順悳は結婚することにした米兵が米国から送ってくれる生活費を貯めた。修養館、私たちのテント共同体はこのようにして始まった。

洪順悳と私はテントと木材を買い、タウン内に捨てられた床に敷く油紙を拾ってテントを作り始めた。職人に頼んでテントをしっかり張るためには、百万ウォン以上かかるので、自分たちの力で作業しようということになったのだ。父親が大工だったという順悳は、耳に鉛筆をはさんでのこぎりで木材を切った。肩越しに習った技術を発揮するのだと、あのきれいな手でのこぎりと金づちを使った。テントの両横に発泡スチロールの板を入れ、分厚いベニヤ板で囲った。天井は油紙を八角形に切ってつくり、両側に窓を開け、扉をつけるとそれらしくなった。

「わあー、イスラエル民族が荒野生活をしたときのテントみたい！」

自分が少しずつ変わっていくのを感じた。二十数年前、いずれ小さな店を開こうと、明姫《ミョンヒ》とともに麗水《ヨス》を出て東豆川《トンドゥチョン》に行ってから、私に夢というものがなかった。

テントをつくる喜びの片隅で、逃げ出したい気持ちも依然強かった。福順《ボクスン》が死んでから始まった下血のために、テントを建てている間も体がしんどかった。生理用ナプキンでは到底足りず、いつもその上から布のおむつをしていたし、少しでも無理をすると、下半身が麻痺した。

生まれて初めての荒仕事で体のあちこちにあざができ、痛まないところがないほどだった。しかし、途中でやめるわけにもいかず、歯をくいしばってハンマーを握った。意地になって涙を隠し、なんとか頑張ろうともがいた。子どものいるお母さんたち、顔色の悪い二十五、六歳の女、何の取り柄もない女たちが、仕事を休んで借金を増やしながらでもやってきて、汗まみれになりながら働いた。それなのに、私が逃げてしまったらどうするの、と自分に鞭打った。私がここで逃げたらアメリカタウンに顔向けできないし、会長としての面目も保てない……。

ついにテントが完成した。テントを張り終えて外から眺めていると、みんなが笑い出した。不器用に張られた青いテント。その周囲に縛ってあるナイロンのひもはひどく不細工だった。それでもここは私たちの手で作り上げた貴重な空間だ。

大田《テジョン》からきた恵淑《ヘスク》は、飲み屋がつぶれて息子を連れてきていたし、テレサは娘を産んで連れてきた。混血児の息子をもつ英哲《ヨンチョル》のママは、農薬を飲んで死のうとしたが、思いとどまって息子と一緒にやってきた。楨延《チョンヨニ》は癌にかかって仕事場を追い出され、銀美《ウンミ》は尾骨を痛めてホールの主人から追い出されてここにきた。心臓が悪く、いつも便秘に苦しむミス・リー姉さんは、お嫁に行ったが長続きせず、私たちの元に戻ってきた。群山に来て同僚たちがナイフに刺されて死に、火に焼かれて死んでいくのを見ながら、到底このままでは生きていけなかった。宗教を信じるか否か、宗教の違いなど関係なく、お互いに助け合うために集まってきたのだった。

牧師も伝道師も十字架も演壇もなかったけれど、私がそれまで見てきた中で最も美しい教会だった。賛美歌をうたい、最初の礼拝を行った。顔のむくんだミス・リー姉さんは「お父さん、お母さん、私は一体どうすればいいの！　これを見て下さい！　私の立場になって考えてみて下さい！」と言って泣いた。

――ムーダンの服とそっくりだわ。お化けの服みたい――

私は毎日クラブに着てゆく仕事用の派手な服を、全部燃やしてしまった。

ホールの仕事が終わると、タウンの女たちが子どもたちを連れて集まってきた。牧師もいないし、罪人だと指されることもなかった。また何の干渉も受けずに思う存分笑っておしゃべりすることができた。金執事様、李執事様、と言い合ってふざけながらも、それぞれがタウンで生活することのしんどさを打ち明けた。悩みを語り、祈りを捧げると、礼拝はいつも涙の海となった。最初は何に感謝して祈ればよいかわからず、私たちの空間ができたことだけでも感謝していたが、後になると、「私を人殺しにしないでくださり、ありがとうございます」とひれ伏しては泣いた。

時には果物やお餅を供えて祈りを捧げたが、アーメンと言って目を開けると、お皿は空っぽになっていた。お祈りしながら素早くお供え物を口に入れたり、おしりの下に隠したり、座布団の下に隠したりするので、終いにはみんな目を開けたまま祈ったりした。そんな風にみんなで楽しく笑いながらいたずらするのが唯一の幸せといえば幸せだった。何よりも私たちを支えてくれたのは、一か所に集まって、笑って話して、頼ることができるという安心感とぬくもりだった。

ある日、村の派出所のお巡りさんが訪ねてきた。村の住民たちが、夜ごとお化けの泣き声が聞こえてきて眠れないと苦情を言ったのだった。

「何とか生きるためにこうしているのに。私たち、ここから追い出されたら群山の海に集団で身投げするわよ。それでもいいっていうの？　誰が私たちのことを心配してくれるの？　女たちは死んでゆくし、怖いから、こうでもして生きる道をみつけようとしているのよ！　テントを撤去するならやってみなさいよ。もうこっちだって生きるか死ぬかよ。こん畜生！　あいつらが何さ！　正式に捕まえるなら車をもって来なさいよ。私たちは絶対ここを離れないからね」

「いや、そうじゃなくて、夜ごと女たちの泣き声が町中に響くからこう言ってるのですよ。ここの住民たちのことも理解してあげないと」

「ここの住民たち？　じゃあ私たちは住民じゃないの？　ここに私たちのような者がいるから電気が入って、商売がうまくいって喜んでたのは誰よ！　自分たちだけが住民だってさ。そうよ私たちはよそ者だよ。それで悲しくて、これからしっかり生きようとこうして叫んでいるのよ！」

「そうよ、生きたくて集まって泣くのに、あいつらは子どももいないのかい！　犬のマンコども、捕まえるんだったら捕まえてみな！」

それはまるで死を前にした叫びだった。崖っぷちが怖くて、恐怖におののいて声を上げていると、のどから腸《はらわた》まで飛び出してきそうだった。私たちはもっと悲しく祈り、泣いた。

「おい、そんな風に祈ればお前の神様がお米をくれるのか、メシをくれるのか？　それとも早く米軍と結婚させてくれるってのか？」

私がテントに執着するのを見て、村の人々は、会長がついにイエス屋になって狂ったと言った。テントでの仕事が忙しくなると、私は自治会長の席をミス・リー姉さんに譲った。ミス・リー姉さんは沃溝郡の婦女福祉係で相談代行業務まで担当して働くようになった。私は自治会の仕事を手伝い、英語教室の先生も続けた。

洪順悳は、私よりも先にクラブを辞め、私が一日も早くクラブを辞めるようにと願った。私はクラブに負った借金のせいでやめるにやめられなかった。それを見ていた洪順悳は、男友達の米兵イライが送ってくれたお金を集め、ラスベガスホールに負った百万ウォンの借金の内、五十万ウォンを清算してくれた。残りの五十万ウォンも自分が責任をとるといって私をクラブから引き抜いた。神学校に通って少しずつピアノを習っていた洪順悳は、賛美歌や福音聖歌を上手に弾いた。いつかピアノを買おうとコツコツ貯めたお金で、残りの五十万ウォンまで返済してくれたのだった。

私は洪順悳を救ってあげたいと思った。ところが、いつも薬づけになって自傷を繰り返してきた彼女が私を救ってくれたのだ。こうして私は、一二五年間続けてきたクラブ生活に終止符を打つことできた。売春の道から自分で出てきたというよりも、極限に至ってその道が終わったのだった。数え切れぬほどぶつかり、自らを憎み、耐えに耐えてきた長い時間と、ようやく決別することができた。

五　涙ではなく血なのです

母は生涯、ひまわりのように私だけを見ながら生きてきた。巨文島出身の母は、気分が良いといつも私にこう言った。

「私の千両、万両よ。空から落ちてきたのか、土から出てきたのか、いや、土から出てきたのかなんて言っちゃならねえ。神様がお前を私に下さったのさ。だから土と言っちゃならねえんだ」

こんな風に言い換えもしながら、気分が良い時は「そうさ、私の娘よ、感謝する、ありがとう、本当にありがとう」とも言った。私は母にテントで一緒に暮らそうと誘った。

母は私がまだクラブで働いていた一九八五年に、群山で私と一緒に暮したことがあった。あれは沃溝選出の高健氏《ユゴン》［一九八五年に群山沃溝から当選。一九九七年から一年間、国務総理を勤めた］が国会議員だった頃である。セマウル基金でアメリカタウンの浄化事業が行われた頃だった。ずらっと並んだ部屋の壁を取り払い、間にトイレを設置して、その両側に部屋をつくった。げっそり痩せて一層老けた母は、その間どこでどのように貯めたのか、五〇万ウォンを持ってきた。

その頃母は、甥っ子の結婚式に出席するために巨文島に行き、そこで父が順天《スンチョン》地方裁判所に離婚訴訟を起こして母を戸籍から抜いて実家に送ってしまったことを知った。松炭にいたとき、父が何度か訪ねてきて離婚しようと言ったのだが母が断ったため、ついに母を行方不明者扱いにし、故郷の人を証人に立てて新たに別の女性と婚姻届を出してしまったのである。

私が幼い頃、父が「敵産家屋をやるから離婚しよう」と言ったとき、母は「女は一度嫁いだらその家で死ななければならない」と頑固に言い張り、ずっとそうしてきたのだった。それなのに、もうじき七〇歳になるという時に一方的に離婚された。母は、この世のすべてが崩れ落ちたかのようにショックを受け、寝込んでしまった。肺炎を起こして二か月以上も入院しなければならないと診断されたが、当時ホールに多額の借金があった私は、民間療法で母を看病するしかなかった。

——どうしよう?——

——それだけは本当に嫌なのに……——

私はホールのマネージャーの仕事だけで何とか暮らそうと頑張っていたが、仕方なくまた体を売った。米製の品物を黄色いPX［基地内の売店］の袋に入れて家に戻った。

「蓮子《ヨンジャ》や、やっぱりだめだ。弁護士に頼んで告訴しなくちゃ」

母は病に伏せりながらもそう言った。「もうお互い七〇歳なのに、いまさら告訴して、自分たちのことをさらけ出して恥かいてもいいの？　許してあげてよ」と母をなだめた。

「お母さんはイエスを長いこと信じてきたし、勧士様《クォンサニム》［キリスト教を広めるために伝道活動をする人］なんだから、天国のことを考えないと。父を憎まないで、許してあげなさいよ」

自分ですらもできなかった「許してあげて」という言葉しか浮かんでこなかった。私の虚しい言葉に対して、母はただ口をつぐんだ。

あれから数年が過ぎて、松炭にいた母がテント共同体にやって来た。私が新しい人生を歩む姿を母に見せることができるのが嬉しかった。だが、母はなぜかテントでは寝ようとしなかった。

「お母さん、なぜここで寝ないの？」

「あの癌患者が死んだら、お前がここに連れてきたから死んだと言われるよ。どうするつもりなんだい」

テントといって来てみたら、包帯をぐるぐる巻いた患者と癌患者がいて、もしその人たちに何かあったら、私が連れてきたから死んだといわれる、と言って心配した。

「私たちはイエス様を信じてこうしているのよ。あの子はあんな風だからホールの主人に追い出されて行くところもないの。ここにでも連れてこないと！」

私は私たちのことを理解できない母がもどかしかった。松炭でも、私が責任を取らなくてもよいことまで買ってでて損をするのを見ていたので、母は心配で落ち着かなかったのだ。それで、タウン内の私の友人の部屋で寝泊まりし、食事もそこで済ませ、テントには近寄らなかった。

今でこそ理解できるが、母は疲れていたのだ。私と心おきなく気楽に暮らしたかったのに、私がお金を稼ぐでもなく、重病の患者たちと一緒にいたので休まらなかったのだ。母はそうして外で過ごしていたが、癌患者の楨延が亡くなってようやくテントに入って暮らした。

群山での母のあだ名は〝豆ばあさん〟だった。母は空き地さえあれば、そこに豆や白菜を植えた。また、他人の土地にとうもろこしを植えて、それをゆでて女たちの部屋を回って売って歩いた。

「蓮子のお母さんだよ、会長のお母さん」

蓮子のお母さんということばに、女たちは一つでも余計に買ってくれたという。私が知ると怒るから、母はそのようにして商売するのを内緒にしていた。少しも休むことなく、いつも体を動かしていなければ気が済まない性分だった。

洪順悳は私の最後の恋人だった。私たちは、人間的な欲望がいかなる苦痛の代価を伴うかをよく知っていた。それで私たちは、地獄を数千、数万、数億回もめぐるような嘆きを終わらせようと、互いに助け合い、愛を昇華させようと努力した。順悳が伝道師になり、私が修養館を建てることに専念したのもそのためだった。

「順悳、あなたは神学を勉強しなよ。神学を学んでこの国で使わずに、米国に行ってあなたみたいな女たちのために使いなよ。米国に行けばみんな苦労するし、生活も大変でしょ」

洪順悳と結婚することにした米兵のイライは、先に帰って結婚の準備をしていた。基地村の女たちが国際結婚して米国へ行くと、ほとんどの場合、ひどく苦労した。もちろん幸せに暮らす人もいたが、言葉や文化の違いのせいで適応するのが大変だった。中には女たちがぞんざいに扱われ、簡単に離婚されてしまうこともあった。それで一人で米国に残った女たちは、再びその地の飲み屋で働くことも多かったのだ。洪順悳ならば、そんな女たちのために力になれるだろうと思った。

順悳は神学を学ぶために超人的な努力をした。彼女は小学校三年生までしか学校に通えなかった。それでまず中学・高校の課程を修了しなければならなかったので、知り合いの牧師が経営する全州の小さな聖経高校［聖書や神学を教える学校］に行って事情を話した。中学の修了証はないけれども、米国人と結婚してアメリカに行くので、特別に入学させてほしいと頼んだのだった。幸い学校側が受け入れてくれた。順悳は大きな勇気と努力によって短期間のうちに高校の課程を終え、卒業証書をもらった。教会特有の雰囲気が漂うキリスト教徒たちの社会の中で、果敢に自分をさらけだして格闘した。

順悳は憑かれたように勉強した。最初は〝エイ、ビー、シー〟も読めなかったのに、後になると学んだ通りにしっかり読めるようになった。成績表を見ると、英語はもちろん、神学校で学ぶヘブライ語まで立派に修めていた。そんな順悳を見るのは大きな喜びだった。

テントで新たな人生を歩もうとあえぎながら、私は祈祷院にも通った。断食しながら祈りを捧げると、涙がぽたぽたと落ちた。

――神様、これは涙ではなく血なのです――

洪順悳は冬に無等山［全羅南道光州市郊外に所在］にある祈祷院で、四〇日間の断食祈祷をしたことがある。岩の上に建つ祈祷院の裏部屋で、順悳が蒼白な顔で笑いながら私を迎えてくれた。私も礼拝に参加し、三日間断食しようと決心したのだが、ずっと断食を続けている順悳を見ると、かえってお腹が空いてしまった。到底我慢できず午後に山を下り、ソルロンタン［牛肉のスープ］を食べ、お風呂に入った。

――神様、順悳は断食二五日目なのに、私は三日間やり遂げることもできないだめな人間です――

彼女は聖域に入るのに、肉体を克服できない私の行動は、あまりにも情なかった。くやしくて眠れず寝返りをうっていると、隣の部屋で牧師たちがつらららをなめながら語り合っている声が聞こえた。

「今度山を下りたら丈母《チャンモ》［妻の母親］が犬を一匹とって食べさせてくれると言ったよ」

「僕は全州市内の食堂を食べ歩くのを想像したら、空腹感がなくなるんだ」

神様、イエス様の話が一言も出ない率直で正直な会話を聞いて、私は自責の念を忘れて眠りにつくことができた。

愛する順悳を一人祈祷院に残して山を下りるのは寂しかった。たんぽぽ色の黄色いツーピースを着て洗礼を受けた洪順悳、〝コルトン〟は永遠に死に、素直で気品のある女性に生まれ変わった。

六　〝テント会長〟ならぬ〝テント家政婦〟

私は共同体生活がいかに幸せか、またいかに人間の限界を試すものなのかを少しずつ知るようになった。クラブの仕事もやめてテント生活をしながら、私の顔つきは驚くほど変わっていった。化粧もせず、酒やたばこも断ったので、まず顔色が良くなった。

とり小屋のような部屋でも、各自別々に暮らしていた女たちが一か所で共同生活するのは大変なことだった。初めのうちは楽しい経験だが、少しずつ問題が起こるようになった。

子宮がんの末期だった禎延は、看病してくれる人がおらず、大分病気が進行してからテント共同体に入ってきた。禎延はおむつをしていたが、彼女が座る場所は腐った臭いがした。その臭いは、何度拭いてもとれなかった。私はテントを何十回も出たり入ったりしながら彼女の面倒を見た。

タウンに出入りして女たちに服を売り歩く執事に、楨延の容体を説明し、彼女の両親がいまどこで暮らしているのか探してほしいと頼んだ。死ぬ前に会わせる必要があると思ったのだ。

ある日、楨延の父親と兄と名乗る人がテントを訪ねてきた。七〇を過ぎた父親は、髪にポマードを塗ってオールバックにし、白いズボンに白い靴をはいていた。その年齢にしては、大人気のない身なりだった。楨延は父親と兄を無表情に眺めた。父親は私たちに、娘の面倒見てくれてありがとうとお礼を述べ、楨延を連れていくといった。楨延もそれに従った。

楨延が去ってから、銀美《ウンミ》がそれまで黙っていた話をしてくれた。あの父親は、楨延が一六歳の時、ひどいことをたくさんした。実の娘だが、夜ごと娘の体をもてあそんで苦しめた。母親が家出した後、別の女が入ってきたが、父親はそれを止めなかった。楨延が自分の子どもを身ごもったことを知って、子どもを堕ろさせもした。その後、楨延は家出を繰り返したが、そのたびに父親が探し出して家に連れ戻した。そのうち楨延は、水原の米軍部隊周辺の飲み屋に隠れ住み、そこからアメリカタウンまで流れてきたのだった。タウンに売られてきたときはすでに子宮がんにかかっていたが、酒とたばこで耐えていた。一層ひどくなって血を吐くようになり、死を待つばかりの境遇になってしまったのだった。

楨延は死を前にして、自分を虐待した実の父親のもとに帰って行った。その後、彼女の消息を聞くことはなかった。下の世話が必要だが、誰があの腐った臭いを嗅いだのだろうか。父親はきっとその罪のつぐないをさせられたであろう。

明け方、祈祷会に行こうとしてテントを出ると、梨の木の下で銀美がたばこを吸っているのを見つけた。順憙はテント共同体のために四〇日も断食しているというのに、のうのうとたばこを吸っている様子を見て腹が立った。

銀美はロングビーチクラブで営業を終えて家に帰る途中、凍りついた地面ですべって転び、尾骨にひびが入った。なんとか大小便をできるように、股の部位だけのぞいて体中ミイラのようにギブスをはめ包帯を巻いていた。下の世話も誰かがしてあげないと一人ではできなかった。テントで面倒を見てあげようと話し合い、連れてくることにしたのだが、タクシーにも乗せることができなかった。それで米軍のトラックを借りて荷台に乗せてきたのだった。クラブには借金が二〇〇万ウォンもあったが、頭痛の種を連れて行ってくれると思ったのか、クラブ側はむしろ喜んだ。そうしてテントで養生し、ギブスを外し、一人で立てるほどになったと思ったら、たばこを吸っていたのだ。

「たばこじゃなくて神様にすがるべきでしょ！　まだわからないの！」

銀美は一日中、憂うつそうな顔で一言もしゃべらなかった。そして、しまいにホールで働く青年を連れてきて荷物をまとめ、テント共同体を出て行ってしまった。後で会った銀美は、「生活も大変なのにお祈りばかりしろと言われるし、祈祷院の院長は〝きつねのしっぽは三年焼酎につけても、そのままだ〟「人が変わらないことのたとえ」と、興醒めすることばかり言うし、嫌になってしまった」と言った。

あの頃私は、酒とたばこを断つことだけが生きる道だと思っていた。しかし、あれほど必死で頑張った私も、伝道師をしてまたつまずき、たばこと酒に手を出した。私は到底上品ぶって生きることはできないと悟らざるをえなかった。

テントではお祈りして賛美歌をうたい、ご飯を食べ、洗濯すること以外にすることがなかった。テントを訪れる人たちに食事を提供し、テントの横にしつらえたポンプで洗い物をするのだが、ゴム手袋をはめても真冬のポンプの水は冷たく身に染みた。風邪で咳が出て、鼻水が洗い物の食器の上にたれた。そんな有様なのに、テントの中の女たちは、お膳を脇にどけて座り、誰一人私を気づかうものはいなかった。私のことなど眼中にもなく、どうでもいいような雑談に花を咲かせるのだった。

「あんたたち、張禧嬪《チャンヒビン》［一六五九―一七〇一、朝鮮王朝第一九代粛宗の妾。悪らつな性格の持ち主だったと言われている］なの？　それともハゲ頭になりたいの？　イエスの話はやめときなよ、ほんとに冷たい人たちなんだから。外でこんなに咳をしているのに、誰も助けてくれないどころか、声すらかけてくれないなんて！」

――あ、私は一体何をやってるのだろう。大工仕事から家政婦の仕事まで……――

私は母子家庭で育ったが、家事をしたことがほとんどなかった。社会に出たのが基地村で、もう二五年間も過ごしてしまった。洪順悳がいなければ、とっくにクラブに戻ったかもしれなかった。いっそのこと、またクラブに行ってしまいたいと、日に何度も思った。そのたびに洪順悳の顔を思い浮かべて、テントにうずくまり、太ももの内側をつねりながら祈りを捧げた。

それほど祈って全国の祈祷院を訪ね歩き、新しい生活をしようとあがいてみたが、長年体に染みついた習慣を根こそぎなくすことは簡単ではなかった。酒、たばこ、薬、売春、諦め、悪態、絶望……。祈祷院に行ってどんなに泣き叫んでも変わらなかった。特にたばこはやめられなかった。

洪順悳と祈祷院で何日か断食祈祷をして帰ってくる日には、「ねえ、私たち帰る前に一本だけ吸っていこうよ」といってたばこを吸った。徹夜の祈祷会に行って地に伏していると、誰かが横から脇腹をつついた。そして隠し持っていた数本のたばこをチラッと見せて、ニヤッとするのだった。

たばこ一箱を鍋で煮て、その煮汁を飲むと自然にたばこをやめられるという話をどこかで聞いた。何日も断食祈祷までした私に、それくらいのことはお安いご用だった。私は聞いた通りに一滴の水も残さずに飲んだが、その後、いくら歯を磨いてもたばこの臭いがのど元にあがってきた。結局、指をのどに突っ込んで無理やり胃の中のものを吐き出し、それでもむかむかして再びたばこを吸ったりした。

テント生活をすると、普段は酒とたばこから遠のいた。でも、何か心を刺激することが起こればまた酒を飲んで暴れ、テントの住人たちに顔向けできなかった。ある時は、住人たちが、私が酒を飲んでどなり散らす様をそのまま録音しておいた。その後で私が何か問題を起こしそうになると、また録音するぞと、冗談半分に脅迫するのだった。

昼間、住人たちが出払うと、テントに残った私はたまった家事をせっせと片づけた。患者たちの面倒、洗濯、立ち寄ってくれるタウンの女たちの話相手など。体がいくつあっても足りなかった。だんだん自分が変わっていくのを感じた。二五年前、明姫とともにいつか故郷に帰って小さな店を持とうと、麗水を離れて東豆川に行ってから、私にとって、それは夢に過ぎなかった。しかし今は違った。テントを張り、タウンのとり小屋のような部屋を飛び出し、意欲にあふれて熱心に働いた。その夢が私を支えてくれた。

テントを張って三年が過ぎた。泥土の上に発泡スチロールを敷き、分厚いベニヤ板と油紙を敷いた部屋に入ると、体がほかほかして汗が出た。テントの周りに石を積み、練炭の灰を埋め、古びたナイロンのひもで何度もぐるぐる巻いて鉄釘にしばりつけた私たちの巣。未来を予想できないこのテントで、ある者は米兵と結婚し、美容学院に通い、順悳は神学校に通ってヘブライ語を流暢《りゅうちょう》にあやつった……。あのぬくぬくとしたテントの中で希望が孵化《ふか》していた。殺害され、自殺し、薬と酒で心臓が止まり死んでいった女たち、多くのことがあったけれども、テント共同体で新たな生命力が芽生えていた。

七　本当に欲しかったホーム

テントの横に一軒家があって、私はいつも口癖のように「もしあなたたちが結婚したら、あの家を買って寄付してよ。あそこに修養館を建てようよ」と言った。私たちは根深い生活習慣を何とか克服しながら、一つ一つ願いをかなえていった。国際結婚をした同僚たちの援助でついにその家を買い、テントを取り壊した。そして家の跡地に二〇坪ほどの修養館を建てることができた。恩恵《ウネ》修養館と名付けた。私たちが心から願っていたホームを、みんなで一生懸命集めたお金で建てたのだ。米国にいる同僚たちは、夫の給料だけでは足りず、慣れない土地でも工場で働いたり、家政婦として働きながら、生活費を節約してお金を送ってくれた。私たちが年老いて、行くあてがなくなっても困らないホームができたことをとても喜んだ。また、酒さえ飲めば修養館を建てようと言う私の口癖を、もう聞かなくて済むようになったと、みんなが笑った。

赤いレンガを積み、礼拝室にボイラーを入れ、応接室もつくった。建物の屋根には後々二階を建てるためにと鉄筋を入れないでおいた。老いて病んだ女たちが心休まる場所、女たちが技術を学んだり勉強したり、父親のいないタウンの混血児童たちが教育を受け、生活できるそんな空間になることを願っていた。

恩恵修養館はいつも女たちでにぎわった。テントのようにすきま風が入ったり、雨が降るからと夜中にナイロンの紐を締めなおす必要もなかった。また私たちのことで交番に苦情を言いに行く人たちもいなかった。

修養館を建てた後、私は同僚たちのこうした仕事を社会に対して知らせたいという思いが強まった。以前、ソウルに相談しに行ったとき、相談員が地図に真っ赤な色で印をつけながら、ここは赤線地帯だから、と言って口を閉ざしてしまったことが忘れられなかった。誰も手を付けることのできない赤線地帯、性売買集結地についての話をしよう。堂々と伝道師になり、社会に向かって語りたい。テントを建てる時からの長い念願がかなって、私は一九八八年、ついに全北神学校に入学した。

一緒に学んだ人々は、私が基地村出身だからといって変な目で見たりはしなかった。私の思い違いでなかったとしたら、それは私の声がとても大きくて、この年には似合わず、すべてのことにいつも率先して取り組んだからだろう。修練会に行く時や運動会をするときは、その昔、中・高校時代のように真っ先に応援団長を買って出た。

学校がある群山の開福《ケボク》教会に行くバスに乗ると、窓から吹き込む風がとてもさわやかだった。昼間は子どもたちの面倒を見たり、タウン内の換金所でアルバイトをし、学校は夜間班に通った。

後に松炭に引っ越して、水原《スウォン》神学校に通っていた頃、父が脳卒中で倒れたという連絡を受けて、巨文島へ行った。母も、「行ってきなさい」と静かに私を見送ってくれた。父の前に立った私は、隣のおじさんに声をかけるように、「こんにちは」とそっけなく言った。父は動くこともできずに横になっていた。老いたが、堂々とした威風は昔のままだった。

神学校に通い、すべてのことを許さなければならないという義務感をもちながら父に対面した。仇も許すというではないか。年老いて病気になって苦労しているのだ、と淡々と思うようにした。高校一年生だという父の娘が横に座っていた。

「早く回復してください」

「お前のお姉さんだよ、挨拶しなさい」

大きな体の父の声は相変わらず堂々としている。

――まったく、私の娘のような子どもに向かって……――

私は素直に挨拶する純朴な子どもの姿に、父を失ってさまよった自分の女子高生時代を重ねた。

父を見舞いに故郷に行って戻ってくると、しばらくしてまた電話がきた。「お父さんが倒れた拍子に亡くなったよ。また来るかい?」と、父の最後の妻が電話先で聞いた。「ええ、行きます」と答えたが、心の中では〝これで本当にこの因縁が途切れたわ。もう金昌萬《キムチャンマン》氏とはおさらばね〟という思いだけだった。これで私との第一幕第一章が終わった。私をこんな風にした男。生涯私を苦しめた彼は、記憶の中から怖いほどきれいさっぱりなくなり、まったく思い浮かばなくなった。

私はありったけの情熱をこめて恩恵修養館のために働いた。順悳も信仰生活の中で我《われ》を捨て、また我《われ》を求めて、懸命に努力した。順悳は無等山祈祷院でともに四〇日間断食祈祷をした牧師の妻と仲良くしていたが、ある日、その牧師の妻が私たちの修養館を訪ねてきてこう言った。

「とてもいい場所に家を建てましたね。でも、ここは修養館よりも祈祷院にした方がもっといいように思うわ」

「だめですよ。ここは祈祷院とは性格が違います。信者たちが来てお祈りして断食するようなところではありません。ここは基地村で年老いて病いを抱えた女たちを連れてきて休ませるために建てたのですから」

祈祷院なら信仰心の篤いキリスト教徒たちが中心になり、切実に助けを必要としている女たちには敷居が高くなるだけだった。でも、なぜか洪順悳まで、祈祷院にしようと強く言い張った。あれほど私たちを支えてくれた順悳の変化に私はとても驚いた。私たちは意見を一致させることができず、順悳はいかなる妥協の余地も残さずに、そのいちずな性格で、群山市内に引っ越してしまった。こうして誰よりも熱心に修養館を建てようと苦労した洪順悳は私のもとから離れて行った。

その頃、誰が先にということもなく、他の女たちも一人二人と離れて行った。こうして心から願って建てた私たちの共同体が次第に閑散とし、いつの間にか、恩恵修養館の草創期のメンバーは一人も残っていなかった。何人かは結婚して米国へ行き、ある者は二人の息子を連れてメキシコへ行った。またある者は黒人の夫とともにスペインへ行き、またかわいい娘を産んでカリフォルニアへと旅立っていった。文恩子《ムンウンジャ》はパラルギ、エイピシという頭痛薬を飲み続けて習慣性の薬中毒になっていた。最初は家賃も払えず、練炭の代金もないというので連れてきたのだが、しばらくすると、ホールに戻って働き、結婚でもする、といって出て行った。アメリカタウンに戻った恩子は、その後まもなく死んだ。教会が配った練炭を売ってそのお金で薬を買ったのか、練炭はわずかしか残っていなかった。マットレスを敷いたまま、頭痛薬の空瓶が散らばった部屋の中で心臓麻痺を起して死んだのだった。

信友会から始まり、恩恵修養館を建てるまで、私たちはお互いに寄り添いながら、それこそたくさんの夜を共に過ごし、血のにじむような涙を流した。新しい生活をしたいという夢と希望を抱いて生きた。小さな私たちの家も手に入れた。その家はタウンの女たちの家だった。そうして一緒にいた同僚たちが一人ずつ去って行くと、気が滅入って仕方がなかった。

ともに礼拝した女たちも、次第に遠ざかって行き、最後は母と私だけが修養館に残された。どうすればよいのかわからず、教会の牧師を訪ねて相談すると、ある牧師が、この修養館と土地を教会の財産として登録しようと言った。苦労して手に入れた家と土地なのにとんでもない……。私は、この家を教会の財産として譲れといわれて怒りを爆発させた。松炭に行って他の牧師にも相談してみた。

松炭から戻ってあれこれ悩んだ挙句、私は群山を離れることにした。次第に縮小していくアメリカタウンとは違って、松炭は逆に米軍が増え、女たちも増えていた。国際結婚した女たちと混血児童たちも多かった。なかなか去り難かったが、誰も残っていないこの地に、これ以上留まる理由もなかった。

――基地村女性への宣教を本格的にやってみよう――

私は荷づくりした。

李福順《イボクスン》、李英順《イヨンスン》、李泰子《イテジャ》、順姫《スニ》、松姫《ソンヒ》、聖姫《ソンヒ》、民姫《ミニ》、嬉順《ヒスン》……。私は、同僚たちが死んでようやく渡ることのできたタウンの橋を歩いて渡り、群山を離れた。

第七章　聞け、みなのものよ

一　クリスチャンハウスの夢

松炭《ソンタン》は実に一五年ぶりだった。昔の私を知っている人たちは、酒を飲み、悪態をつき、デモをした私が、酒とたばこを断ち、キリスト教の信者になって伝道すると知って驚いた。

一九九一年、神学校を卒業して伝道師になった。松炭に来て全北《チョンブク》神学校から水原《スウォン》神学校に移って修了したのだった。群山《クンサン》で一緒にテントを張った同僚たちに、学士帽をかぶった私の姿を見せてあげたかったが、自慢できる人は母しかいなかった。母は私が卒業証書をもらった日、何も言わずにただ涙だけ流した。母は冷たい風の中で泣き続けたせいで、頬が真っ赤だった。

「お母さん、私のために生涯祈ってくれたお母さんのおかげよ」

母は学士帽をかぶって「ありがとう、ありがとう」とうなずいた。

神学校に通っていた一九九〇年にクリスチャンハウスを開いた。もとは美容院だったそうだ。初めて訪ねたときは窓ガラスが割れ、地面がむきだしていて、一から改装し直さなければならなかった。

――神様、私はテントをつくった経験があるのでこれでもやっていけますが、そうでなければとてもだめでしょうね——

教会に通う大工さんが手伝ってくれて、米兵たちも電気を架設してくれた。私は土を運び出すなど、彼らの助手をした。クリスチャンハウスは主に混血児童たちの勉強部屋として、子供たちの英語の勉強と礼拝に使った。松炭には思ったよりたくさんの混血児童がいた。勉強部屋ができると、多くの母親たちが子どもを連れてやってきた。子どもたちのための教育施設は米軍部隊の中にある外国人学校しかない。部隊の外にも託児所はあったが、そこは夜働く母親たちのために子どもを預かって寝かせるだけだった。この子どもたちは、一般の学校に通うといじめられ、結局は町をうろつき彷徨うようになる。

クリスチャンハウスには国際結婚した女、基地村の女、現職軍人と軍人夫人などいろんな人々が出入りした。私は担任伝道師として礼拝と賛美歌を主導し、米国人を招いて英語教室も開いた。米兵たちは家をあちこち修理したり、子どもたちの英語を見てくれたりした。基地村で生活するいろんな人々が、身分の上下に関わりなく集まった。米国から戻って来て、これといってやることのない人や、国際結婚した女たちとその子どもたちが自由に出入りした。混血児宣教、教育、一般人たちとのフェローシップ。ここは私にとってもう一つのテント共同体となった。

クリスチャンハウスを始める時、水原にある三か所の教会の牧師が保証金を出してくれた。その経済的支援のおかげで自立的に運営できたが、次第に牧師たちが宣教の範囲を広げるようになった。牧師たちはあちこちから人を連れてきては説明し、訪問客たちはきょろきょろと私たちを見学していった。支援が必要な現実ではあったが、まるで私たちが孤児院の孤児のように感じられた。そのうち一人の牧師がクリスチャンハウスに常住するようになり、その牧師が仕事をすべて処理するようになった。私は掃除や授業の準備だけするようになった。いつしかここの仕事が、私の考えや意志とは別のところで動くようになったのだ。それを知りながらも、私にはどうすることもできなかった。基地村のような特別な場所で、性売買女性たちを対象に行なう特殊宣教は、教団内でも成果とされる部分であり、教会はみな自分たちの事業を行うことにだけ関心があった。私たちは素朴に床に座ってご飯をたべ、寝泊まりするけれども、牧師は椅子を搬入し、米兵たちが集めてくれたお金で高価なアンプを買い、音楽を流し、格式を整えて、まったくの教会風にしようとした。

私が自分の居場所がなくてとまどっていた頃、部隊前の教会の礼拝に一緒に参加していたトゥレバン［基地村女性たちを支援する団体］の実務者が連絡してきた。大学生たちが農村の奉仕活動をするように、基地村で奉仕活動をしたがっているといった。トゥレバンではすでに数年前から〝基地村活動〟というものをやってきたが、松炭では初めてなので、この機会に一緒にやってみようという提案だった。

私は快諾して自分の家を提供することにした。家が小さな宣教の場になったようなものだった。おかっぱ頭に大きなめがねをかけ、良妻賢母のようなふくよかな顔をしたまじめそうな女子学生たちがやってきた。学生たちが好きなように壁紙を貼り、絵を描いた紙を飾りつけ、町の子どもたちを集めた。

「ねえ、あんたの家に来ている大学生たち、米軍部隊の前でデモをしていた学生たちじゃないの？　どうしてあんな学生たちと仕事するの？」

「違うわよ。何言ってるの。そんなはずがないわよ」

人々にそう言われたときは、内心この女子学生たちが〝アカ〟ではないかと疑った。私はその当時、まだ韓国に米軍がいなければ戦争が起こると思っていて、反米を叫ぶ大学生たちのことが理解できなかったのだ。米軍の不当さに対しては率先して抗議し、デモをした私だが、米軍が韓国から撤退しなければならないとは一度も考えたことがなかった。

しかし、家にやってきた学生たちは、反米のようなことは一切口にしなかった。黙々と自分たちの食事の支度や子どもたちを教える活動をした。それは天使のように思えるほどしっかりしていた。私の母も黙って学生たちの食事の用意をし、面倒を見てくれた。だが、家で生活する人が急に増えて大変そうだった。時々、黒人の子どもがやってきたりすると、「あのクロンボのガキ！」というのだった。

「お母さん、黒人の子どもたちのことをクロンボだなんて言わないで！　私がこういう仕事をしているおかげでお酒をやめられたのに、お母さんはどうしてそれがわからないの？」

母は人や仕事のせいで振り回されて気の毒ではあったが、私はこうしたことを理解できない母に神経をとがらせた。

真の愛宣教院《チャムサラン》という看板にうっとりしながら、私は本当にしっかり仕事ができると思った。牧師たちに縛られないので自由だったし、意欲もわいた。

学生たちはこちらが言わなくても、食事の時間になるとお祈りをして食べ、子どもたちの母親に渡す教育計画案にも聖書の一節を必ず書き添えた。だが、朝の礼拝で賛美歌を歌うのを聞くと、まったく不慣れな様子だった。後で知ったことだが、彼女たちは教会に通わなければ基地村での活動ができなくなると思い、教会に通っていると嘘をついたのだった。それで、あらかじめ賛美歌を歌う練習もし、私についで夜明けの祈祷会にも参加したのだった。

私は若い友人たちが現実をしっかり見て、何かを感じてほしいと願った。それで、学生たちを連れて基地村の隅々まで見せてあげた。彼女たちは毎日会議をし、しきりに何か書いていた。また、米軍が何人いるかなどと書き込んだ地図をつくり、実態調査をした。活動が終わる日には米軍専用クラブにも連れて行ってあげた。米軍たちの前で半裸で踊る女たちをみて、無口になる学生もいれば、音楽に合わせて踊る学生もいた。後で話をすると、米軍駐屯、女性人権、商品化のような単語を使って話していた。

ひと月が過ぎて学生たちが帰っていった。周辺の反応はとても良く、みんなが寂しがった。ようやく混血児童たちのための宣教センターも定着したようだった。幸い、何人かの学生はその後も数か月間滞在した。彼女たちにとって、慣れない基地村生活がどんなに大変だったことか。ところが、翌一九九三年、彼女たちが大学を卒業して、正式に働きたいと再び松炭にやってきた。月給は言うに及ばず、当面の運営費も自ら解決しなければならない状況なのに……。

こうして真の愛宣教院は、本格的に仕事を始めた。彼女たちは松炭クラブの付近に部屋を借りて暮らしながら、事務的な業務もこなした。混血児童たちを教育し、生活に困っている基地村女性たちを支援した。国際結婚した女たちが毎日訪ねてきて、話に花が咲き、対外活動を通して多くの人々に出会った。私は再び新しい世界に入っていった。

二　異なる世界

トゥレバンで働く人たちから、〝故尹今伊《ユングミ》追慕祭〟があるから行こうと誘われた。東豆川《トンドゥチョン》に住む尹今伊が米軍に殺害された話は衝撃的だった［一九九二年一〇月二八日、米軍第二師団第二〇歩兵連隊五大隊所属の二等兵マークル・ケネス（二〇歳）によって、基地村女性尹今伊（二六歳）が無残に殺された事件］。尹今伊の死がひどく惨たらしかったためだけではなく、歳月が過ぎても何も変わらぬ私たちの現実にショックを受けたのだった。

かつてなら、基地村の女が一人くらい死んでも、社会では誰も関心を向けなかった。ただ私たちだけで泣き叫び、抗議しただけだ。

「外国のコメ輸入反対！」、「駐韓米軍撤収せよ！」

行事が開かれた延世《ヨンセ》大学百周年記念会館に到着すると、周辺には横断幕や立て看板が所狭しと並んでいた。演劇関係の人が司会をし、詩人が「ぼくの姉さん……」という詩を朗読し、学生たちが踊った。そして何人かの演説がしばらく続いた。

尹今伊事件に対するものよりも、〝ヤンキー反対〟という耳慣れないスローガンが多かった。沈鬱した雰囲気の中ですすり泣くものもいた。ほとんどは「米軍は悪者で、基地村の女たちはかわいそうだ」と言っているようだった。私はそんな風に単純に同情の対象にされているのが気にくわなかった。尹今伊という女があれほど無残な形で米兵に殺害されず、いつものようにお酒と薬漬けになって日々を送っていたら、誰が彼女に関心をもっただろうかと疑わしかった。

二五年間基地村で働いたが、私たちは常に忘れられた、いや、むしろ見えてはならない存在だった。あの集会に集まった人々に対して、基地村に来てその現実をしっかり見たことがあるのかと問いただしてやりたかった。また、米軍撤収と輸入米反対というスローガンを掲げて、一人の基地村女性の死を拡大解釈するのも理解しかねた。それは反米運動をする人たちの都合の良いイシューに過ぎないと思った。

尹今伊事件は韓・米行政協定によって初めて米軍犯罪に無期懲役を宣告したものだというけれど、その最初の判決は、一九七七年に群山で李福順と李英順が死んだあと、アメリカタウンの女たちが行動して導き出したものだった。そんな事実すら知らないほど、米軍犯罪によって女たちがこれまで被ってきた苦痛は知られていなかった。

行事が終わって、私は果川《クァチョン》にある政府総合庁舎に向かった。とにかく政府官吏たちに話をしなければならないと思った。少し前に、性売買女性の問題を扱ったテレビ番組に出演していた保健福祉省の課長が思い浮かんだ。

「反米運動圏に関する情報を提供しますから、会って下さい」

無邪気にも申請書にこう書き、事務室に入った。部屋の男が私を頭からつま先までじろじろ眺めた。

「こんにちは。あの、テレビ番組の〈生放送女性〉で電話インタビューを受けたことのある松炭の金蓮子です」

彼は私を覚えていた。

「これをちょっと見て下さい。女が一人死んだからといって騒いじゃって、それに輸入米反対、米軍撤収……これは何ですか。これって、反米運動する人たちが、基地村の女が一人死んだことを利用しようってことですよ。今必要なのはこんなことではありません。何か、女たちが新しい生活を始められるような展望を示して欲しいんです」

私は彼に行事の現場で拾ったビラを差し出しながら、大きな声で言った。

「でも、あの人たちはそれなりに考えてやっているんでしょ。運動する人たちはだいぶ前から米軍撤収を要求していますよ。あまり興奮しないで下さい」

告発するつもりで興奮して言ったのに、その人は内心笑っていたに違いない。私は社会を知らず、世の中がどのように動いているのかもまったく知らなかった。ただ私と同僚たちが経験したことが鮮明に焼きついているから、誰よりも基地村女性の目と声で語る必要があると信じていただけだ。

女性開発院で淪落行為等防止法に関する公聴会が開かれた時も、大学の総長や教会女性連合会の総務、弁護士たちが発表者だった。最初に、総長が改正のための発表をしたが、外国の性売買の事例を上げて、英語と韓国語を混ぜて話した。自分たちにはわかるのだろうが、私にはさっぱり話の内容がわからず、まん前の席で手を挙げた。

「一体なぜこの会議はこんなに外国語を使うのですか？　私にはまったく理解できませんよ。私は基地村の女です。性にかかわる現場で約三〇年間暮らしてきました。こんなことだったら私も神学を学びながらヘブライ語でも勉強して、ヘブライ語で話せばよかったわ」

スタートは良かったが、興奮すると話の筋が通らなくなり、マイクはすぐ他の人に渡されてしまった。冷静に整理し、現場の事例をあげながら淪落行為等防止法について話せばよかったが、現場のもどかしさや怒りを知りつつも、説得力を持った話し方はできなかった。また、インテリたちは彼女たちなりにああやって暮らしているのだから、外国の事例をあげて難しい論文を書くことしかできないのだ。それにしても、数十年ぶりに法改正をするというのに国内の事例には触れもせず、なぜ外国の事例ばかり、それも難しい話し方をするのだろうか。それになぜこの場に大学の総長が来なければならないのか。見ていて腹が立ったのだ。

三〇年近く基地村で暮らしたが、たったの一度でも女性運動家が訪ねてきたことはなかった。現場に来もせず、現場の声を聞かずにどうやって女性問題を解決できるのだろうか。私は女性運動についてよく知らないが、主演は女性運動家であり、現場の女性は助演、エキストラに過ぎないと思った。基地村女性たちを研究材料に使おうとするだけで、本当に必要な改善策のためにどれほど努力したのか疑問だった。

でも、一体どのように意思疎通を図ればよいのだろうか。毎日酒を飲んで叫びながら、人を、社会を求めたのに、いざ社会に出てみると、私は不器用で、話をする方法も人脈も持ち合わせていなかった。基地村の演劇でもやってみようと、あちこち訪ねて女性文化団体のようなところで演劇の話を聞いてみた。何やら難しい映画や〈自分だけの部屋〉、バージニア・ウルフ、馬光洙《マグァンス》［一九五一〜、延世大学教授・作家］などに関する話をしていた。これは私たちのようなどん底の人生とはまったく関係もなく、何の影響も与えられない話ばかりだった。芸術家には肺病が多いというけれど、私が見ても、肺病は芸術家がかかる病気だと思う。芸術家は自己憐憫に浸った肺病患者のように見えた。

私はちゃんとした正式の公演よりも、年老いたおばあさんのうらみ節、身の上語りのようなものを聞くと、いつも涙が出た。作家が体よく構想した高尚な内容ではなく、私たちが話す言葉で、私たちの物語を作りたかった。路地裏で飛ばした罵り言葉にも私たちの思いが込められていた。誰かが教えてくれたわけではないけれど、この世界にはこの世界流の罵り方があり、その中に私たちだけの哲学があった。

「チンポコでバイオリンを弾いてんのかい」

「稲妻がセックスするのを見せないと目を覚まさないのかい」「もっと怒らないとわからないのかい」

「ワイ　ユー　ニラム　ミー」［なんで私を睨むんだよ］

軽薄な街で、どん底まで落ちた生活の中で、自分たちだけが理解できた罵言の数々を、社会の中で使い、鬱屈した恨みを解いてみたかった。このようにして生きてきた私たちの人生に関する物語を、自分たちの声で知らせるのが私の夢だった。また、それこそが私にできる活動だと思った。歳月が流れたいまも、その思いに変わりはない。

一九九四年、京畿道女子技術学院で、院生たちが「教育期間短縮、殴打根絶、喫煙許容」などを要求して寄宿舎に火をつけた。その時私は、ある女性団体の集まりで対策を立てなければいけないと主張したが、お金や人力に余裕がないという返事だった。

その事件が起こって一年後、この学院で再び火災が起き、今度は院生四〇名が死亡し、一二名が負傷するという大惨事になった。その犠牲者の母親たちが京畿道庁の前で横断幕をもってデモをするや、女性団体もようやく遺族たちを支持訪問し、京畿道庁の関係者に面会を求め、抗議デモをすることにした。あの死を予告するサインと叫びをこの社会は無視し、子どもたちは死んでしまったのだ。本当にやるせなく、胸が痛んだ。

婦女保護所で、鉄条網が張り巡らされた高い塀に毛布を投げかけ、数十名が脱走した時のことが思い出された。そしてまた二〇歳そこそこの女たちが声もなく焼け死んだ。数十年が過ぎても、この社会の貧しく陽のあたらない場所は相変わらずそのままで、底辺の女たちの生活と声は依然として埋もれたままなのだ。

私は世の中と話がしたかった。私は手を上げて一人で興奮し、地面を叩きながら、私の話を聞いてくれとどなっていた。

三　青い目の中の青い宇宙

混血児童たちは宣教院に三々五々やってきて、朝食を食べた。「叔母《イモ》さん、叔母《イモ》さん」と言って私たちになついた。西洋人から生まれた子供たちだと思うせいか、韓国人の子どもをもつ親たちは、自分の子どもが混血児童たちと遊ぶのを嫌がった。子どもたちが母親の姓を名乗っていたら、すぐに「父なし子」といっていじめられ、「やい、おまえの国へ帰れ！」といって排斥され、殴られた。そのため、子どもたちは学校に行けなかった。

こうした子どもたちには安らかな居場所がどこにもなかった。私はこの子どもたちが、機会さえあれば米国に行く方が、彼らの人生のためにはましだと思った。母親とだけ暮らせばよいというものでもない。何の対策もなく、「おまえたちは韓国人だよ。母親も韓国人だし、あんたたちは韓国で暮らさなくっちゃ」なんて言ってはいられなかった。子どもたちがしっかり生きていけるような環境を作ってあげることが必要なのだ。朝鮮戦争の時に米軍が入ってきた後で生まれたこの子どもたちの悲劇を、くい止めなければならなかった。

「なぜこんな風に暮らしているの？　今いくつなの。姉さんの将来を考えてみなよ。おばあさんになった時のことも考えなくちゃ。何のために外国人の子どもたちを連れてるの？」

私はまわりの人たちが理解できないほど、人々を巻き込んで事を起こした。私は、自分がやるべきこととやらなくてもいいことの区別がつかなかった。これはこうだからダメで、これは可能だ、という風に現実的に考えながら組織的に対処することができなかったのだ。私はとにかく機会をつくってこの子どもたちを助けたかった。

一九九四年の新年早々、あるテレビ局から、自分たちの時事番組で、基地村の混血児童に関する問題を取り上げたいので力を貸してほしいと頼まれた。最初は強く断ったが、こんな問題だからこそ、もっと多くの人たちが知る必要があるのではないか、そうすれば対策も立ち、政府レベルでも関心を持ってくれるのではないかといわれ、説得された。番組の担当者は、混血児童たちの悲惨な状況に焦点をあてるというよりも、力強く生きている姿に希望があることを見せたいといった。また、混血児童のための教育基金もつくることができるというのだった。子どもたちの顔があらわにならないようにするなど、いくつかの合意をして撮影に入った。

ところが、番組が放映された直後から、真の愛宣教院はまるで蜂の巣をつついたような大騒ぎになった。約束通りに子どもたちの顔は出なかったけれども、壁にかかっている写真が映ったのだった。わずかな時間だったので、ちゃんと見えたわけではなかったが、子どもの母親たちがやってきて抗議した。それだけではなかった。当初の話とは違って、部屋の中にあるでこぼこの鍋や、たばこを吸う病んだ老女たちの姿も登場し、放送の最初のシーンから、生涯を基地村で生きて寂しく老いてゆく女たちの生活の悲惨さを見せつけた。

後で誤解は解けたが、周りの住民たちは真の愛宣教院をあまり良く思わなくなってしまった。私が女子大生たちを当初よく思わなかったのと同様に、周りでは徐々に「金蓮子が伝道師になって変な人たちと一緒に仕事するようになった」と思ったのだ。学生たちだけでなく、教授や作家、写真家たちが基地村の問題を研究したいと言っては訪ねてきた。私は証言を聞きたいという人なら誰とでも会い、率直に話した。私が経験した基地村生活を土台にした論文も発表された。そうしたことを通して少しずつ状況が良くなり、実質的な対策が出てくるだろうと期待したからだ。

しかし、インテリたちは私を〝人間、金蓮子〟として見るのではなく、〝前職基地村売春女性〟と見ることが多かった。私は自分の努力が、苦しい生活をしている多くの基地村女性と混血児童たちのためになることを望んでいたので、個人的な感情を抑えて何でも証言した。だが、その度に私が負わなければならないツケは大きかった。

ある日、一人の女がテレビ番組を見たと言って真の愛宣教院を訪ねてきた。目が青く、きれいな顔立ちをした若い女だった。米軍兵士の父と韓国人の母との間に生まれ、名前を金恵美《キムヘミ》といった。

「あの、テレビを観て私に何かできることはないかと思って来ました」

テレビに出たせいで苦労ばかりすると思っていたところだったので、彼女の来訪は嬉しかった。彼女は韓国語が流暢で、父親なしに育った篤実なクリスチャンだった。

「よくわかります。私も同じように育ちましたから。もちろん、私の場合は、それでも、うまくいったケースです。混血児童のために働いている人がいることを知って、とっても嬉しいです。本当にありがとうございます」

私は恵美をつれて英哲《ヨンチョル》の家に行った。白人との混血児童である英哲は、一般の高校に通っていたが、ある日突然、自閉症になり、部屋に閉じこもっていた。彼の母親とは、群山のアメリカタウン時代からの知り合いで、テント共同体を一緒につくった仲だった。英哲は、基地村の混血児童たちと同じく、生まれて間もなく父親が米国に帰ってしまい、母親と二人で暮らしていた。英哲の母親は群山で農薬をあおって自殺を図ったこともある。

英哲が群山にいた頃、一人の米兵が彼をとてもかわいがり、長い間、後ろ盾になってくれた。経済的援助にとどまらず、暇さえあれば英哲を訪ね、自転車にも乗ったりして一緒に遊んでくれた。英哲も彼によくなついた。ところが英哲の母親は、その米兵に部屋を借りてくれだの、結婚しようだのと無理な頼みごとをした。その米兵は英哲をかわいがってくれただけで、母親には特別な関心がなかった。そして、彼にガールフレンドができると、英哲の母親はその女を訪ねて行って、嫌みを言ったりもした。それくらいになると援助を止めるのが当然なのに、彼は韓国にいる間、ずっと英哲の面倒を見てくれた。

服務期間を終えて米国に戻るとき、彼は英哲を連れて帰って勉強させたいと言った。だが、英哲の母親は子どもと絶対に離れられないといって反対した。米兵が根気よく説得したが、無駄だった。私は韓国で偏見にさらされながら暮らすよりも、米国へ行って勉強した方がはるかによいと思った。ナイトクラブの歌手として生活している多くの混血者たちを見ればなおさらだった。

米兵が去ってしまうと、英哲はとても深く傷ついた。その後、英哲は少しずつ変わっていき、いつしか人々に対する心の扉を閉ざしてしまった。性格もよく、賢く、英語も良くできた英哲を、町の人たちもみな好いていた。そんな子どもがある日、話をしなくなり、一日中部屋に閉じこもるようになってしまったのだ。

私は真の愛宣教院で出会った人の中で、英哲にとって刺激になるような人たちはみな彼のところへ連れて行った。良い人たちと会って話をすれば変わるのではないかと思ったのだ。だが、なかなか期待通りにはいかなかった。そんなとき、金恵美が訪ねてきたのだった。

「英哲！　お姉さんよ。どうしてこうしてるの？　高校も卒業して、結婚もしなきゃ。あなたがお母さんの面倒を見てあげないとだめじゃない、そうでしょ？」

昼間なのに、暗くて狭い部屋で横たわっている英哲を見て、金恵美はまるで旧知の仲であるかのように、さっと英哲の手をとった。金恵美はまるで実の弟に会ったみたいに英哲の手をとったり、叱ったり、慰めたりした。

「英哲、あなたはこれからしっかり生きていけるわよ。あなたがやってみたいことをやってみようよ。お姉さんがいるじゃない。こんな風に生きていてはだめよ。姉さんも子どもの頃、ママに怒られたり、男の子たちにいじめられたりしたけど、いまは結婚していい生活してるわよ」

これまで英哲を訪ねた人々は、英哲の困難な環境を気づかい、言いたいことをがまんして、なるべく体の良い言葉で慰めようとした。だが、金恵美は何でも言いたいことをあけすけに言うのだった。

不思議なことに英哲は、翌日から寝床を起きだして外へ出た。新聞配達をして、高卒の検定試験を受ける準備を始めた。金恵美はしばしば英哲に会いに松炭にやってきて、二人は姉と弟のように仲良く過ごした。

そのうち、金恵美が米国へ行くことになった。英哲が昔、彼をかわいがってくれた米兵と別れた時のように、傷ついたらどうしようかと内心とても心配した。それでも、英哲はそんな素振りも見せず、明け方になると新聞配達をして勉強し、検定試験にも合格し、しばらくは元気に暮らしているかのように見えた。

ところが、ある日から、突然誰とも言葉を交わさなくなった。母親と一緒に食卓を囲むこともなかった。周りの人たちは、病院に連れていった方がいいのではないかと心配したが、英哲の母親にはそんな能力も考えもなかった。

金恵美は米国から宣教費に使ってくれと支援金を送ってくれた。私は英哲の母親に、そのお金を英哲のために使おうと提案した。

「私が乞食だっていうの！　なんでそのお金を私がもらうのよ！　いらないわよ！」

英哲の母親は以前とは違って、突然怒り出し、ののしった。自分の子どもをまた米国に連れて行こうとするかも知れないという思いがそうさせたのかもしれない。

私は基地村で育つ子どもたちが、ときに母親のせいで前途を塞がれ、基地村にとどまるケースを見てきた。そして母親のストレスのはけ口になり、何の保護も受けられずに放置される場合もあった。少しだけ関心をもってあげれば、勉強して能力を発揮することができるのに……。

ある日のこと、いつもと違って英哲が自分で夕飯を作って食べ、外出した。その後、英哲は連絡もなく家に戻らなかった。数日後、交番から英哲が死んだと連絡があった。真っ青になって現場に飛んで行った英哲の母親は、とても息子の姿を見ることができず、目をつぶってその場に崩れ伏した。英哲は、車が行き交う地方道路の陸橋の欄干にぶらさがっていたのである。首を吊った息子の死の前で、英哲の母親はただ嗚咽するしかなかった。

「私が息子を殺したのよ、私が」

英哲を亡くしたこの事件は、いまも私たちに大きな心の痛手として残っている。英哲の母親の悲しみは言い知れないが、ほんの少し手放す気持ちで息子を愛してあげていたら、と思う。英哲は自分を大事にしてくれた人々を恋しがった。母親とは言葉が通じず、自分を取り巻くどうしようもない環境から脱出する道を見つけられないまま限界に突き当たってしまったのだろう。「蓮子おばさん！」と群山のテントの前で私を呼んだ英哲。あの子どもの天真爛漫な笑い声が、いつまでも私の耳元から離れなかった。

四　元慰安婦のおばあさんと過ごした一週間

ある女性団体から連絡が来た。人身売買や軍隊によって被害を受けた女性たちのことをテーマにする国際会議が日本であるのだが、そこに参加してみないか、ということだった。私の経験を国際舞台で話せるなんて、こんな絶好のチャンスはないと思った。

アジア女性人権評議会と「女性の人権」委員会の共催で開かれたこの会議［女性の人権アジア法廷］には、韓国、日本、フィリピンなど十一ヶ国から当事者や支援者が参加した。日本軍と米軍から被害を受けた女性たちの問題を模擬裁判で証言し、被疑者の軍人と国家に対してその罪を問うものだった。韓国からは私と元日本軍「慰安婦」のハルモニ［「おばあさん」］、李愚貞《イウジョン》［一九二三〜二〇〇二］議員と女性団体の関係者が参加することになった。日本に行く時のために、若い友人たちがきれいなブラウスをプレゼントしてくれた。また、渡航に必要な書類を翻訳したり、講演文を書くのも手伝ってくれた。

混雑する空港でハルモニと会う約束をした。大勢の人混みの中で、私は誰から教わったわけでもないのに、一目で金福童《キムボクトン》ハルモニを見つけることができた。

海外への出発を前に興奮気味の人々でごった返す国際線ロビーの片隅で、ハルモニは片手に缶ビールを持ち、そわそわしながらたばこを吸っていた。

「こんにちは。一緒に日本の会議に参加する松炭の金蓮子です」

ハルモニと私はすぐ親しくなって、ずっと一緒に行動した。遠いところへ行く緊張感もあっただろうが、知らない人たちの前で自分の過去を証言することは、平常心でできることではなかった。ハルモニはたばこを吸い続け、ビールを飲んだ。私も人々に自分の話をし、住んでいた場所を案内するようになってから、テント共同体の頃から断っていた酒とたばこにまた手をのばしていた。自分の苦痛と恥部をさらけ出し、誰かがそれを伝言するのを聞くときは、恥ずかしさと胸の動悸を抑えられなかった。

国会議員、弁護士、活動家など、多くの人が参席したこの会議には、マスコミも大きな関心を寄せた。会議は早稲田大学の講堂で開かれたが、私たちが話すときだけ通訳が入り、それ以外は、誰も私たちに通訳をしてくれなかった。

私は駐韓米軍犯罪根絶運動本部からもらった数枚の写真をパネルに貼って、翻訳をつけてもらい、入口に立てかけた。殴られて血を流し、包帯を巻いた女たちの写真だった。

金福童ハルモニは顔色が悪かった。

「ハルモニ、私より先輩じゃないですか。心を楽にして話してくださいよ」

私はハルモニが証言する間、ずっと泣いた。私が泣けば、ハルモニがもっと辛くなるのがわかっていても、涙があふれた。女性としてこれほど踏みにじられ、人生がめちゃめちゃになったこと。多くの女性たちがそのように生き、いまもそうしている事実が辛かった。私が基地村で酒を飲み罵言をはいていたその頃、ハルモニは夜ごと恨みに満ちた涙を流していたのだった。東豆川の毛布部隊、モンキーハウス、基地村を運営するアメリカタウン株式会社、きれいな体で米兵たちを迎えるための強制的な性病検査。私は外国の軍人たちのために当然のように性を提供するよう求められてきたわが国の女たちの境遇に思いを馳せながら、私が見てきたことを証言した。

「一九七七年、群山アメリカタウンで李福順は米兵に首を絞められた上、焼かれて死にました。李英順もナイフに刺されて無残に死にました。わたしたちの国を守りに来たという米軍が、基地村女性をそんな風に殺しました。英語のGODは愛の人格体ですが、人が人格を失うと、つまりひっくりかえせばDOGになります……」

同僚たちの姿が目に浮かぶ。私とともに生きていた人々。私が見てきたものを語るのは生き残った私の務めだと思った。

「元日本軍慰安婦の金福童さんと、米軍に性暴行された金蓮子さんが一一日、アジア女性人権委員会主催で開かれたフォーラムで、自分たちの被害内容を告発している」

韓国に戻ってみたら、ある英字新聞に金福童ハルモニの証言を聞きながら泣いている私の写真とともに、こんな記事が載っていた。米軍中将と結婚した女性がそれを見て私に言うのだった。

「あら、姉さん！　性暴行されたこともあったの？」

私は米軍から受けた被害について証言したが、性暴行されたとは言わなかったのに……。どうしようもなかった。私が言おうとしたことや事実がそのまま伝わらないということ、それは、この社会やマスコミの中に自分が映し出される際に甘受しなければならないことでもあった。

五　米国への講演旅行

一九九四年、米国ロサンジェルスで起こった暴動事件で、黒人と在米韓国人との間に葛藤が生じ、しばらくの間、騒々しかった。米国の大学教授であるマーゴ・オカザワ＝レイは、この問題を研究しようと韓国に来て、私を訪ねた。話しているうちに混血児童のことが話題に上った。彼女もこの問題に強い関心を示した。私は彼女を連れて松炭《ソンタン》、安亭里《アンジョンリ》、東豆川《トンドゥチョン》、議政府《ウィジョンブ》、坡州《パジュ》、群山《クンサン》、釜山《プサン》など、全国の基地村を案内した。混血者に対する偏見が根強い韓国で、力を尽くして生きて行こうとしている彼らには、日常の中の小さな配慮であっても、本当に切実であることを改めて感じた。マーゴは調査を終えて韓国を離れる時、米国で巡回講演をしてみようと提案してくれた。

「米国社会に混血児童の現実を知らせるきっかけになればと思います。そうすれば、彼らのための教育基金が集まるかもしれません」

子どもたちのためにこんなに良いことはないと思った。母親たちは私が米国を一周してくれれば、何か活路が開けるのではないかと期待に胸を躍らせた。マーゴは米国に戻り、それまで真の愛宣教会の支援を得て米国に行った人たちと連絡を取り合って巡回講演会の準備をした。教授、映画監督、学生など、さまざまな人々がそれぞれの地域で講演会を準備してくれた。米軍犯罪根絶運動本部の女性人権委員の資格で、私と小説家の安一順《アンイルスン》氏、写真作家の安海龍《アンヘリョン》氏が同行した。私たちはほぼ一ヶ月の間、サンフランシスコ、ロサンジェルス、ワシントンＤＣ、ニューヨーク、ボストン、シカゴなどを訪問し、十二回以上の講演会を開き、多くの話をした。

「あんたがあの、あの正愛《チョンエ》かい？」

私たちは不意に固く抱き合った。米国に着いたとき、マーゴが通訳だといって紹介してくれた一人の女子学生は、驚いたことに、私がアメリカタウンで自治会長をしていた頃一緒に働いていた同僚の娘だった。正愛は一六歳の時に米国に養子に送られた。あのおかっぱ頭の女の子が、見知らぬ土地でひねくれもせず大学まで通い、こうして成長していた。

「私は松炭市K－55米空軍部隊の近くで、米軍が捨てた混血児童たちを教え、宣教しています。二五年間この目で見てきた米軍犯罪の数々を、米国上・下院と、もっと多くの国々に知らせたいのです」

聴衆の中には韓国系も多かった。私は彼らの前で、自分が生きてきた話をぶちまけた。首を絞められ、口を塞がれ、何も言えずに死んでいった女たち。彼女たちが言おうとして言えなかった言葉、明日のことすら予測しえない彼女たちの苦難の言葉、成長するにつれてだんだんと枯れていく基地村の子どもたちの言葉を伝えたかった。

講演をしながら混血児童のための教育基金を集め、優秀な子どもたちは米国で教育を受けられるように努力するという言葉を聞き、その成果を期待した。ところが、講演旅行が長引くにつれて、最初の意欲とは違って混乱もした。事実、講演の大きな主題は移民についてであり、私たちのことはそれほど比重が大きくなかった。一九九五年にはまだ韓国からやってきた人が米軍の話をするというのは珍しく、私たちを支援してくれる後ろ盾もなかった。

私は主に自分の体験について語り、他の人は、その間、基地村で調査した実態と代案を、そして基地村女性と混血児童の苦痛に満ちた状況を中心に話をした。その内容が間違っていたわけではないが、なぜか心がおだやかではなかった。

バークレー大学で講演した際、「金蓮子さんがここまで来ることになった動機は何ですか？」と誰かが尋ねた。それで、「母が私のためにいつも祈り、幼い頃から信仰を持っていたおかげで、その力で出てくることができました」と答えた。ところが、おかしなことに「金蓮子さんはひもじくて出てきた」と曲解されて伝わった。また、正愛は勇気を出して、自分が基地村から来たことを明かしたが、時間がたつにつれて通訳に疲れ、感情が混乱していくようだった。

希望のない生活、一度も自分の欲を思い切りかなえてみようとしたり、実現させたことのない人々。それがまさに私たちだった。それで私は、この現実を克服し耐え抜いてきた人生の希望について語りたかった。テントを張って新しい生活を始めようともがいたこと、その中で感じた希望と誇り。そして私が変わったきっかけについて話したかった。また、私が頼りにすることのできた信仰の力についても語りたかった。しかし、主催者側は、私が米軍を相手に売春をして大変だった理由、自殺したかった経験について話すことを期待したし、軍事政策を中心に話が進むことを望んだ。

米国での講演旅行を終えて帰ってくると、ものすごく疲れ果ててしまった。当初の話とは違って、講演旅行は混血児童たちのための実質的な支援にはつながらなかった。

混血児童の母親たちの失望も大きかった。ある人は、私が自分の子どもを利用して米国に行ったのではないかと不満を言った。その上、マーゴ教授が松炭に来た時、部隊の中にある混血児協会に母親たちの不満を知らせたのだが、そのせいで米軍が福祉レベルで行っていた混血児協会と、そこが運営した託児所を閉鎖してしまった。また、混血児童の母親たちがＰＸの前で荷物保管所を経営し、そこで得た収益を混血者たちのために使うことにしていたが、その保管所も閉鎖されてしまった。仕事場の一つ一つがとても貴重だったのに……。こうしていろんなことが重なって、問題が大きくなったのだった。「金蓮子がマーゴ教授とこんな風に仕事をしたおかげで、混血児童の母親と子どもたちが何一つ恩恵を受けられなくなった！」

結局は私が悪者になってしまった。〝ステップ　バイ　ステップ〟とはよくいったものだ。私は松炭で新たな宣教事業をするといって、一度に多くのことを変えようとし、混血児童と基地村女性たちのための具体的な対策が立てられないことに焦りを感じた。

呼ぶ人がいればどこへでも行って話をし、私にできることがあればどんなことでも厭わず取り組んだのに、改善はおろか、いくつもの誤解が重なり、宣教院を維持することすらもできなくなってしまった。手帳の片隅に〝金蓮子を自己改革させよう！〟などと書き込むほど情熱的だった周囲のスタッフたちも、私の気まぐれと性急さに辟易《へきえき》したようだった。

米国から戻ってきて、周りのお母さんたちの失望に直面した私は、一層頑《かたく》なになって宣教事業を強めようと言い、スタッフたちをせきたてた。彼女たちとの意見の違いを調節したり、新しいビジョンを求めるよりも、なぜ自分にしっかりついてこないのかと一方的に責めたてたのだった。問題を解決する上で、私の考えとは違う方法があり得るということを受け入れられなかった。また、このような仕事をするのにどれだけ多くの時間が必要か、ということも悟れなかった。熱心に叫び、仕事をすれば、何かが一朝にして変わるだろうと期待したのである。

私は基地村女性たちと混血児童が宣教院にとどまって必要な支援を受け、教育活動ができる空間になることを夢見ていた。だが、基地村の活動家たちは、米軍と基地村の問題点について討論しながら世論化しようとした。そうした部分でお互いにぶつかりもし、しんどい思いをした。

一九九三年に開所した真の愛宣教院は、三年ももたずに門を閉じた。自治会やテント共同体のように、基地村女性たちの中でだけ暮らし、もみ合いながら生きてきた私は、真の愛宣教院の中でまた別の社会を学び、得たものや失ったものがたくさんあった。この社会で基地村女性たちと混血児童たちの問題がどのように語られているのか、韓国社会が彼らをどのように見ているのかを感じることができた。真の愛宣教院で出会った人々は、声だけは大きいが未熟な私に、たくさんのことを教えてくれた。

松炭で暮らしながら新しい仕事をしてきたこの数年間は、試行錯誤の連続だった。しかし、私はもっと長い時間を待たなければならなかった。この世の中で、他の人々に自分の言葉を伝え、人々の言葉をしっかり聞いて理解するためには、もっともっと多くの苦い経験が必要だったのである。

第八章　花のように咲いて

一　私にはお母さんがいるじゃないの

母はずっと体を酷使して生きてきたせいか、いつも病院の世話になった。凍った地面で転んだ時は股関節を手術し、運動をして腰を痛めた時も手術して足にギプスをはめた。晩年には風邪で入院したこともある。

私は、母の世話をするために自然と母の家で暮らすようになった。真の愛宣教院《チャムサラン》の看板を下ろし、他の活動も中断して、母のためにだけ生きようと思った。だが、病身の母の横で慣れない家事をし、三度の食事を準備してみると嫌気がさした。皿洗いをするのもあきあきして、日が暮れても片付けられなかった。家にいるだけで病気になりそうだった。慣れない生活がいきなりやってきて、刑罰のように私に襲いかかってきたように感じた。

母の顔がこの世で一番かわいく見える時がありながらも、もう年だから死んだ方がいいなどと思ったこともある。また、母は一生私だけを見ながら生きてきたから、それを私に償えといってこんなに苦労させるのだ、などと悪く解釈したりもした。何も要求することなく、ひたすら私だけを見つめて弱々しく老いていく母。そんな母を見るのが辛かった。母が悲しそうな表情でもすれば、心に火がついたかのように激高した。

「もうやめてよ。そのため息を聞くとおかしくなりそうよ。裸になって外に飛び出たくなるんだってば！」

いきなり服を脱いで振り回し、手当たりしだい物を投げつけ、暴れた。昔、巨文島《コムンド》でも母はあのようにため息をついていたっけ。昔のことを思い出すと、気が狂ったように働き、酒を飲み、叫ばずにはいられなかった。神学校に通っていた頃、包丁を持ち出して、本を引き裂き部屋の壁を突き刺したこともある。

「蓮子《ヨンジャ》や、私が悪かったよ。ごめん。もうしないから。お前は子どももいないし、お金もないし、兄弟もいないからかわいそうで、ついため息がでるんだよ」

母はだしぬけにそう言った。娘の乱暴な振る舞いの前で、わなわなと震えながら無気力そうに頭をうなだれる母。しわくちゃで痩せこけた枯れ木のような母の顔を見るのも嫌だったし、ところどころ破れた黄色い壁紙を見るのもうんざりした。心が落ち着かず、理由もなく狂ったように暴れまわっている私は、かつて基地村の片隅で酒に酔って暴れていた時とそっくりだった。その絶望感が一層自分を苦しめた。

「お母さんが私をおいてきぼりにして外を出歩いたから、私が親戚のお兄さんに体をもてあそばれ、私の人生がめちゃめちゃになってしまったのよ！」

伝道師や先生と呼ばれながら講演したり、インタビューに応じたりする時はいつもその話をした。しかし、母親にだけは言えなかったそのことを、ついに口に出してしまった。初めて母の前で泣き叫んだ。あの事件がどんなに深い傷として膿んでいたのか、老いた母の前でどなり、問い詰めた。

「高校生の頃、軍人にやられた時もお母さんを探したのよ！　私がいつお母さんの胸で甘えたことがあるの？　言ってごらんなさいよ！」

私が〝悪さ〟をされたのは母親のせいだとどれほど恨んだことか。母が私を一人ぼっちにさえしなければ、私は他の子どもたちのように平凡に成長しただろうに、と思った。私の人生がめちゃめちゃになって、体を売り、酒浸りになってどなり散らして生きてきたのは、そんな傷のせいだと……。深く膿んだその傷を母に知ってもらいたかった。

それを聞いて母も泣くだろうと思った。ところが母は、両目を大きく見開いて私をまっすぐ見つめて言うのだった。

「お前ね、私は食べていくために行商して歩いたんだよ。お前を見るのが嫌でそうしたんじゃないじゃないか」

全身が硬直した。そして、笑いが出た。

――そうよ。生きるために私を置いてあちこち出歩かざるをえなかったんだ――

そうだ。私が母を憎む理由はない。だいたい、あの狭い巨文島でどうやって生きていけただろうか。私を育てるために麦峠を越えて客地へ行き、何でも売らなければ、娘と二人で生きてゆくことはできなかった。

長い間、流すことのなかった、胸をかきむしるような涙を流した。いまさら言ってもどうすることもできない怒りをぶちまけながら。その歳月が母にもどれだけ苦しく、孤独だったかを悟った。母の身一つを保つのも大変だったろうに、その中にどうして私の分はないの、という理不尽な不満を、私はこの年になるまで抱いてきたのだった。

母に慰めてもらいたいという期待がなくなると、心が楽になり、母親が一人の女として見えるようになった。

「どんなにイエスを信じても、伏せておいた傷を治療しないと、病的な行動を起こすんだって。姉さん、混血者のために生きるとか、シェルターをつくるとか言ってないで、姉さん自身のために生きなよ。姉さん自身のことに気を遣って。他人のことではなく、自分のためにだけ生きなさいよ。それが人にとってもっとも必要なことよ。もう一度やり直して」

以前、一緒に働いた同僚が、治癒のための牧会について学んできて、そんな話をしてくれた。社会でも、母親に対しても自分の行動が正しいと主張してきたのに、それが全ての理由ではなかったのだ。長い間の憤りと憎悪の中で膿んだ傷を、ありったけの激情でいつも吐き出してきたのだ。

普段、よくめまいがすると言っていた母が、しきりに吐き、顔色が蒼白になって、結局意識を失って倒れてしまった。集中治療室から一般病棟に移った後も、母親の意識ははっきりしなかった。娘の顔もよくわからなくなってきた母は、意識がある時はいつも〝お嬢ちゃん〟だけを探した。

「お嬢ちゃんは今日、来ないのかい？　食堂に行ってくると言ったのに、なぜ来ないんだい？」

母は周りの人たちに〝お嬢ちゃん〟がどこにいるのかとしきりに尋ねた。ある看護師が、九〇歳を越えた母親が探しているその〝お嬢ちゃん〟とはいったい誰のことかと私に尋ねた。六〇歳を過ぎた私はきまり悪そうに、その〝お嬢ちゃん〟が実は私のことだと答えた。意識を失くしてベッドに横たわっている母を見ながら、母に悪態をついてきた自分の数多くの過ちが浮かんできた。不意に涙が頬をつたった。生涯私を待って心をすり減らしては、胸をなでおろすことの繰り返しだった母の人生。母が快復してさえくれるのなら、何でもしてあげたかった。

幸い、母はその年齢が信じられないほど、病院での生活によく耐えてくれた。母の手をとってみると、本当に薄くて、ガラスよりも弱々しかった。しわくちゃで、乾ききった母の小さな体をそっと抱いてみた。

――お母さん、私は子どももいないし、お金もないし、兄弟もいないけれど、私にはお母さんがいるじゃないの……――

二　その中にあなたの人生がみんな詰まっているんだね

女子中・高校の同窓生から電話がきた。麗水女子中・高校の総同窓会があるから麗水に来れないかという問い合わせだった。連絡があったのは初めてのことだった。

同窓会に行くことは大きな勇気がいった。その間、私がどのように生きてきたのか誰も知らず、基地村で暮らしたと言えば、友人たちがどのような反応をするかも心配だった。しかし、私は勇気を出して麗水へ行くことにした。

私の中にずっと清純な高校生として、生涯の初恋として残っている蘭姫《ナニ》と淑子《スクジャ》にも会いたかった。ついに会えるのだろうか……。胸がドキドキして何日も眠れなかった。

一七回目［一九九七年］の総同窓会の行事は、おばさんから溌剌な二〇代に至るまで、大勢の人が参加し、ごった返していた。歌をうたい、手拍子を打ち、マイクの声は会場に鳴り響き、まったくのお祭り騒ぎだった。席ごとに卒業年度が書かれた小さな旗がたっていた。

「あ、蓮子だ！」

誰かが「あ、蓮子だ」というのだが、そう叫んだ人が誰だか、まったくわからなかった。みな教会や町でみかけるおばあさんやおばさんたちのようだった。

友人たちがいきなり私に向かって、前に出て行って早く応援をしろと促した。卒業期数ごとに芸をしたり応援をするのだと、とにかく前に行けとみんなに背を押された。本当に久しぶりに昔に戻り、歓声を上げ、応援をした。しわくちゃの顔で拍手をし、ふざけてみると、みんな昔の姿にかえったかのようだった。

私は歌をうたい、フォークダンスを踊った。気分が良くて、久しぶりに心安らかに笑うことができた。歳月が流れ、年を取ったにもかかわらず、変わらずに残っている私の幼い姿があった。

同窓会で私たちの期は応援賞をもらった。友人たちは「さすが蓮子ね」と言った。みんなは、私が数十年ぶりに来たのだからこのまま別れるわけにはいかないと、駅前のレストランに入った。

「ねぇ蓮子、あんた、一体どこで何をしてたの？　どうして今まで音信不通だったのよ？」

「そうよ、ちょっと話してごらんなさいよ。私はあなたが今頃は長官にでもなっているかと思ったわよ」

どこから話せばよいのだろうか？　何人もの同級生たちに促されて、私は立ち上がった。

「いまから話すから、よく聞いてよ。わかった?…… ウェル　パパラ　ルルラ、シス　マイ　ベイビー　ピパパ　ルルラ、ドン　マイ　ベイビ。これが米国のバカ者の歌よ。韓国の乞食歌よ。私はね、こうして暮らしていたの。そして、ガッド　イズ　ザ　グッ、ガット　イズ　ザ　グッ、われらの神様、われらの神様まで来たのよ。ここに私の人生が全部入っているの。終わり!」

「そう、そう、何をしていたにしても、蓮子は蓮子よ。ねえ、誰か続けて歌いなさいよ」

しばらくあっけにとられていた友人たちの中から再び歌が始まり、歌謡ショーが始まった。全羅道の女らしく、演歌や賛美歌など、次々にいろんな歌をうたいまくり、私たちは四〇年ぶりに楽しく遊んだ。蘭姫と淑子に会えなかったのは残念だった。少女時代の親友をずっと恋しがっていたということを友人たちは理解できるだろうか?

神様、イエス様を求めたのも、私の痛みを癒すためだったし、それに頼って何かやってみようという努力の表れだった。みんな私に「歌ったり踊ったりよく遊ぶわね」と言ったが、それは私の身悶えだったのだ。

ある友人が別れ際に、私の手をとってこう言った。

「蓮子、そうか、あなたがさっき歌っていた歌の中に、その中にあなたの人生がみんな詰まっているんだね。よく来た、よく来てくれた、本当にうれしいよ」

私が伝道師になったと言うと、恵子《ヘジャ》が教会で信仰告白をしたらどうかと言った。後で恵子と電話で話した時、またその話になった。

「でもね、たぶん教会は私の信仰告白を許してくれないよ」

「どうして？」

「実はね、同窓会の時には全部話せなかったけど、私はね、ずっと米軍のクラブで働いていたんだよ」

恵子に基地村で生きてきた話を全部ぶちまけた。最初に東豆川に行ったことから始まって群山アメリカタウンの話まで。これまでたくさんの人に自分の話をしてきたが、こんなに胸が震え、声まで震えたことはなかった。

「恵子、実はね、私が生きてきた話を本にしようとして準備してるんだけど、同窓たちのことを思ってためらっていたのよ。でも、しゃべったらとてもすっきりしたわ」

「そうだね。その通りだよ。苦労したんだね」

同窓、その誰にも語らなかったことを告白した。電話を切っても、長い間ぼーっとしていた。恵子はしばらく電話をかけてこなかった。そのうち、ソウルで娘の結婚式があるからと招待状が届き、電話をかけてきた。

「蓮子、麗水の友人たちも貸し切りバスでみんな上京してくるよ。みんな蓮子に会いたがっているから絶対来るんだよ、わかったね？」

「そうか、ありがとう。やっぱり友達が一番だね」

私には彼女たちと、故郷の記憶が今も鮮明に残っている。誰の責任でもないが、歳月がこんなに流れたのに、故郷や友人たちが夢に出てきた。私の中には、貧しくて友人たちを失い、二度と会えなくなった傷がいまだに残っていた。数十年も客地をさまよい、言葉では語りつくせない苦労をしながらも、懐かしさだけはそのままだった。

恵子は、平坦ではない私の人生について、何もとやかく言わなかった。私は正直に話してよかったと思った。時には麗水の海、巨文島、幼少時代、はしゃぎながら海辺を飛び跳ね、湖畔を歩いたあの頃を思い浮かべて、心を落ち着かせることができた。ややもすると、永遠に胸の片隅に埋もれてしまいそうな貴重な追憶を、ようやく胸を張って抱くことができるようになったのだった。私はひたすら感謝した。

三　これから蓮子も大きな花を咲かせるよ

母は鉢植えの花が咲いたのを眺めていた。

「蓮子はこの花のように大丈夫だよ」

花を見ても、「蓮子だってこのように大きく咲くだろう」という。

「わかったわよ。神の祝福なのね」

「お母さん、コーヒー飲む？」

「はいよ、娘よ、よく寝たよ」

「あ、そうだ。お前の父さんはどこにいるんだ？」

「一〇年前に巨文島で亡くなったじゃない」

「え、そうかい。私は知らなかったよ」

「あの時、話したじゃないの」

「お前は行ったのかい？」

「中風で倒れた時、二度行って、お葬式には行けなかったわよ」

働かなければならなかった。九〇歳を過ぎた母と、無一文の私が食べて行くために。日当二万三千ウォン［約二千円］をもらってほうれん草畑で働いたり、ホテルで電話交換手をしたりした。一時は公共事業の就労作業場に出かけて草を刈った。そこには、老人や、かつて基地村で働いたことのある女たちがたくさんやってくる。ほとんど身寄りがなく、一人者だった。

何時間も鍬《くわ》をもってしゃがみこんで草を刈っていると、爽やかで青々した香りが漂ってきた。生涯、感じたことのないものだった。私は幼い時家を出て以来、バスの車掌、靴磨きをしていた時と、群山でテントを張った時を除けば、体を動かして働いたことがなかった。

以前、京畿道議政府にあるトゥレバンで女たちがパンを焼いて売ったことがあった。最初のうちは、毎日集まって働くのが簡単そうに見えた。いますぐしなければならないことがたくさんあるのに、毎日パンなんか焼いてくだらない、と内心思っていた。私は国会議員に会ったり、教授に会ったりして、計画を立て、基地村で何かしなければならないと思っていたのだ。そのことの方がもっと意味のある仕事だと思い込んでいた。

基地村で暮らした二五年間、売春をし、抗い、どうにもならない状況の中で必死にもがいてきた。多くの人々に会い、母と二人で静かに暮らそうと思っても、周りが放っておかなかった。彼らは基地村で経験した米軍の蛮行、女性たちの不幸な生活に関する証言を聞きたがった。私は彼らに聞かれれば、見て聞いたことを洗いざらいしゃべった。

今日叫べば明日は何かが変わるのではないかと思った。だが、私がいくら大声で話したところで世の中は変わらず、もどかしくてならなかった。私が声を上げても、これ以上は意味のないことだと感じて、すべてのことを止めたくなるような挫折感を味わいながら、私は叫び続けてきたのだった。歌のように繰り返される私の〝ビッグマウス〟通りならば、とっくにシェルターがいくつも建っていなければならなかった。

一九九〇年代初め、それまで基地村を訪ねて見聞し、言葉を交わした人々の研究成果が世に出るようになり、高い評価が下されるようになった。昔撮ったフィルムが国際的に認められ、韓国の基地村問題を知らせる上で寄与するようになった。また、その昔、基地村に初めてやってきた活動家の卵たちが、長い間、現場で活動して堂々と根を張った。そうしたことを見ながら、いかに自分が性急で欲張りだったかをいまさらのように悟る。

わずかなお金を稼ぐために草を刈りながら、汗を流す喜びを味わった。雑草をむしり、猫の額のような土地を菜園用に掘り返しながら、私はようやく日常を生き抜く知恵、楽しむ方法を少しばかり学んだ。私たちが播《ま》いた種が土の中から芽生え、野菜に育つのが本当に不思議だった。

「お前、宝くじを買っておいで」

虚栄などとは縁のなかった母が、宝くじを買ってこいというので、びっくりした。

「お母さん、何でそんなものを買えっていうの?」

「もしそれが当たったら、何もかも捨てて巨文島に行こう。私が死ぬとき、巨文島で死ねれば、それこそ神様の恩恵だよ」

胸がしびれた。一人娘があがいて生きる様を生涯見守りながら、胸を痛めたであろう母。ようやく、初めて自分の願いを話してくれた。母は海辺で生まれ、海辺で育ちながらも、海をとっても嫌った。それなのに、巨文島の話がでると、遠くに置いてきた恋人を懐かしむように、遥かにどこかを眺めるのだった。

私たちが懐かしむ巨文島は、それぞれ異なっているかもしれない。だが、ひょっとすると母も私もあのおぼろな昔と巨文島を懐かしむことを唯一の慰めとして生きてきたという点では同じだったのかもしれない。その時間が幸せなばかりではなかったけれど、勢いよく飛び跳ねるとれたての生臭い鮮魚の匂いが懐かしいのだった。母は恋しがりながらも、いつものように伏せっていた。私はその姿を見ると胸が痛み、母が亡くなる前にぜひとも巨文島の匂いに触れさせてあげたいと、心に誓った。

四　姉さんとおばあさん

「ハルモニ《おばあさん》、足をちょっと上げてみてください」

理学療養士の先生が何度も繰り返しそう呼んで、ようやくそれが私に向かって言っていることだと気がついた。胸にタグをつけて思いきり化粧して暮らした基地村の女が、はじめて〝ハルモニ〟と呼ばれてぎょっとしたのだった。

私は〝姉さん《オンニ》〟と呼ばれることに慣れていた。基地村の時代には姉さんか会長さんと呼ばれ、神学校を出てからは伝道師様や先生と呼ばれた。特に真の愛宣教院時代に出会った人々は、例外なく私を伝道師様と呼んだが、その呼称も次第に窮屈に思えた。私は昔から姉さんという呼称に慣れきっていた。年寄りであろうが若かろうが基地村ではみな姉さん《オンニ》、妹《トンセン》と呼び合った。私と二、三十の年の差があっても姉さんと呼んだ。このように生涯を姉さんという呼称の中で暮らしてきたのだ。

姉さんからおばさん《アジュンマ》、おばあさん《ハルモニ》へと続く人生が自然なのかもしれないが、それ以前の問題として、私の頭にはおばあさんという概念がまったく無かった。私のことをおばあさんと呼んだ療養士は、今度は金蓮子さん、と呼びかえた。でも、私ももう姉さんという呼称を卒業してもよい時期になったのだろう。

「おばあさん、お年はいくつですか?」

寝床で寝返りをうって母と目が合うと、私はよく母に聞く。

「わからん」

いつも母はわからないと答える。

「おばあさんの年は九五歳ですよ」

「えっ? そんなに多いのかい?」

年を教えてあげると、むしろびっくりして私を見る母の姿に、笑いがこみ上げる。本当かと真面目《まじめ》に聞き返す母の顔に後悔の色が浮かぶ。

「おばあさん、お名前は何ですか?」

「名前もわからん」

「おばあさんのお名前は、金包心《キムポシム》ですよ。〝つつむ〟の包に、〝こころ〟の心ですよ」

「わかった」

生涯さまよい続けても結局は虚しさしか残らなかったのに、母と一緒に過ごしているこの数年間だけは違っていた。私がこれまでどんなに弁明と言い訳を並べてきたかを省みることができたし、ようやく平凡な日常を送りながら、憐憫《れんびん》の情というものを感じられるようになった。私と私の母から、他の人たちが生きる姿から。年をとればとるほど、生きれば生きるほど。

「おばあさん、お元気ですか?」

はじめは目をきょろきょろさせていた母も、いまは笑いながら返事をする。

「はい。元気です」

年齢や名前など、あまりにもわかりきったことを尋ねると、もう今は冗談だとわかるのか、腹を立てたりもする。自分の年齢がわからず私が教えてあげると、手を振ってこう言うのだ。

「おやまあ、私がそんなに年をとったかい。他の人には八〇歳だといいなよ、八〇歳」

比べるのもばかばかしいけれども、私は母と一緒に老いつつある。

私たち二人のおばあさんは、今日も目が合えば互いににっこり笑いながらおどけて挨拶し合う。

「おばあさん、ご気分はよろしいですか?」

「はい、よろしいです」

いつからか、母はこのように冗談を言うことが好きになり、私にこう言ったりもする。

「あんりがとう、ごぜえます。お幸せに暮らしてくだせえ」

母はまだわからないようだ。私が母の祈りのおかげでこうして息をして生き、どれだけ幸せを享受している女なのかを。母が、もうすっかり老いた娘に対して幸せに、との言葉を投げかければ、私も思わず口ずさむのだ。

「ありがとうございます、お母さん」

エピローグ：平和を夢見ながら

平澤《ピョンテク》に米軍部隊が新たに入ってくる。ソウルの龍山《ヨンサン》米軍基地と米第二師団が平澤地域に移ってくるのだ。ここの陸軍地域K－6は、K－55米空軍部隊の裏門と連結している。以前はその地域が普通の田畑だった。ある日、その田んぼの真ん中に標識が立った。村の人たちに訊いてみると、米空軍部隊が近いので、そこに建物を建てることができないことを知らせる標識だと言った。

それが一九九八年の頃だから、すでにその時から基地を拡張するために準備をしていたことになる。当時、勤務するホテルに置いてあった小さな地方紙にも「大韓民国にある他の米軍部隊はみな撤収するとしても、松炭《ソンタン》にあるK－55だけは重要な基地なので、シンボルとして残す」と書いてあった。小学校しかなかった部隊内に突然、高校まで設置された。そして政府が米軍部隊を松炭に移すと発表したのだ。すでにあらゆることが少しずつ準備されてきたのである。

沖縄の嘉手納空軍基地を見に行ったとき、海岸線に沿って空軍、陸軍、海軍、海兵隊基地がずらっと連なっているのを見て驚いた。基地が松炭に集結すれば、松炭も沖縄のようになるのだろうか。松炭はもっと大きな軍事都市になるかもしれない。混血児童の母親、基地村女性、国際結婚した女性など、この軍部隊の後を追ってもっと多くの女たちが集まってくるに違いない。

基地村は変化し続けている。韓国では基地村が際立って目立ったことはないけれども、基地村は生き残るために変化し、新しい人々が入ってくる。

基地村で暮らし、老いていった女たちは、いまも年老いた体でお盆をもって酒の注文をとっている。老いた女たちの舞台は、ある日、ロシアやフィリピンの女たちが入ってくることでまた大きく変わった。最近はモンゴルからもやってくるという。今後、中国東北部の延辺や北朝鮮から売られてきた女たちまで入ってくるかもしれない。こうして歳月が流れ、変化しても、それは外見だけであって、その中で繰り広げられることや問題はまったく同じことの繰り返しである。

駐韓米軍が松炭に集結すれば、私はなおさらここを離れることはできない。依然として同じような理由で私のように生きる女たち、後輩たちがいるからだ。基地村の環境をもっと住みよくするのは、基地村に根を下ろした女たちや混血児童たちのみならず、私自身を救済する道なのだ。

私は東豆川《トンドゥチョン》、松炭、群山《クンサン》で、家族から離れて暮らした女たち、一人で泣いていた女たち、無念に死んでいった女たち、ともに抵抗した女たち、悲しみを荒々しさの中に紛らしながら生きた女たちを忘れることができない。ここにも人が生きているということを社会に知らせ、一つの時代と歴史の中で彼女たちの人生に何が起きたのか、いまこの国の基地村で何が起こっているのか、語り続けたい。

私はこれまでの人生の中で、いつも目の中に殺伐とした光をたたえ、悪態をついて泣きながら、自分も他人も許すことができなかった。今は隣りの同僚たち、母、育ってゆく娘たちの目を見る。自分をあるがままに見、他の人たちをあるがまま受け入れる。傷を癒やすのに長い年月がかかった。それで、心に根を張った痛みを打ち明け、治癒することが何よりも重要だと感じている。自らに責任をもち、愛することのできる心を育て、自分の人生の問題を解決できる力を養わなければならない。それはこの基地村で生きている大人たちや子どもたちのすべてにとって、もっとも切実なことである。

「私はなぜ変わらなかったのだろうか」

悩みは私自身から始まった。私はなぜこれまでの生涯を通して怒りを抱え続けてしまったのだろう。宗教の名を借りてただ祈っていても問題は解決しなかった。自らの問題を引き出して、積極的に闘わなければならなかった。

私は六二歳になって、これまでの二五年の基地村生活を振り返り、同僚たちから石を投げられようとも「売春は精神疾患からくる病気」だと言いたい。一人の女の間違った行いからそうなるのではなく、愛されず、尊重されないことから生じた心の病、厳しく過酷な環境によって生じた病だと……。そこから抜け出し、痛みを観察し、治癒して外の世界と出会わなければならない。私はそこから出発しなければならないと思う。憐憫と痛みだけでは基地村の生活と売買春問題をしっかり解決することはできないと思うのだ。

基地村には、外部との接触をいやがる、混血児童の病んだ母親たちと、愛情を受けられず、進むべき道を見出せないでいる不安な一七、一八歳の娘たちがいる。老いて病んだ、貧しい基地村の女たちがいる。

互いの暮らしを誰よりもよく知り、力を与えることが、ここで一生暮らしながら見守ってきた私にできることだ。知っていることがこれしかなく、まだここに人々がいるから、私は今も基地村にいるし、これからもここで暮らしてゆくだろう。今後一〇年、二〇年かかっても、この中で苦しみ、語り、笑い、遊びながら、希望を求めて幸せをつくってゆきたい。また新たなテント共同体を作りたい。

私は、他人が信じようが信じまいが、運動家だ。神学校を卒業して神様を信じるけれども、伝道師でもなく、牧会者でもなく、運動家である。私の意思が固いからとか、情熱的だからというのではない。実に多くの物語が埋まっているこの地、私が知っている唯一の世界で、平和を夢見ながら生きて行きたいし、人々にこの地を見せてあげたいのだ。

私は再び、私たちのテントをつくるために街に出て、人々に会っている。

基地村から世界へ

キャサリンH・S・ムン　米国ウェルズリー大学教授

知人が出版する本に寄せる文章には、著者との初めての出会いについて書くのが一般的である。例えば、「私が金蓮子に初めて会った時……」という風に。しかし、私は著者と最後に会った二〇〇四年一一月の松炭での出来事から書き起こそうと思う。

私が同僚たちとともにセウムトに到着する前、彼女は四時間も私たちを待っていた。フィリピン、日本、沖縄、米国などから集まった研究者たちは、駐韓米軍基地という環境の中で暮らしている韓国人女性たちの経験と、今後の展望について学ぶためにその地へ向かった。金蓮子さんは数人の女性たちを連れてきた。その中には恥ずかしそうに静かにしている人もいれば、勇敢ではっきりとものを言う人もいた。彼女たちの年齢や学歴、結婚歴などは様々だった。ところが、あらゆる面で金蓮子は最も知的で分析的であり、かつ明晰だった。その女性たちと私たち一行は、夜遅くまで何時間も語り合ったが、金蓮子は最後まで熱弁を振るった。集まった人々の内、彼女が最年長者だったが、誰よりも話しの焦点が明確で、知的だった。研究者のうち五人は、博士学位の所持者だったにもかかわらず、金蓮子の精神力に勝る者はいなかった。

一九九二年の春に初めて会った時も、金蓮子はそれと同様の力、すなわち、個性とカリスマ、知性を見せてくれた。私は当時、基地村地域の政治と韓米同盟という大きな政治的関係を主題とする学位論文を書くために、プリンストン大学から現地調査に来た二八歳の大学生だった。その頃は、兵士たちにセックスを提供する女性たちが、政治や外交について私たちに何かを教えてくれることができると考えていた人は、韓・米の大学及び政府関係者の中には誰もいなかった。しかし、もしその人たちが金蓮子に会ったならば、自分たちがいかに知的な目に欠け、政治的に不誠実であったかを学んだはずだ。

金蓮子は私の母よりもいくつか年下である。物理学者の娘として生まれ、一九六一年に梨花女子大学英文科を卒業後、結婚して子どもを産んだ私の母とは違って、金蓮子は、十分な教育を受けることのできなかった父母のもとに生まれ、梨花女子大学で学ぶ可能性も機会も、まったく持てなかった。また、結婚もせず、子どももいなかった。しかし、金蓮子は、同じ世代の韓国人女性たちができなかったことをやってのけたのである。

彼女は基地村で伝道師になり、基地村の女性たちとその子どもたちのために、子どもセンターとキリスト教の親睦団体を創設した初めての女性だった(彼女はその時すでに五〇代だった)。ほとんどの子どもたちは〝混血児〟(アメラシアン)だったが、彼らの多くは、白人や黒人である米国人の父親を見たこともなかった。金蓮子は、基地村でのタブーを破って、バーとナイトクラブでの生活について、勇敢に、率直に語った初めての女性だったのである。

彼女は幼い頃に強姦され、家族や他人からも苦しめられたが、一九七〇年代にクラブのマダムになり、松炭の基地村女性たちの自治会会長になるなど、基地村の世界の中で頂点に上りつめた。彼女は

〝正常な〟韓国社会の道徳的偏見を克服しながら、私たちに〝正常な〟社会の、意図的な無知と偽善について、どのように問いかけ、どのように批判し、どのように挑戦すべきかを教えてくれた。彼女は私たちが想像したり、選択することのできる人生というものを越えて、そこにどれだけ多くの可能性と予想外の出来事が潜んでいるのかを教えてくれた。

私の母のように、金蓮子は機知に富み、強く、明晰だ。私の母のように、金蓮子は自分が愛する人々を熱烈に守り、その人々を失望させた人々によって酷く傷つけられる。そして、とても多くの人々が彼女を失望させたにもかかわらず、金蓮子は韓国の基地村で息づき流れる歴史、文化、政治、そして人間性について語り、教え、啓蒙するだけの大切なものがあるという希望を決して失わない。

彼女は一九九二年のある日、〝霊感を得〟て、基地村女性たちと子どもたちのために、米国議会と行政府、そして韓国の国会に行って話ができるようにしてほしいと、神に祈ったという。このように力説する時の彼女は、まるでその霊感を守ろうとするかのようにお腹に手をあてて話した。そして、私は彼女を信じた。個人的で政治的な真実に向かう彼女の情熱、そしてすべての人間にはそれぞれに言うことがあり、学ぶべき点があるという彼女の信念。私はそのことを心に深く刻みつけた。金蓮子がついにこの世に向けて自らの言葉で表現し、その姿を現すことになったことを、深い敬意と愛情をもって祝福したい。

〝見慣れぬ〟世界への招待

元美恵《ウォンミヘ》　女性学講師

私は都会のあるカフェで、〝金蓮子〟という人物がナレーターとして登場する人生の年代記に聞き入る。ナレーターの声の抑揚、リズミカルな深い息づかいとともに、彼女の物語に登場する女性たちの表情、服の色と日射しの傾き具合、コップの水を飲み干す速度を測りつつ、私はカメラ監督となり、筆を持った画家となり、彼女の友人と恋人、デモの現場で憤る基地村の女になり、母親にもなり、そしていつしか〝彼女自身〟にもなったりする。

金蓮子先生が語ってくれる物語は、生き生きして迫力に満ちている。その人生の物語が〝自叙伝〟として出版されることになった。金蓮子自叙伝は、〝金蓮子が語る、金蓮子の人生〟である。基地村で米軍を相手に暮らす一人の女が発掘した、自分自身の、そして他の女性たちとの交わりに関する記録である。それはまた、彼女のアイデンティティの構成物、一つの歴史に還元できない様々な物語が、世の中に向かって語りかけることでもある。

物語は過去について語る。しかし、それは現在の観点が作用する未来に向かう記憶であり、現在によって再解釈される過去である。金蓮子先生の未来には何が潜んでいるのか、自分の生涯の中から、何を記録として残そうとしたのか、彼女の生涯を〝語らせる〟見えない力は何か、を読み解くのも興味深い。ここには、社会文化的な条件のみならず、語る者、書く者、読む者が混在している。金蓮子先生の生涯には、彼女のみならず、同僚たち、そして、彼女の話に耳を傾け、それを記録してきた女性たちと、基地村活動に献身した多くの女性活動家たちの歴史が相互に作用し、息づいている。

〝読者〟の地位を与えられた私たちは、具体的な人物である〝金蓮子〟という一個人が一体誰なのか、に関心を持つ。彼女は韓国社会で初めて自分が性販売女性であったことを明かして活動してきた〝基地村活動家〟であり、自分と同僚たちの抵抗と活動を社会的に問題提起した人物である。社会的な烙印が深く押される韓国社会で、過去を露わにすることは容易いことではない。また自分をもっとも苦しめた空間を離れず、そこにいる人々の〝人権〟のために活動するということも、並大抵の覚悟でできることではない。

金蓮子先生といえば、私は真っ先に彼女の朗々とした声を思い浮かべる。四角の中に大きく太く書かれたカレンダーの数字のように、太くてしっかりした重いトーンの声と話し方。前後の事情に対する鋭い判断力、当時の事件を正確に蘇らせることのできる緻密な記憶力、怖くはないけれども、まるで虎のようにギロリとした目つきで〝語る〟彼女は、女性のステレオタイプを吹き飛ばすような魅力を持っている。人々は、豪快であっさりした彼女の性格に圧倒されつつも、彼女の強い気質に戸惑わされる。生真面目な討論会で、〝チキン、チキン、ドンクライ〟を独特の節回しで歌ってみせ、参加者をどっと笑わせずにはおかないショーマンシップ。子どものようなえくぼ、他人が笑う時に泣き、他人が泣く時に笑える果敢な表現力。すぐに激高するかと思えば、またすぐに謝りもする、情の多い方である。

私が〝金蓮子〟物語の航海に本格的に乗り出した時も、彼女は討論会場で熱弁を振るっていた。当時、私は大学院で女性学を学ぶ学生で、性売買を研究するようになって二年にしかならない〝初心者〟だった。金蓮子先生がいる松炭の真の愛宣教会では、友人たちが活動していた。その縁で私も数回、混血児童の勉強部屋でボランティア活動をしたことがあった。その後、本格的に親交を深めるようになったのは、一九九五年に起きた京畿道女子技術院火災事件の対策を求める活動で、彼女と会うようになってからである。私は売買春問題の解決のための研究会という集まりで活動していたが、私の研究と活動は、金蓮子さんに負うところが大きかった。彼女は二十一世紀リーダーシップの核心と言われる〝ネットワーク〟に卓越した能力を持っていた。自分が会う人たちを互いにつなげ、新しい仕事を企てる〝場〟を作るために、いつも最善を尽くす彼女を通して、私は国内外で活動する多くの人々と出会うことができた。

私が彼女に会った当時は、米軍犯罪、軍慰安婦、性売買、混血者問題などが本格的に公論化され始めた頃である。民族・学生運動と女性運動が基地村の現場に入り始めた時でもあった。また、彼女の証言に基づいたドキュメンタリーや研究などが、社会的な言説に影響を及ぼし始めた頃でもある。金蓮子先生は、こうした問題を扱う討論の場に招かれ、会議や集まりに出席するためソウルに来る時は、よく私の家に泊まった。

しかし、人々に会って家に戻って来た彼女は、基地村の新しい変化に対する期待で興奮しつつも、何か釈然としない様子だった。そして、世の中と疎通して松炭に戻ると、いつも寝込んでいた。基地村女性たちの慟哭と絶叫を胸の奥に抱えて生きる彼女にとって、その責任感と性急さは格別だったのだ。

自分と同僚たちが抱える問題を解決するためには、社会にその現実を知らせ、その中で構造的な変化を模索しなければならないということに、彼女は同意していた。しかし、基地村の〝声〟が取り上げられる方式、すなわち、知識人たちが適当に編み出した概念と思索のゲームに、自分たちが無理矢はめ込まれ、裁断される方法が気に入らないようだった。そのような場での彼女は、米軍犯罪の蛮行を知らせる被害民族の〝証言者〟であり、性売買を放置した家父長制国家に対して放任の罪を問うための〝被害当事者〟、〝売淫窟〟からの救いを求めて神様の栄光を立証する〝証人〟だった。このような被害の証言者という与えられた役割と、自分の経験との間の距離、そこで提示される解決方法と、自分がしようとすることとの不一致、それが彼女の言葉にならない〝不満〟の理由ではなかったかと思う。性販売女性出身であるという事実に基づく証言をすればするほど、過去の記憶を言葉にすることは一層困難な作業になっていたようだ。

金蓮子先生が自分の人生を意味化する時の一貫したコードは〝女性〟だった。しかしそれは、同質的に抽象化された〝女性〟(Woman)ではなく、関係の中で固有の名前と歴史をもった具体的な〝女性たち〟(Women)である。彼女たちは基地村で犯罪の犠牲になり、困難な暮らしを強いられもするけれども、与えられた空間でそれなりに現在を生き、未来を準備する人々であり、自治組織で団結してお互いを支えあった生命力あふれる女性たちである。

そうした具体的な女性の生活のために、金蓮子先生は発言し始めた。彼女が基地村女性たちと混血者たちのために必要だと考えたのは、米軍と男性の利益を代弁する国家と抱え主の暴力と搾取から、少しでも安全な生活を保障するための装置、より積極的に未来を準備することのできる社会的関心と資源だった。しかし、基地村に跳ね返ってくるものは、その空間の〝悲惨さ〟が込められた屈折した再現物たちだった。金蓮子先生の活動に期待を寄せた基地村の女性たちは、惨めさで塗りつぶされた自分たちの姿を見なければならず、深く傷つけられた。

金蓮子先生は、世の中と知識人に対する怒りを時たま爆発させた。そして、いくらも経たず、自分のきつい性格と症状をなじり、そこに〝精神病〟という罪名を付けた。〝精神病者〟というテーマは、彼女と私をしばしばぎくしゃくさせるテーマでもある。それは過去の〝傷跡〟でもあるが、今考えると、世の中と疎通できないことから来る息苦しさと、わけのわからぬ痛み、この〝社会〟と出会う時の自分が経験する分裂と憤りの症状を、〝精神病〟という言葉でしか表現できなかったのかも知れない。それは別の言い方をすれば、一個人が社会と、一基地村女性が知識人と、一女性が他の女性との〝関係づくり〟に失敗したという省察的な告白だったと言えるだろう。

彼女は繰り返し問う。これまで多くの努力と試みがあり、基地村問題がイシューになったのに、「それなのになぜ基地村は依然として変わらないのか?」これは、外部に対する問いかけでもあったが、彼女が松炭の片隅でこの問題と格闘し苦しむ姿を見ると、「私が何を間違ったのか? あの時、もう少し賢く行動していたらもっと良かったのではないか?」という罪責感のようなものなのかもしれない。

しかし、それがどうして彼女の力量だけのせいだろうか。問題が生じるたびに基地村女性の当事者運動によって浮上したイシューたちは、言説化する過程で基地村という具体的な現実に着地するのではなく〝不発弾〟に終わってしまった。〝民族言説〟は米軍犯罪に、〝女性主義〟［フェミニズム］は家父長制に狙いを定めたため、基地村女性の当面の生活を面倒見ることができなかった。〝民族主義〟と〝キリスト教〟のみならず、〝女性主義〟など当時の社会運動と対抗言説は、基地村女性の複合的な構造的諸問題を解決するにはあまりにも〝脆弱〟だったのだ。反面、日常的にぶつかる具体的な問題を処理して改善するには、それらはあまりにも〝大きな〟理念だった。

基地村に関心を持つ人々ですらも、彼女と基地村女性たちにとって、この社会がいかに馴染みにくい場所であるかが理解できない。また、自分たちがいかに基地村を〝馴染みにくく〟しているのかということすらも感じることができない。そのせいか、金蓮子先生は、自分の経験と物語に〝不思議の国のアリス〟、〝お化けの国の物語〟などという表題をつけたりする。それは、その場所をよく知らない人たちに基地村について語る時のぎこちなさの表現であると同時に、世の中に向かって自分の経験を露わにするたびに感じる負担と居心地の悪さの表現でもあるだろう。もしかすると彼女自身も、自分が生きてきた空間の〝異邦人〟だったのかも知れない。誰かが自分を〝洋公主〟と呼ぶ時、どうして自分をその名に同一視できるだろうか。具体的な生活空間で〝異邦人〟にとどまるしかないのが女性の現実でもあるのだから。

そのせいか、金蓮子先生の人生はでこぼこして破片的ですらある。父親の秩序という、まがりなりにも保障された安定とくびきから外れた女性が、一貫した人生を送るのは難しい上に、〝金蓮子〟の独特なキャラクターのせいでもあろう。金蓮子先生がもつ痛みの根源は〝生物学的な父親から捨てられたこと〟にあるのではなく、この社会の規範としての〝父親〟の支配秩序から抜け出そうとしたことにあるのだ。その秩序にやすやすと組み入れられない彼女の人生は、そのため何倍も熾烈で苦痛が伴った。しかし、彼女がどんな考えを持ち、どんなアイデンティティをもつ人間であろうと、彼女は〝女性〟として扱われ、〝女性〟として生きてきた。そして、男性ならば決して進まなくてもよい道を歩いてきたのである。

彼女は、分裂した内面までもあけすけに見せることで、私たちに〝再び〟手を差し伸べる。彼女の語りは単に忘れまいとする出来事の記録や、現在と断絶した記憶の復元ではない。彼女の人生は〝現在〟の基地村で引き続き営まれているからだ。多くの人々にとって、その地を離れ、消してしまいたい記憶に満ちている空間で、彼女は〝再び〟語っている。もう六〇歳を過ぎた彼女は、これ以上〝異邦人〟ではなく、基地村女性と混血者とともに〝そこ〟の一員として自分を意味づける。彼女は、自分の人生を〝再び〟語る過程を通して、人生に一貫するアイデンティティを作ろうとしているのだ。

そして金蓮子先生が自分の人生を語るように働きかける動力として、〝女性〟たちがいる。彼女の話を聞き、激励する女性たちの存在は、語る原動力になってきた。支配秩序の外で彼女が生きてきた歴史に対する他者の〝承認〟は、闘争のようなものである。アドリアーナ・カヴァレロの言葉のように、女性が自分の叙事を作るのは、他者の視線の外、男性の支配秩序の基準の外で、自分の正当性をつくることでもある。学生時代、親しい友人たちと日記を回し読みしたり、あるいは誰かにそれを見せたいと思った欲望のように、自分を表現したいという欲求は、誰にでも可能なのではなく、自分の話に耳を傾けて、認めてくれる関係の〝特別さ〟があることを前提とする。

今日、〝金蓮子〟先生が読者の視線に自分を任せることが出来るのは、〝読者〟を女性の口述伝統を引き継ぐ立派な〝友人〟とみなしているからかも知れない。〝自叙伝〟というジャンルの特殊性は、特別な関係の中で語ることのできる物語を、読者である〝私〟に見せることである。そして彼女の物語を読もうとする〝私〟は、彼女があつらえた特別な関係の〝あなた〟という固有の位置を与えられている。

彼女の人生は、女性受難の歴史でもあるし、一個人の家族史、否定と和解を繰り返す母と娘の歴史、郷愁を呼び起こす女子高生の日記、女性と女性との間の友情と愛の物語である。読者がこうした人生の歴史に固定的な言葉を被せるのは無意味かもしれない。彼女の物語は、語ることのできないより多くのことを含んでいる。単純な同一視を越えて、書かれなかった物語から沈黙の声を感じ、歴史に刻みつけるのは読者の仕事であり、新しい時代の仕事である。

もはや金蓮子のライフストーリーは、彼女個人だけに属するものではない。それは私たちを悩ませ、再び目を覚まさせる、〝外側の思惟〟を夢見る者たちに向かって開かれているテクストである。事実と事実の間、言葉と言葉の間、沈黙と沈黙の間を飛び交いながら、読者である〝私〟は、力いっぱい〝彼女〟を抱き締めてあげたい。

金蓮子先生の歌

安美仙《アンミソン》　天主教性暴力相談所相談員

金蓮子先生は歌がお上手だ。約束が食い違って時間がぽっかり空いても、その時間を無駄にせず、人々を促して手拍子を打たせ、歌を歌う。「私は悲しい時や耐え難い時、いつも歌を歌いました」と言いながら、前に出て、お腹に力を入れ、大きな声で歌うのだ。

〝私が生きている間に、やるべきことがもう一つある。風が吹く荒野に立っていても私は寂しくはない…〟

手に取れるものは何でもマイクにして歌うと、一緒にいる混血児童や、疲れた顔のお母さんたちも〝寂しくはない〟と歌う彼女の姿に、思わず笑みがこぼれる。

「自己憐憫は肺病持ちたちがすることよ」

先生は、憚ることなく正直に冗談を言う。人々が隠したいと思う欠点や困難なことも、遠慮なく言い、大声で笑いながら「神様がいらっしゃるから大丈夫」と、痛んだ心を慰める。彼女は、人の言葉と行動をよく聞き、よく見て、自分の考えを表現する。堂々として、憚るものがないように見えながらも、常に相手を気遣い、対話しようとする。長い間に体に染みついた相手に対する配慮と関心が、ふいに発せられる言葉や行動にそれとなく滲み出る。先生は何でも学ぼうとする。相手の言葉に自分の知らない単語があれば、いつでも聞き返し、聖書の片隅に書き留めておいたりもする。

先生は、二十歳の頃から基地村で暮らしたため、誰よりも基地村についてよく知っている。今でも、基地村で働いた女性たちが先生を訪ねて、子どもの問題や金銭の問題、体調について相談する。先生は相槌をうって助言もし、話が通じない時には、しっかりしろと叱りつけたりする。何も持たない人たちが耐えるための唯一の支えである祈りを捧げてあげることもある。

「神様、神様は子どもたちのため息を全部ご覧になったし、その涙をご覧になったし、痛みを知っておられます」

今や高齢になった同僚たちは、彼女の祈りを聞きながら、他人に言えなかった傷が疼くかのように、静かに涙を流す。兄弟や子どもがいない先生にとって、彼女たちは家族である。幼い混血児童たちが目の前を通れば、「お前たちがこの世で一番かわいいよ」と声をかける。

ある仕事をする人に、なぜその仕事をするのか、なぜその道を選んだのかと尋ねることもできるが、その人が生きている限り、その道にいるしかない場合もある。先生の人生はわが国の歴史、近代化の中で生みだされたかさぶたのようである。貧しい母子を死に追いやる戦争があり、父親に象徴される自由党の腐敗があり、上京した女たちをバスの車掌として搾取する殺伐とした開発時代があった。また、米軍を留めておくために政府が率先して建設した基地村があり、ドルを稼ぐ愛国者と煽てられながら、履物と同じ金額の花代のせいで泣き叫ぶ女たちがいる。また、女たちの主張と叫びを〝アカ〟として追い込めようとする維新時代があり、基地村の同僚たちの記憶の中にだけ残される、殺された同僚たちがいる。そして、このすべての叫びを沈黙で覆ってしまった世の中の無関心がある。近代化の歴史の中で豊かさを享受した人々は、この罪の桎梏から誰も自由ではない。

しかし、先生は、苦痛の原因をすべて社会のせいにはしない。むしろ、女性たち一人一人がしっかりしなければならないと声高に訴える。性売買をするのは、自分の心が病んでいるからでもあると考えるからだ。先生の場合、それは幼い時に受けた性暴力に起因するものだった。体を汚してしまったと自暴自棄になり、生きる意欲を失って、自分の体を守る意志も力も失ったのだ。自叙伝を完成させて、先生はこのように言った。

「この本は、他でもなく、一人の女が性暴力を受けて、どのように一生涯彷徨いながら生きて、治癒したか、についての物語だよ」

基地村にまで行った先生の人生は、大部分が性暴力の後遺症に苦しむ人生だった。そして最後の和解は、自分がその傷を母親に表現し、自ら認めることから始まった。それはまだ最近のことである。先生は同じような傷を抱える同僚たちに、心の力を取り戻させることが最も必要だと思っている。一人一人の同僚たちの傷が本当に癒やされることが、基地村の構造的問題に劣らず重要だと考えるのである。

それで、十年以上取り組んだ自叙伝の中で、先生はひとえに自分の物語を込めようとした。自分の心の病がどのように生まれ、それがどんなに人生を苦痛へと追いやったのか、その痛みを個人的に克服するのに最も大切だった記憶は何なのか……。基地村女性として伝道師になり成功したとか、どんなことを達成したのかを表すことには関心がなかった。先生は、一人の人間として、自分が耐えなければならなかった心の歴史を記録したがった。きれいさっぱりと性売買のくびきを断ち切ることができず、何度も挫折しては自らを痛めつけてきた時間について語りたがった。

先生と私が出会ったのは、彼女が自叙伝を書こうと決心してから一〇年が過ぎ、すでに多くの文章を書き記し、何人もの人々が先生と記録する作業を共にした後のことである。先生は、依然として基地村女性の歴史を代弁する人物のように描かれた自分の姿に不満を感じておられた。そして再び、長きにわたる記憶とその時々の感情を話された。一〇年という歳月は、生存者として先生が自分の傷と和解し、自らを客観化するのにかかった時間であり、同時に、この社会が基地村女性一般ではなく、ようやく一人の基地村女性の声に耳を傾けて、その話を聞くことにかかった時間でもある。

「何度も話したせいで、もう他人事のようだ」と、淡々と言うかと思えば、「写真帳も映像資料もみんな土に埋めてしまいたい」、「もう過去の話はやめて、現在を一生懸命生きたい」とおっしゃることもあった。懐かしいことは生き生きと語られたが、社会の中で踏みにじられた若い頃のいくつかの記憶は、言葉として表現できないこともあった。それは、先生にもどうしようもないことだったのだ。

自分の傷を振り返る辛い時間を過ごしながらも、先生は他の同僚たちと共に、米軍の不当な処遇に抵抗して闘い、同僚たちのために自分のすべてをかけて真実を明らかにしようとした。先生は、韓米行政協定史上初めて、米軍の犯罪を社会に訴え、死んだ同僚の名前を蘇らせた。死にそうな状況の中で、「黙っていれば本当に死んでしまいそうだから歌を歌った」という先生にとって、抵抗も叫びも信仰も、みな生きるためのものだった。他の基地村女性たちと同様に、信仰は生存のための支えでもあったと用心深く話して下さった。先生と同僚たちは、テント共同体の中で、基地村での無残な死と怒りに耐えて、死なずに生き延びることができた。互いが互いを生かしたのだ。

この自叙伝は、個人的な内面の記録でもあるが、基地村でどのように一人一人の女性たちが闘い、その時代を生き抜いたのかについての共同の記録でもある。「本質は変わらず、私たちに残っているものが歴史」だと先生もおっしゃったが、貧しい母と、仕事を探して彷徨い歩く娘、暴力を受けながら生きる女たちの物語は、現在も続いている。語ることのできないまま、性暴力を受ける多くの女の子たち。そして、再び心と体を手放して性売買に流れていく女たちの物語でもある。

あらゆる物語がそうであるように、物語を聞いた人は、もはや以前の自分と同じではありえない。私はこの物語の中で、わが国で女として生きることについて再び振り返ってみることができた。先生の人生の物語の中で、私の心にも年輪が刻まれたようである。貴重な記録づくりを手伝うことができたことを光栄に思う。話すことが、その道を生き抜いた人の義務ならば、話しを聞いた人は、聞いた者としての義務があると思う。この記録が先生の言葉のように、人々の心の扉を本当に〝ノック〟して、届けられることを願いたい。

訳者あとがき

遠い基地村

韓国で留学生活を送っていた九〇年代の初頭、同じ寄宿舎に韓国系米国人のユンギョンという留学生がいた。(1) 彼女は議政府市や東豆川市にある基地村にしばしば出かけ、シェルターなどでボランティア活動をしていた。彼女は週末になると、片道二時間以上もかかる遠い道のりを、何の不平もこぼさずに通った。そしてよく私に「オンニ《お姉さん》、一緒に基地村に行こうよ」と誘うのだった。おそらく彼女は、日本軍「慰安婦」問題に取り組んでいた私が、基地村の売春女性たちの問題にも関心をもつと思ったのだろう。

もちろん私は基地村の女性問題に〝関心〟をもっていた。関連書籍や記録を集め、日本軍「慰安婦」問題との連続性についても常々考えていた。しかし、積極的に基地村に行ってみようという気にはなれず、誘われるたびに「また今度ね」と断った。結局、韓国で暮らした一〇年間に、私はただの一度も基地村を訪ねなかった。日本軍「慰安婦」のサバイバーの聞き取りのためには労をいとわず、どんなへき地であろうと訪ねていったのに。基地村の女性たちのことをただ頭でだけ考えていた私にとって、そこは物理的な距離以上に遠い存在だったのだ。

その後、『韓国女性人権運動史』(参考文献参照) の第五章「死んでこそ生かされる女性たちの人権—

韓国基地村女性運動史、一九八六～九八年」(鄭喜鎮《チョンヒジン》)を読んで感銘を受け、二〇〇三年にはトヨタ財団の共同研究(二〇世紀朝鮮半島における軍隊と性暴力)で初めて基地村を訪れた。そして、二〇〇五年に本書を読み、金蓮子さんの半生と、そこにつづられた基地村女性たちの壮絶な生き様に触れることができた。

届かぬ声を紡ぐ

金蓮子さんは一九九二年の尹今伊《ユングミ》さん殺害事件をきっかけにして、基地村で性を売って生きてきた自分の、そして同僚たちの声を本として書き残そうと決心したという。そこには、いつも当事者たちの声がありのまま伝わらず、受け手によって都合よく解釈され、変えられてしまう現実があった。蓮子さんは、常にそのことに対するもどかしさと怒りを感じていたのだ。本書でも触れられているように、米兵によって無残に殺された尹今伊さんが、反米運動の道具と化し、基地村女性の人権は素通りしたまま〝民族の娘〟として表象される現実の前で、その思いは頂点に達する。

しかし、鉛のように重く凝り固まった思いを、どこからどのようにひも解いて、ことばとして紡いでいくのか。それはたやすい作業ではなかったはずだ。蓮子さんの場合、記憶をたどって語ったことばを、聞き手が録音して起こし、また自らもノートに書きつけた。それをライターに文章化してもらうという過程が繰り返された。なかなか自分の思いや伝えたいことが表せず、何度も文章を書き直し、ライターすら何度か変えた。そうして、自らの半生を振り返ることで生起される新たな苦しみと一二年間格闘しながら、ようやく本が出来上がった。

韓国語版が出版された後、蓮子さんは自分の過去にまつわるすべてのものを捨て去った。私は翻訳作業のために蓮子さんの家に行って、韓国語版すら持ってないと聞いて驚いた。だが、蓮子さんにとって、本は人に読んでもらうためのものであって、確かに彼女自身には必要のないものだった。蓮子さんは、本の中に書かれていることなら、ちょっとした表現や語句にいたるまですべて覚えていて、私がどんな質問を投げかけても、即座によどみない答えが返ってきた。

〝女〟であること

蓮子さんはその記憶力もさることながら、明晰な思考と分析力の持ち主である。体だけでなく声も大きく、性格もさっぱりしている。本書を読めばわかる通り、豪傑そのものだ。そんな彼女が若かりし頃、酒に酔ってあたり散らせば、周りの人たちは相当怖かったに違いない。もしも〝男〟に生まれていたら、国会議員かヤクザの親分か、はたまた〝立派な〟軍人になったのかもしれない。その上、父親のように何人もの女性を泣かせもしただろう。

そのためなおさら、解放後の韓国社会を〝女〟として生きるということが、どういうことだったのかを考えさせられる。南北の冷戦と軍事独裁体制の下で、貧困からの脱却をもとめて経済成長に邁進した時代。父親の不在、貧困、男性中心文化、地方での生活…。それは、多くの韓国人に共通する生活環境でもあった。金蓮子さんが男であれば、正当な方法であろうと暴力という手段を使おうと、これらの条件の中で、何とか社会的に〝成功〟を収めることができたかもしれない。

しかし、〝女〟として生まれた金蓮子さんは、少女時代に強姦され、自ら自分の体は〝正常ではないのだ〟と烙印を押さなければならなかった。一時、外見的にはエリートの女子高生であり、修習記者でもあった。だが、それは自らに貼ったレッテルをはがすことにはならず、自活を保証してくれるものでもなかった。また、家父長的家族主義が根を張り、異性愛者を前提とする社会の中で、蓮子さんのように同性愛的な傾向を持つこと(2)は、それ自体生き難さにつながったかもしれない。かといって結婚の道を選ばずに自立した生活を送ることは、実家が裕福で理解があるなどの特別な環境にある人でなければ可能ではなかったはずだ。

自活の道を求めてソウルに上京した蓮子さんを待ち受けていたものは、女子労働者たちが低賃金労働で搾取され、虫けらのように扱われる労働市場だった。蓮子さんはその中で耐え忍ぶよりも、持ち前の向こう気の強さと大胆さで、その不当な扱いに抗議して解雇されてしまう。そして、自らの生活を切り開こうと叩いた扉の奥で、〝売春〟の世界に誘導されてしまったのだ。

〝性売買〟の中へ

蓮子さんが同じバラック小屋に住む売春女性にすすめられて、手に技術を持とうとソウル市立婦女保護所の門をくぐった一九六二年は、淪落行為等防止法の公布（一九六一年一一月）直後であり、売春女性に対する実態調査や特定区域（赤線地帯）への集娼化、〝善導対策〟という名の取り締まりが盛んに行われていた時期である(3)。法は性売買の禁止をうたっていたが、特定区域での法の適用は保留され、一九六二年に設置された特定区域は全国一〇四か所に及んだ。その内の約七〇％がソウルと京畿道に位置する米軍基地周辺の基地村であった。

蓮子さんに婦女保護所行きのチケットが回ってきたのも、〝善導対策〟の一環だったかもしれない。蓮子さんは性売買の道に入らないために婦女保護所に入ったのに、かえってその中で出会った人たちによって性売買の世界をのぞき、その中に吸い込まれていった。理容技術を教えるといっても、そこを経て理容師となり自立した女性がどれだけいただろうか。蓮子さんが「私は国家によって売春を斡旋されたようなものだよ」と言うように、当時の性売買政策はむしろ女性たちを売春へと追いやったのだ。

こうして始まった彼女の性を売る生活は、まるでアリ地獄のように、脱け出そうとあえげばあえぐほど、底知れぬ深みへと落ちて行った。韓国各地には、韓米安保の名のもとに、常時三万から六万に上る米軍が駐屯し、その周辺に形成された基地村には、女の性を買うことを当然のことと考える兵士たちであふれた。時には〝外貨獲得の愛国者〟、〝民間外交官〟だと言われつつも、その実、社会からは最も蔑まれた基地村の女たち。その罵りは彼女たちが生んだ子どもにまで及び、その子どもたちが韓国社会に根づくことすら困難にした[4]。

金蓮子さんとその同僚たちの人生の歩みは、大韓民国創建（一九四八年）後の時空の中で刻まれたものだが、それは国家ぐるみで意図的な無関心の闇に放り込まれてきた。原書副題の「死ぬ五分前まで叫び続ける」という表現は、その底知れぬ闇からの、疎通を求める渾身の身悶えのように感じられる。私たちは、その闇にこだまする彼女たちの声に耳を澄まし、その女たちが生きた足跡をたどることで、もう一の韓国現代史を知るのである。

しかし、蓮子さんの叫びは単に韓国だけにとどまるものではない。フィリピン、沖縄などアジアの米軍基地周辺で米兵に性労働を売っている数多くの女たちの声とも重なる。また、少し遡れば、日本軍の

「慰安婦」にさせられた多くの女たち、中でも公娼制度下の娼妓出身で〝自分の意思で慰安婦になった売春婦たち〟と言われ、見放されてきた数多くの日本人「慰安婦」たちの無言の声とも重なるのである。

闘いはつづく

蓮子さんの母、包心《ポシム》さんは、原書が出版された翌年の二〇〇六年九月、九六歳で亡くなった。蓮子さんは悲しみのあまり、一時、死のうとしてさまよい歩いたという。その後、縁あって四〇代の女性を養女とし、「オンマ《お母さん》」、「ウリタル《わが娘》」と呼び合って暮らすようになった。生活は相変わらず苦しいが、心は安らかだと蓮子さんは言う。

活動家としての闘いは、その後も続いた。原書の出版後、米国の国際結婚家庭宣教会から財政的な支援を受け、新たに「希望分かち合いセンター」を開設した。基地村の女たちと、国際結婚した女たちが韓菓《ハングァ》（韓国の伝統的なお菓子）をつくって販売し、自活するための試みだった。残念ながら、この試みは二、三年でつぶれてしまったが。

また二〇〇八年一一月には、基地村女性運動団体のセウムト⑤とともに、〈基地村問題解決のための代案模索討論会〉を開いた。この会は、一九七〇年代初めから一九八〇年代末までの二〇年間、韓国政府と米国政府が基地村の軍隊性売買に直接介入して基地村女性たちを管理し、抑圧した事実を明らかにすることを目的に開かれた。資料集によれば、セウムトが、三〇代から六〇代の八人の基地村女性から前もって証言を採り、それをもとに「基地村の隠された真実―韓国と米国政府が共同で管理した基地村」という報告書を作成して発表した。金蓮子さんは〈基地村問題の解決のためのセウムト生存者諮問委員会〉の共同代表として、韓国政府に対して次のように要求している。[6]

一、政府は、一九七〇年から八〇年代末まで基地村地域で基地村女性たちに起こったすべてのことを認め、責任を取らなければならない。
二、政府は、基地村問題について謝罪し、被害を補償するために特別法をつくらなければならない。
三、米軍犯罪に対して特別法をつくり、いつ起こったものであろうと再度調査し、犯罪者を処罰しなければならない。
四、政府は、基地村女性たちに対する現実的な支援対策をつくり、基地村問題を積極的に解決しなければならない。
五、これ以上、このような歴史が繰り返されないよう、国民のすべてがわかるようにこの問題を教育しなければならない。

二〇〇九年一月初旬、韓国でのこうした動きがニューヨークタイムズなどの英字新聞で紹介されると、さっそく日本の『週刊新潮』が「「韓国」は在韓米軍に「慰安婦」を提供していた！」（同年一月二二日号）という記事を載せた。あたかも日本軍「慰安婦」問題に対する日本政府の責任はないぞと言わんばかりである。[7] その話を伝えると、電話の向こうで蓮子さんがあきれかえってため息をついた。

基地村女性たちの声を、耳を澄まして聞いてほしい。彼女たちが主張しているのは、国家がいかに彼女たちの身体を管理し、安保の名のもとで彼女たちに苦しみを与え、いまも与え続けているのか、ということを含んでいる。そして、少なくとも、日本、韓国、米国はその名において同罪を負っている。本書が広く読まれ、一人でも多くの人々の心に、基地村女性たちの声が届くことを願ってやまない。

金蓮子さんは二〇〇九年から二年間ほど、平澤《ピョンテク》市にある社団法人ヘッサル社会福祉会が運営する基地村高齢女性のための共同ホームで生活した。その後、忠清南道牙山《チュンチョンナムドアサン》市郊外にある教会の祈祷院で暮らし、〝帰農生活〟を送っている。最近、セウムト生存者諮問委員会の共同代表からも退いた。毎日、農作業をしたり、神学校の講義を聴講したり、宣教を学ぶために寄宿生活を送る学生たちの世話をしたりしながら、かつてなく平穏な日々を過ごしているとのことである。また、米国の国際結婚家庭宣教会がセントルイスに建設中の「平和の家」についても、完成した暁には行ってみたいと言っておられた。日本語版の出版がやむを得ぬ事情で予定より遅くなってしまったが、いよいよ出版されることになったと聞いて大変喜んで下さったのは、ありがたい限りである。

最後になったが、本書の出版のために熱心に取り組んで下さった橋本育さんと社長の橋本盛作さんに、この場を借りて心から御礼申し上げたい。

二〇一二年五月一〇日

山下 英愛

［参考文献］（ ）は原著の韓国語版データおよび邦訳名
韓国女性ホットライン連合編、山下英愛訳『韓国女性人権運動史』明石書店、二〇〇四年。
宋連玉・金栄編『軍隊と性暴力 朝鮮半島の20世紀』現代史料出版、二〇一〇年。
Katharine H.S. Moon, *Sex among Allies*, Columbia University Press, 1997.
（캐서린 H.S. 문 지음／이정주 옮김『동맹속의 섹스』삼인、二〇〇二）
Saundra Pollack Sturdevant / Brenda Stoltzfus, *Let the Good Times Roll - Prostitution and the U.S. Military in Asia,* New Pr, 1993.
（산드라 스터드반트／브렌다 스톨츠퍼스 엮고 지음、김윤아 옮김『그들만의 세상 - 아시아의 미군과 매매춘』잉걸、二〇〇三）
『기지촌문제해결을 위한 대안모색 토론회 자료집』（二〇〇八年一一月二七日）
［『基地村問題の解決のための代案模索討論会資料集』］
두레방『두레방에서 길을 묻다』두레방、二〇〇七
［トゥレバン『トゥレバンで道をたずねる』トゥレバン］
주한미군범죄근절운동본부편『아메리카군대를 기소한다』二〇〇八
［駐韓米軍犯罪根絶運動本部編『アメリカ軍隊を起訴する』］

［注］

(1)彼女は後に基地村女性をテーマにしたドキュメンタリー映画「キャンプ・アリラン」（一九九五年）を制作した。本名はGrace Lee.

(2)韓国のレズビアンに関しては、李ヘソル「韓国レズビアン人権運動史」（韓国女性ホットライン連合編、二〇〇四）に詳しい。

(3)解放後の性売買政策に関しては、拙稿「韓国における性売買政策の概観」（宋連玉・金栄編、二〇一〇所収）参照。

(4)基地村で生まれた混血児童の多くが、海外養子として欧米に送られた。

(5)学生運動出身者たちが一九九六年に設立した基地村女性運動団体。詳しくは、韓国女性ホットライン連合編（二〇〇四）四一一―四一四頁を参照のこと。

(6)資料集によれば、基地村の問題は韓国政府だけの責任ではなく、米国政府の責任も大きいとし、「今後、米国政府に対しても同様の要求をする」と書いている。

(7)韓国では、女性主義ジャーナル『イルダ』がセウムトの報告書を中心に報道した（二〇〇八年一二月一五日）。また、『韓国経済新聞』はニューヨークタイムズの報道を伝える形で、「日本軍慰安婦と駐韓米軍基地の性売買女性たちに対する責任問題を同一線上で比較したもので、波紋が予想される」（二〇〇九年一月九日）と、否定的なニュアンスで報じている。

金蓮子年表

年月	年齢	金蓮子さん関連	韓国社会・性売買関連
一九四三		満州で生まれる（一月） 父親は他の女性と暮らしていた。	
一九四五	二	母親におぶわれて麗水へ行く。	日本の植民地支配から解放される（八月） 駐留米軍約七万二千人（南朝鮮）
一九四六	三		婦女子の売買又はその売買契約の禁止（五月）
一九四七	四		公娼制度等廃止令公布（一一月）
一九四八	五		大韓民国政府樹立（八月）
一九四九	六	麗水で小学校入学	
一九五〇	七	戦争中、母と両親の故郷である巨文島へ避難	朝鮮戦争勃発（六月）国連軍仁川上陸（九月）
一九五一	八		韓国軍「慰安隊」設置（夏頃）
一九五三	一〇	巨文島で親戚の男に強かんされる。巨文島に来た父親と会う。戦後、麗水へ引っ越す。	休戦（七月）駐留米軍約三二万六千人 韓米相互防衛条約締結（一〇月）
一九五四	一一		韓国軍「慰安隊」閉鎖（三月）
一九五五	一二	麗水女子中等学校入学 バレーボールや演劇、弁論などをする。	
一九五六	一三		大統領選挙で李承晩当選（五月） 国連軍司令部が米兵相手の売春女性の性病管理を韓国政府に要請

一九五八	一五	麗水女子高等学校入学。知人の依頼で地元の民主党事務所で選挙演説文を朗読。	国会議員選挙（五月）
一九五九	一六	夏休みにソウルの父の家に行く。異母姉妹の美子と遊ぶ。（この頃、親戚の使いで洪川の軍部隊を訪問する途中、兵士に強かんされる。親に内緒で商業高校に転校。母が麗水女子高校に再入学させる。学内汚職に抗議して、ソウル新聞麗水支社前でデモを先導する）	
一九六〇	一七	女軍に志願し合格するが、戸籍謄本が遅れて不合格になる。卒業を二か月後にひかえて高校を中退。〝修習記者〟として数か月働く。キャバレーに出入りする。	大統領選挙で李承晩当選（三月）不正選挙に抗議して四・一九学生革命起こる。李承晩下野（四月）、張勉内閣成立（八月）
一九六一	一八	妊娠八か月の時、助産院で陣痛促進剤を打って出産。自ら死体を処理させられる。その後、彷徨し、女性劇団について回る。自殺未遂。	軍事クーデター（五月）ソウル市立婦女保護所設置（六月）淪落行為等防止法制定（一一月）
一九六二	一九	ソウルに上京するが仕事がなく、母の元へ帰る。再度、上京して本の販売員、バス車掌をする。バス会社に車掌の身体検査を止めるよう抗議したため、首になる。	「人身売買及び売春によって利益を得る行為の禁止に関する条約」批准（四月）、全国に性売買特定区域（赤線地帯）一〇四か所設置（区域内の女性数、約一万七千人）、ソウル市は龍山の米軍兵士相手の女性たちを集めて自治会を設置（六月）、大統領に朴正熙就任（一二月）
一九六三	二〇	ソウル駅近くの陽洞で靴磨きをする。秋頃、近くに住む女性に勧められてソウル市立婦女保護	

		所に入所。理容技術を学ぶとともに、売春女性たちの世界を知る。明姫と出会う。	
一九六四	二一	保護所を出て、明姫と京畿道東豆川の生淵七里で街娼として働き始める。	性売買の特定区域一四六か所に。
一九六五	二二	明姫と麗水に戻り、母校の近くで店を開く。まもなく明姫の妊娠がわかり、中絶。店を閉める。	ベトナム戦争に韓国軍派兵 太平洋地区観光協会年次総会ソウルで開催（三月）、日韓基本条約締結（六月）
一九六六	二三	再び東豆川へ。生淵四里の米軍クラブで働く。別のクラブでマダムをしていた美子と再会。	韓米行政協定調印（七月）
一九六七	二四	（この頃、母親が訪ねてきて、蓮子が米軍兵士相手に働いていることを知る。米軍の性病管理の仕方に抗議して第七師団前でデモをする。米兵と同棲し、〝毛布部隊〟として働く。中絶する）	大統領選挙で朴正煕当選（五月）
一九六八	二五		政府「観光の年」と定める。
一九六九	二六		群山にアメリカタウン株式会社設立。 ニクソン・ドクトリン発表（七月）
一九七〇	二七		駐韓米軍縮小政策
一九七一	二八	K-55米空軍部隊のある松炭の基地村で働く。基地村女性たちを対象にする教養講座が開かれ、出席。米兵たちが撒いたチラシに抗議してデモをする（五月）。	第七歩兵師団撤収、東豆川ビーバー基地閉鎖 韓国政府、韓米国防安保協議会で米軍の軍縮に反対。駐韓米軍基地での人種間葛藤激化。 米軍の要求で、朴大統領「基地村浄化委員会」を設置し、浄化政策を命令（一二月）
一九七二	二九	（この頃、朴美愛と暮らす。姉妹会の監察役となる。美愛が産んだ子どもを影我「ヨンア」と名付けて二人で育てる。アロハクラブのドア・ウーマンとして働く。抗生剤を注射して基地村	朴正煕大統領、国会を解散し非常戒厳令宣布。維新体制始まる（一〇月） 日本人男性の韓国買春ツアー（キーセン観光）

		女性を死なせた許勝病院を水原検察庁に告発する）	急増
一九七三	三〇	松炭の姉妹会総務、副会長を歴任 クラブの女たちの性病検査をめぐる保健所と指定産婦人科などの不正を暴露し、告発。自らも巻き込まれてソウル高裁で起訴猶予となる。	全国六八か所に韓米親善協会設立 金大中拉致事件（八月） 観光事業振興法を改正し、外国人観光客相手の〝観光キーセン〟に接客証明書発行。接客員約四万人。金浦空港でキーセン観光反対デモ（一二月）
一九七四	三一	告発事件で金銭的に困窮し、米軍兵士と同居。米製品を売って生活する。	大統領緊急措置一号、二号発布（一月） 朴正煕大統領狙撃事件（文世光事件、八月）
一九七五	三二	松炭で母親としばらく同居（八月） （美愛が米軍兵士と結婚。影我は六歳の頃、米国へ渡る）	ベトナム戦争終結（四月） 大統領緊急措置九号発布（五月）
一九七六	三三	生活に困り、母親を置いて群山アメリカタウンに行く（一〇月）。ライトハウスクラブでマダムとして働く。タウンのミツバチ自治会会長となる。教会に通い、三人で信友会をつくる。業者が未成年者を使うのを警察に通報し、取締らせる。	板門店で南北の軍人が衝突（ポプラ事件・八月）
一九七七	三四	タウンで福順が米兵に殺害される（六月） 英順が殺害される。その捜査をしっかりするようにと、空軍部隊正門前で抗議デモ（七月） （タウンの女たちが次々と亡くなる。チームス	米国カーター大統領、駐韓米軍撤退を明言（三月） 福順を殺した米空軍第一中隊所属スチーブン・タワーメンに無期懲役（全州地方裁判所、呉炳善判事）

一九七八	三五	ピリット訓練の際、業者に連れられて慶尚北道禮川に行き、兵士の相手をする。教会に熱心に通う。タウンの女たちと白百合宣教会をつくる)	国会議員選挙、朴正熙、大統領就任（一二月）
一九七九	三六	初めてタウン内で開かれた伝道大会で司会をする。タウンの女たちのための教会を建てようと、みんなでお金を集めて家を買い、牧師とともに韓米ヘブロン教会を始める。タウンの女、洪順悳が教会を訪ねて信者になる。金蓮子は神学を学ぶことを決心して松炭へ行く。学ぶ場所がなく、ソウルの産婦人科の厨房で働く。また群山に戻る。女たちが共同生活できる修養館の必要性を切実に感じる。	釜山と馬山で維新体制に反対する民主化運動が起こる（一〇月）、朴正熙大統領射殺事件（一〇月）、崔圭夏、大統領就任（一二月）、全斗煥ら新軍部によるクーデター起こる（一二月）
一九八〇	三七		光州民衆抗争（五月）
一九八一	三八	ミツバチ自治会長の名でタウン内に女性会館設置を求める手紙を大統領宛てに書く（伝達されず）。	全斗煥、大統領就任（三月）
一九八五	四二	群山でしばらく母親と同居。病気の母親のためにまたクラブで働く。	
一九八六	四三	タウンの横に土地を買い、テント共同体をつくる。テントの仕事に忙しく、自治会会長を辞める。クラブの借金を洪順悳が清算してくれる。	文恵林と劉福任が議政府市に基地村女性シェルター、トゥレバンを開設（三月） 富川署性拷問事件（六月）

一九八七	四四	国際結婚した同僚たちの援助で修養館を建て、恩恵修養館と名付ける。	朴鍾哲拷問致死事件（一月）民主化宣言（六月）
一九八八	四五	全北神学校に入学。	盧泰愚、大統領就任（二月）、韓国教会女性連合会主催「国際セミナー、女性と観光文化」（済州島・四月）、ソウルオリンピック開催（九月）
一九八九	四六	淪落行為等防止法改正のための公聴会に参加し、発言する（韓国女性開発院・六月）	
一九九〇	四七	松炭の基地村に行く。全北神学校から水原神学校に移る。神学を学びながら、クリスチャンハウスを開く。	女性団体が〝挺身隊〟（慰安婦）問題を提起（五月）、女子大生がトゥレバンとともに基地村活動を始める（八月）駐韓米軍、約三万七千人
一九九一	四八	水原神学校を卒業し、伝道師になる。	日本軍の元「慰安婦」だった金学順さん名乗り出る（八月）
一九九二	四九	トゥレバンを介して、女子大生の〝基地村活動〟の場に自分の家を提供する。この頃、自叙伝を書こうと思い立つ。尹今伊追悼集会などに出かける。	東豆川で尹今伊さんが米兵に殺害される（一〇月）、この事件に対する共同対策委員会（後の駐韓米軍犯罪根絶運動本部）結成（一一月）
一九九三	五〇	卒業した女子学生たちとともに、真の愛宣教院で混血児童や女たちの支援をする。	金泳三、大統領就任（二月）
一九九四	五一	混血児童に関する時事番組で宣教院が取り上げられる。東京で開かれた「女性の人権アジア法廷」参加（三月）	京畿道女子技術学院で火災事件（一月）
一九九五	五二	一か月間にわたる米国巡回講演会へ出かける。	淪落行為等防止法改正（一月）、基地村女性（金

		（サンフランシスコ、ロサンジェルス、ワシントンDC、ニューヨーク、ボストン、シカゴ等）真の愛宣教会を閉じる。	蓮子さん）をモデルにした安一順の長編小説『ペッポル』が発表される（五月）、京畿道女子技術学院で放火事件（八月）
一九九六	五三		金賢善らが、東豆川に基地村女性のためのシェルターセウムトを開設
一九九七	五四	第一七回麗水女子中・高等学校総同窓会に出席	基地村（東豆川と松炭）が観光特区に指定される。この頃から基地村に外国人女性が入り始める。
一九九八	五五		金大中、大統領就任（二月） 群山アメリカタウンの女たちが外国人女性たちを受け入れる業者に抗議するビラを配布（二月）
二〇〇〇	五七		青少年の性保護に関する法律制定（七月） 群山大明洞の性売買店で火災（五人死亡、九月）
二〇〇二	五九		群山開福洞の性売買店で火災（一四人死亡、一月） 趙培淑議員ら性売買関連法案を国会に提出（七月）
二〇〇三	六〇	MBC「今なら言える：セックス同盟―基地村」出演（二月）	盧武鉉、大統領就任（二月）、駐韓米軍約三万七千人
二〇〇四	六一	第二〇回麗水女子中・高等学校総同窓会に出席	性売買斡旋等犯罪の処罰に関する法律、性売買防止及び被害者保護等に関する法律制定（三月） 同法施行（九月）
二〇〇五	六二	韓国語版出版（六月）	

		希望分かち合いセンター開設	
二〇〇六	六三	金包心（母親）享年九六歳で亡くなる（九月）	
二〇〇七	六四	四〇代の女性を養女とする。	
二〇〇八	六五	セウムトとともに、基地村問題解決のための代案模索討論会開催（一一月）	李明博、大統領就任（二月）
二〇〇九	六六	平澤市の社団法人ヘッサル社会福祉会が運営する基地村高齢女性用の共同ホームに入る。	
二〇一一	六八	忠清南道牙山市郊外にある祈祷院で暮らす。（～現在）	駐韓米軍、約二万六千人

著者紹介　金 蓮 子（キム ヨンジャ）

1943年に満州で生まれる。全羅南道の麗水女子中・高校に通う。1963年、理容技術を学ぶためにソウル市立婦女保護所に入所。その後、東豆川、松炭、群山の基地村を転々とし、米軍専用クラブなどで働く。その間、基地村女性たちの自治会に関与し、女性たちの不当な扱いに対して度々抗議活動を行った。1988年、クラブをやめ、全北神学校に入学。1991年に水原神学校を卒業し、翌年、松炭で真の愛宣教院を開設。基地村女性や混血児童のための活動をする。1994年東京で開かれた「女性の人権アジア法廷」に参加。現在、忠南牙山の祈祷院で暮らしている。

訳者紹介　山下英愛（ヤマシタ ヨンエ）

1959年、東京生まれ。津田塾大学国際関係学科卒業、同大学院を経て、韓国の梨花女子大学大学院女性学科で学ぶ。博士（国際関係学）。著書に、『ナショナリズムの狭間から―「慰安婦」問題へのもう一つの視座』明石書店（2008)、訳書に、韓国女性ホットライン連合編『韓国女性人権運動史』明石書店（2004)、権仁淑『韓国の軍事文化とジェンダー』御茶の水書房（2006）ほか。最近は、韓国ドラマ講座やエッセーなどを通して、日韓の文化交流を促す活動も行っている。立命館大学非常勤講師。

基地村の女たち――もう一つの韓国現代史

2012年7月25日　初版第1刷発行

著　者　金　蓮　子
訳　者　山　下　英　愛
発行人　橋　本　盛　作
発行所　株式会社御茶の水書房
〒113-0033　東京都文京区本郷5-30-20
電話　03(5684)0751／振替東京8-14774
装　幀
組版·印刷／製本　株式会社タスプ

ISBN978-4-275-00943-2　C1023　Printed in Japan